基金项目：教育部人文社会科学研究青年基金项目「敦煌艺术中的军戎服饰研究」
（23YJC760020）

敦煌莫高窟中唐时期毗沙门天王服饰研究

董昳云 著

中国纺织出版社有限公司

内 容 提 要

敦煌莫高窟历经千年的开凿与雕饰，逐渐成为一座展现石窟艺术的"博物馆"。本书聚焦于中唐时期出现的毗沙门天王造像，这些造像以其鲜明的异域风格、立体的五官刻画以及丰富的服饰纹样，与中国传统的造像风格形成了鲜明的对比。它们不仅是唐代敦煌地区开放性文化交流的实证，也展示了当地在艺术和文化领域的多元性。本书通过实地调查与文献资料综合分析，专注于探讨敦煌莫高窟中唐时期毗沙门天王服饰的样式变迁及其背后的文化意义。

本书适合服装设计专业院校师生以及对传统服饰文化、洞窟文化感兴趣的读者参考使用。

图书在版编目（CIP）数据

敦煌莫高窟中唐时期毗沙门天王服饰研究 / 董昳云著. -- 北京：中国纺织出版社有限公司，2025.1.
ISBN 978-7-5229-2588-2

Ⅰ. K879.414

中国国家版本馆 CIP 数据核字第 2025VK4512 号

责任编辑：孙成成　　责任校对：高　涵　　责任印制：王艳丽

中国纺织出版社有限公司出版发行
地址：北京市朝阳区百子湾东里 A407 号楼　邮政编码：100124
销售电话：010—67004422　传真：010—87155801
http://www.c-textilep.com
中国纺织出版社天猫旗舰店
官方微博 http://weibo.com/2119887771
北京华联印刷有限公司印刷　各地新华书店经销
2025 年 1 月第 1 版第 1 次印刷
开本：889×1194　1/16　印张：11.25　插页：1
字数：225 千字　定价：198.00 元

凡购本书，如有缺页、倒页、脱页，由本社图书营销中心调换

前·言

| Preface |

　　敦煌莫高窟，作为丝绸之路上的瑰宝，不仅承载着丰富的宗教艺术和壁画遗产，而且是研究古代中国乃至中亚地区文化交流的宝贵窗口。唐代作为中国古代历史上的一个文化鼎盛时期，其在敦煌艺术中的体现尤为显著，特别是毗沙门天王形象，在敦煌壁画中占据了重要位置，其形象与服饰的变化反映了当时宗教信仰、审美趣味及社会风尚的演变。

　　本书旨在深入探讨敦煌莫高窟中唐时期毗沙门天王的服饰特征，通过对不同石窟壁画中的毗沙门天王形象进行系统的梳理与分析，揭示这一时期服饰的艺术特点及其背后的文化意义。研究将依据"类—型—式"的分类方法，对莫高窟北魏至宋时期的天王服饰进行系统分类，形成服饰演变图谱，采用文献资料分析、图像志、图像学分析以及跨学科综合研究等方法，力求从多角度解读毗沙门天王服饰的历史变迁和文化内涵。

　　在本书的研究中，不仅聚焦于服饰本身，还将探讨服饰与身份、信仰、政治等因素的互动关系，以及这种关系如何影响毗沙门天王形象的塑造和传播。通过这一研究，希望能够为理解唐代敦煌地区的宗教生活、社会结构以及文化交流提供更多的视角与思考，也有助于理解唐代人们的宗教信仰及其对精神寄托的表达。服饰中融入的外来元素也反映了敦煌作为丝绸之路节点的国际性，展示了当时国际视野下的文化交流与融合。

　　此外，本书希望为现代服饰设计和文化传承提供一定的启示，展现古代文化遗产在当代的价值与意义。通过对敦煌莫高窟毗沙门天王戎装类服饰的研究，不仅

能够更加深入地了解唐代的文化风貌，而且能够为保护和传承这份珍贵的文化遗产贡献力量。

  在此，感谢所有支持和帮助本研究的个人与机构。希望本书能够为敦煌学研究领域带来新的视角，并为相关领域的研究者和爱好者提供有益的参考与启发。

董昳云

2024年2月

目·录

| Contents |

第一章 引言 ·· 001

第一节 问题提出与研究意义 ··· 003
一、研究背景与问题提出 ··· 003
二、研究意义 ·· 004

第二节 以往学界的研究情况 ··· 005
一、敦煌莫高窟中唐洞窟研究 ····································· 005
二、毗沙门天王及其服饰研究 ····································· 006

第三节 研究内容与框架 ··· 016
一、概念界定 ·· 016
二、研究框架 ·· 018

第四节 研究方法 ·· 020
一、田野调查法 ·· 020
二、图像志、图像学分析法 ··· 021
三、文献分析法 ·· 022
四、多重证据法 ·· 022

第五节 创新点与难点 ·· 022
一、创新点 ·· 022
二、难点 ·· 023

第二章 敦煌莫高窟中唐时期毗沙门天王的形成 ………… 025

第一节 吐蕃统治时期的敦煌莫高窟 ………… 026
一、吐蕃在敦煌的统治 ………… 026
二、敦煌吐蕃统治时期的汉人 ………… 027
三、汉蕃文化交融的敦煌莫高窟 ………… 029

第二节 毗沙门天王信仰的源起 ………… 031
一、古印度毗沙门天王信仰向西域的传播 … 031
二、中原地区的毗沙门天王信仰 ………… 032
三、敦煌地区的毗沙门天王信仰 ………… 034

第三节 莫高窟中唐洞窟与毗沙门天王像 ………… 038

第三章 敦煌莫高窟中唐时期毗沙门天王戎装样式 ………… 043

第一节 对襟型长甲 ………… 047
一、对襟型长甲毗沙门天王与于阗 ………… 048
二、对襟型长甲的特征 ………… 051
三、盛唐时期的对襟型长甲 ………… 055
四、盛唐至中唐对襟型长甲的转变 ………… 057
五、对襟型长甲的由来 ………… 059
六、中亚、西亚6—9世纪戎装的交融 ……… 063

第二节 W胸甲型长甲 ………… 067
一、W胸甲型长甲的特征 ………… 067
二、W胸甲型长甲与莫高窟早期天王戎装 …… 069
三、西域地区的W胸甲型长甲 ………… 071

第三节 明光胸甲型长甲 ………… 076
一、隋至盛唐的明光胸甲 ………… 077
二、明光胸甲型长甲的特征 ………… 084
三、明光胸甲型长甲的形成 ………… 085
四、明光胸甲型长甲在晚唐及其以后的演变 … 086

第四节　其他短甲 …………………………………… 094
　　　　　一、盛唐样式在中唐的延续 ………………………… 094
　　　　　二、中唐大虫皮披挂的流行 ………………………… 095

第四章　敦煌莫高窟中唐时期毗沙门天王代表性饰物 ……… 097

　　　第一节　X型圆护胸带 ………………………………… 098
　　　　　一、X型圆护胸带相关研究 ………………………… 098
　　　　　二、莫高窟毗沙门天王的X型圆护胸带 …………… 101
　　　　　三、X型圆护胸带的形成与发展 …………………… 106
　　　　　四、X型圆护胸带人面纹的寓意 …………………… 121

　　　第二节　肩饰 …………………………………………… 123
　　　　　一、莫高窟毗沙门天王的肩饰 ……………………… 123
　　　　　二、肩饰的溯源及演变 ……………………………… 125

　　　第三节　袪口 …………………………………………… 130
　　　　　一、莫高窟毗沙门天王的袪口 ……………………… 131
　　　　　二、天王袖型结构的溯源 …………………………… 133
　　　　　三、袪口艺术风格的转变 …………………………… 138

第五章　敦煌莫高窟毗沙门天王服饰的演变、审美与文化
　　　　内涵 ……………………………………………… 141

　　　第一节　莫高窟天王服饰的演变脉络 ………………… 142
　　　　　一、第一类造像体系 ………………………………… 143
　　　　　二、第二类造像体系 ………………………………… 143
　　　　　三、天王服饰演进的动因 …………………………… 144

　　　第二节　莫高窟天王服饰装饰纹样的意象阐发 ……… 146
　　　　　一、动物形象的借代 ………………………………… 146
　　　　　二、植物纹样的转化 ………………………………… 149

　　　第三节　莫高窟天王服饰的审美流变 ………………… 152
　　　　　一、北朝至初唐 ……………………………………… 152

二、盛唐至中唐 ………………………… 153
三、晚唐至宋代 ………………………… 154
第四节 莫高窟毗沙门天王服饰的文化内涵 ……… 156
一、游牧征伐的舶来文化与镇墓仪卫的
汉地礼制 ……………………………… 157
二、护世护国的宗教文化与驱邪祈瑞的
世俗文化 ……………………………… 162

第六章 结论 …………………………………… 167

参考文献 …………………………………………… 170

第一章

引言

　　敦煌莫高窟，坐落于中国甘肃省，是丝绸之路上的一颗璀璨明珠。自366年起，这些窟穴在接下来的千年间不断被开凿和装饰，成为一座佛教艺术博物馆。敦煌莫高窟不仅展示了中国佛教艺术的演变，还汇集了中亚五国、古印度甚至更远地区的艺术风格，可谓是一个多元文化交流的典范。

　　敦煌莫高窟中唐时期出现一批极具异域风格的毗沙门天王造像，它们的五官立体，服装细节丰富，与传统的中式造型有着显著的差异。这些造像不仅见证了唐代敦煌地区与外界文化交流的开放性，显著地反映了当时敦煌地区在文化和艺术上的多元性，而且是研究丝绸之路文化交融的重要资料。

　　目前，虽然不少学者已经观察到其造像的特殊性，但对服装饰物的具体形制、由来与演变、文化属性、内含的寓意等方面的探讨尚未明确，因而本书依据实地调查和学界披露资料，以敦煌莫高窟中唐时期毗沙门天王服饰为研究对象，探讨其样式和变化的缘由，揭示其服饰的演变脉络、审美流变和文化内涵。

　　首先，本书从吐蕃统治时期的敦煌莫高窟、毗沙门天王信仰的源起、莫高窟中唐洞窟与毗沙门天王像等角度，探讨中唐时期毗沙门天王有别于其他三位天王的历史背景。其次，书中依据"类—型—式"的分类方法，对莫高窟北魏至宋时期的天王服饰进行系统分类，形成了服饰演变图谱，发现中唐时期毗沙门天王服饰发生明显变化，进而揭示天王造像服饰的演变可分为第一类造像体系和第二类造像体系，这两大体系在莫高窟历史演进的过程中存在平行发展、互相借鉴的情形。再次，探究中唐时期毗沙门天王戎装的四类样式并展开溯源讨论，四类样式为对襟型长甲、W胸甲型长甲、明光胸甲型长甲和其他短甲。对襟型长甲为第二类造像体系的典型，因毗沙门天王信仰在中唐时期盛行而成为主流。W胸甲型长甲和明光胸甲型长甲为第一类和第二类造像体系相交融的产物，二者均体现出对外来文化的借鉴，以及对既有文化传统的继承。然后，笔者分别考察了中唐毗沙门天王的代表性饰物，即X型圆护胸带、肩饰、袪口的特征、形成与发展。其饰物的演变实则为一个接纳、适应、再创造的过程，莫高窟在接纳外来图像样式及艺术风格的同时，在其原本的寓意上又赋予了新的宗教内涵。最后，归纳敦煌历代天王服饰的演变脉络，装饰纹样的意象阐发，梳理各时期的审美意趣，探求其中涵盖的文化内涵。毗沙门天王服饰不仅是东西方文化交流碰撞的产物，而且逐步吸收汉地的审美意趣和礼仪传统，渐次向中原武士形象靠拢。其造像从神圣性向世俗性过渡，不仅蕴含了佛教仪轨的造像义理，而且深刻表达了世俗民众对求福禳灾愿景的追求，以及对真、善、美的体悟理解。

　　综上所述，莫高窟中唐时期别样的毗沙门天王服装样式及饰物，是政治变革、文化融合、信仰兴盛、军戎交流、工艺技术发展等多重作用下的结果，本土化是其审美、内涵变迁的主要发展方向。本书不仅是对敦煌服饰文化研究的有益补充，而且有助于加深对莫高窟石窟艺术文化以及敦煌世俗社会的认识。

第一节　问题提出与研究意义

一、研究背景与问题提出

天王是佛教中重要的护法神祇，其职能、造像❶、地位、组合等随着佛教东传，在古印度佛教的基础上，受到汉民族文化的影响，进而发生本土化、世俗化的演变，特别是四天王之一的北方毗沙门天王，在中国传播与发展的过程中形成了较为独立、完整的信仰体系，是佛教本土化发展的一个典型例证。从地理维度看，此研究对象随着佛教的发展，辐射丝绸之路及周边地区，在南亚次大陆、中亚、西域❷、中原等广袤地域中均有表现，其中与毗沙门天王相关的服装配饰甚至可追溯至地中海沿岸、西亚等地。从时间维度看，"四天王"以及"毗沙门天王"的概念随着佛教的发展经历了漫长的历史演进，进入汉地后，与汉文化中的戎装服饰、镇墓门神等文化互动，时至今日，在多数佛教寺院中仍可见到四天王的形象。

笔者在莫高窟实地考察和调研的过程中，就天王服饰的形制、纹样、色彩、穿戴方式等作了梳理。后经文献查阅与分析比较，发现其服饰的艺术风格在经历北朝的西域风格、承前启后的隋初唐风格、华美精致的盛唐风格后，在中唐时期出现一批极具异域色彩的造像样式，服饰相较前朝有较大的变化，并且该转变只出现在北方毗沙门天王身上。学界对此服饰尚未进行深入且全面的系统性探究，目前仍存在较大的探索空间，因而以此为出发点展开研究，探讨其服饰样式和转变缘由（表1-1）。

表1-1　敦煌莫高窟各朝代天王服饰主要特征

朝代	北魏—北周	隋	初唐	盛唐	中唐	晚唐	五代—宋
代表性天王							
主要特征	服饰杂糅西域风格	服饰呈现承上启下、兼容并包的特色	数量占比多，增添中原流行的明光甲、裲裆甲等甲胄	从短甲变为长甲，异域风格明显	由站姿转变为坐姿，服饰华丽，保留部分中唐服饰特色	造像位置创新，服饰在晚唐基础上呈现出繁缛、程式化的特点	

---

❶ 造像，指塑造物体形象，有广狭二义，广义指采用雕塑、绘画形式表现的形象；狭义指采用雕塑形式表现的形象。本书中的"造像"一词主要使用广义，天王造像包含壁画和彩塑天王像的服饰、形体、比例、面容特征等内涵。

❷ 本书中的"西域"概念主要指狭义的西域，即葱岭（今帕米尔高原）以东、玉门以西，天山和昆仑山南北向之间的区域。

本书要研究的问题如下：

第一，中唐时期毗沙门天王造像服饰为何有别于其他三位天王？

第二，中唐时期毗沙门天王服装和饰物具有什么样的样式及特征？

第三，中唐时期毗沙门天王服饰从何而来，又经历了什么样的演变？

第四，敦煌莫高窟历代天王服饰具有什么样的演变脉络、审美意趣和文化内涵？

二、研究意义

（一）历史文化意义

本书根据《敦煌莫高窟内容总录》，实地考察各朝代包含毗沙门天王造像的开放和非开放洞窟，通过绘画、文字记录的方式获取第一手资料，为后续相关研究者提供翔实的图像和文本资料。并且在这些服饰、纹样资料的基础上，通过比较分类、归纳轨迹、剖析提炼等方式对莫高窟天王服饰的形成、发展及内涵等问题进行了有益的探索。在现存的492个洞窟中，约有1/3的洞窟明确记录含有天王画像或彩塑，可见天王服饰资料的丰富性和天王信仰的流行性。关于毗沙门天王服装样式、具体形制、服饰由来的问题散见甚至鲜见于相关文献中，在文化属性问题上，学界仍然存在分歧。从毗沙门天王服饰演变的角度，探讨该时期敦煌地区文化交融的情况，仍有较大的探索空间。

毗沙门天王作为佛教护法神，其造像遵循佛教经书的仪轨，然而，世俗性的喜好往往深刻地影响着造像服饰的演变脉络，天王服饰"既来源于生活，又超越了生活"❶，是以现实服饰为依据，并结合了古人丰富想象力的产物，多模仿武将的戎装，结合各朝代人们的审美情趣与信仰需求，将其丰富与"神化"。因此，毗沙门天王服饰的演变，不仅可以映射出人们的信仰和思想观念的变化，而且可以成为反映社会动荡与否的镜子，同时间接反映了世俗戎装发展的过程，对其展开的研究是对敦煌服饰文化研究的有益补充，有助于加深对莫高窟石窟艺术文化以及敦煌世俗社会的认识。

（二）美学意义

敦煌莫高窟天王及毗沙门天王服饰的变迁见证了佛教艺术传入中土后在不同历史阶段的审美流变，并且与世俗武士戎装存在较为契合的发展时段。壁画、彩塑展现的天王服饰的形制、工艺、图案纹样、色彩搭配，不仅凝练着古人的智慧与思想，而且汇聚着丝绸之路上不同的风俗文化和审美意趣。天王服饰的形制和纹样多受到大自然的启发，工匠通过抽象、夸张、概括、变形等方式构建样式，强调形式与功能结合的同时，也将丰富的寓意和内涵凝练其中。对其服饰中装饰纹样的种类及运用方式的梳理和探究，可为现代相关设计提供素材，也可为当今相关影视剧作、装饰画的人物服饰、妆发等提供理论依据。

---

❶ 敦煌研究院，谭蝉雪. 敦煌石窟全集24：服饰画卷[M]. 香港：商务印书馆（香港）有限公司，2005.

（三）现实意义

莫高窟天王服饰的演变可以生动地展现中国古代东西方文化之间的交流，以及舶来文化逐步本土化的进程。这种服饰文化的对话，正如"全球史观"强调的是不同文化之间的"互动"，而"互动"是人类历史发展的动力，社会发展源自变化，而变化的起点就是接触外来的新事物，对新事物的取舍过程就是传统的蜕变过程[1]。四大天王中的毗沙门天王信仰，作为"舶来"的文化信仰在唐、五代、宋时期得到空前发展，印证了文化交流过程中"碰撞、变通、同化"的发展规律[2]。毗沙门天王服饰的传播路径与佛教东传相似，同样具有本土化发展的规律性，随着佛教东传，在不同时期、不同地域上表现出不同的样貌，折射出东西方文化的交融与发展。从古至今，任何民族都处于多元服饰文化共存的局面中，中原服饰文化兼收并蓄地吸纳优秀的外来文化，表现出旺盛的生命力，展现了中华文明海纳百川的文化自信，为当代在多元化、国际化的时代背景下，传承和弘扬中国传统文化提供思路。当代传统服饰创新设计的构建，基于对中国传统历史的学习和积累，梳理服饰发展的历史脉络有利于厘清服饰文化的发展轨迹，挖掘需要传承发展的文化精髓，寻求传统造物与当代设计的融合之道，在多元文化充斥的今日，获得丰厚的设计灵感，促进中国文化的传承与创新。

第二节　以往学界的研究情况

自20世纪始，天王以及毗沙门天王持续成为各专家学者研究的重要课题，以"毗沙门天王"为对象的研究呈现出多学科、多角度的特征。

一、敦煌莫高窟中唐洞窟研究

关于吐蕃（中唐）时期敦煌莫高窟的代表性研究成果，可参考1994年段文杰所著的《唐代后期的莫高窟艺术》[3]，概述了中唐时期的历史背景、石窟形制、造像及壁画的艺术风格、经变画的题材等；1998年李其琼发表的《论吐蕃时期的敦煌壁画艺术》[4]，对吐蕃在沙州地区（现敦煌）实行的佛教政策、壁画内容题材及形式做了细致的分析，归纳了这一时期新出现的元素，并探讨其背后隐含的思想内涵；2013年沙武田所著的《吐蕃统治时期敦煌石窟研究》[5]，为吐蕃时期敦煌石窟研究的代表性著作，首先将敦煌石窟汉蕃文化交融称为石窟艺术的"重

---

[1] 刘新成. 全球史观与近代早期世界史编纂[J]. 世界历史，2006（1）：8.
[2] 王涛. 唐宋时期城市保护神研究：以毗沙门天王和城隍神为中心[D]. 北京：首都师范大学，2007：1-3.
[3] 段文杰. 唐代后期的莫高窟艺术[C] //段文杰. 段文杰敦煌艺术论文集. 兰州：甘肃人民出版社，1994：196-223.
[4] 李其琼. 论吐蕃时期的敦煌壁画艺术[J]. 敦煌研究，1998（2）：1-19，184.
[5] 沙武田. 吐蕃统治时期敦煌石窟研究[M]. 北京：中国社会科学出版社，2013.

构"，其次对中唐石窟营建以及代表性洞窟反映的若干问题进行探讨，最后以个案专题研究的方式详细解答了吐蕃时期某类经变画、彩塑发生新变化的原因以及相关的推测。另外，沙武田还发表了关于中唐洞窟分期、洞窟的个案专题研究、供养人画像研究等论文，具有开创意义。2013年，陆离所著的《敦煌的吐蕃时代》❶，增补考证了吐蕃占领敦煌的始末，如吐蕃时代敦煌的政治、经济制度以及文化、宗教体制等；2014年，《两唐书吐蕃传译注》❷对《新唐书》和《旧唐书》中的《吐蕃传》原文进行了详细的注释，是研究吐蕃政治文化的方便资料；2014年，杨铭所著的《吐蕃统治敦煌西域研究》一书对吐蕃统治西域时期的相关历史作了全面的考察，其中涉及吐蕃统治下的胡、汉民族的军事、经济、政治政策的变化，对于阗（新疆和田地区）、鄯善（新疆吐鲁番市鄯善县）地区的部落及土地制度等有细致的考证；2017年，《吐蕃统治时期敦煌密教研究》❸梳理了敦煌吐蕃时代与密教相关的大量图像和文献资料，揭示了敦煌中唐时期密教体现出不同于吐蕃本土和中原的特征，对敦煌吐蕃时期密教文化的研究具有参考价值；2018年，《吐蕃统治河陇西域与汉藏文化交流研究——以敦煌、新疆出土汉藏文献为中心》❹在前辈学者的研究基础上，结合敦煌、新疆出土的汉藏文献、传世文籍，对吐蕃管理区内军政制度和汉藏文化交流现象进行了专题探讨。

由上述文献可知，中唐是敦煌较为特殊的一段历史时期，不同的文化交流反映了新时代的新思想与内容的进入，一类新的画样、画稿便出现在莫高窟，如《吐蕃赞普礼佛图》，而毗沙门天王造像在此时期也凸显出较为独特的变化。前辈学者对吐蕃时期敦煌地区的历史研究以及吐蕃时期敦煌石窟艺术的讨论已有丰硕成果，为本书探究该时期毗沙门天王服饰显现的新特征及缘由提供了坚实的理论基础。

二、毗沙门天王及其服饰研究

为尽可能全面掌握学界对"毗沙门天王"的研究现状，笔者以国内（中国国家图书馆数据库、中国知网数据库）、国外［普若凯斯特（ProQuest）、EBSCO、科技与经济数据库（Taylor & Francis Online）、剑桥期刊/图书数据库（Cambridge）、JSTOR等］人文社科数据库为检索基础，以"毗沙门天王""天王""Vaisravana"为关键词进行检索，其中与"毗沙门天王"或"天王"相关的中文文献约194篇，日文文献约315篇，英文文献约1160篇（图1-1）。

---

❶ 陆离. 敦煌的吐蕃时代[M]. 兰州：甘肃教育出版社，2013.
❷ 罗广武. 两唐书吐蕃传译注[M]. 北京：中国藏学出版社，2014.
❸ 赵晓星. 吐蕃统治时期敦煌密教研究[M]. 兰州：甘肃教育出版社，2017.
❹ 陆离. 吐蕃统治河陇西域与汉藏文化交流研究——以敦煌、新疆出土汉藏文献为中心[M]. 北京：社会科学文献出版社，2018.

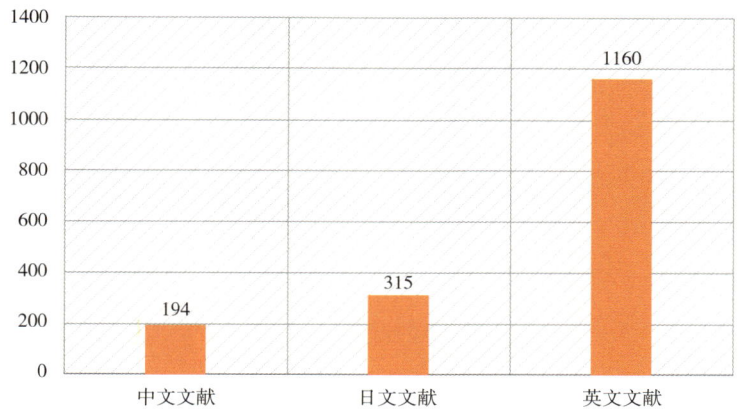

图1-1 与"毗沙门天王"或"天王"相关中文、日文、英文文献分布

综上,学界对毗沙门天王的研究角度可大致分为四个方面:造像演变、信仰传播、文化交流、服装及饰物(图1-2)。

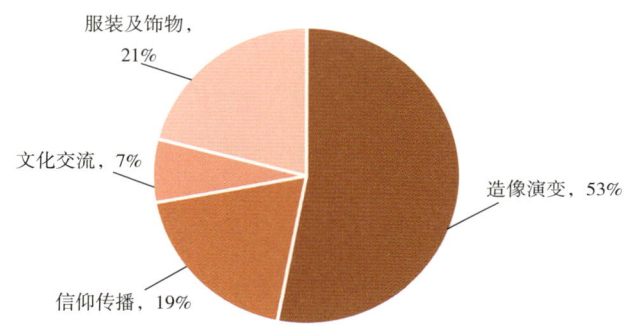

图1-2 毗沙门天王相关研究主题分布

(一)造像演变

1.毗沙门天王造像

这类文献探讨了毗沙门天王造像某一历史时期的特点或在某一时空的演变情况。2006年,朱刚的《毗沙门天王崇拜源流及其造像艺术》❶一文,系统地介绍了四大天王的称谓及眷属,总结了较为流行的两种天王造像特征、毗沙门天王的三重属性,并且对毗沙门天王信仰的传播路径、"托塔李天王"的由来提出了开创性的观点。2006年,沙武田在《敦煌画稿研究》❷专著的第四章第二节"毗沙门天王画稿"中,认为P.5018(1)A❸是敦煌毗沙门赴哪吒会和五代部分窟顶毗沙门天王像的粉本底稿,并对敦煌毗沙门天王的其他画样、画稿进行了梳理,为可资借鉴的重要研究资料。2007年,张永安的《敦煌毗沙门天王图像及其信仰概述》❹,将毗沙门天王造像分为单尊敦煌毗沙

---

❶ 朱刚.毗沙门天王崇拜源流及其造像艺术[J].新国学,2006,6(1):68-88.
❷ 沙武田.敦煌画稿研究[M].北京:民族出版社,2006.
❸ P.5018(1)A为敦煌文书编号,如"P"是伯希和名字Paul Pelliot的缩写,"S"是斯坦因"Stein"的缩写,读者可以通过编号在"国际敦煌项目:丝绸之路IDP""敦煌文献数字图书馆"等网站快速检索到需要的敦煌文书。
❹ 张永安.敦煌毗沙门天王图像及其信仰概述[J].兰州大学学报(社会科学版),2007,35(6):58-62.

门天王图像及其信仰概述和复合类进行研究，揭示不同造像体现的职能和信仰的变化。2008年，谢继胜的《榆林窟15窟天王像与吐蕃天王图像演变分析》❶和2011年李翎的《毗沙门图像辨识——以榆林25窟前室毗沙门天组合图像的认识为中心》❷，均观察到中唐时期榆林石窟出现了不同于以往的毗沙门天王造像，谢继胜指出吐蕃武士戎装以及藏传佛教美术对吐蕃占领敦煌时期的毗沙门天王造像有重大影响。2016年，霍巍的《从于阗到益州：唐宋时期毗沙门天王图像的流变》❸，以四川龙兴寺的石塑案例为研究出发点，分析晚唐时期毗沙门天王图像在敦煌和益州地区风格的演变过程，并通过考古研究以及其他学者文献研究成果，提出毗沙门天王信仰在6世纪的于阗已开始流行的观点。2016年，张聪的《毗沙门天图像流变路线研究》❹，从毗沙门天王手持物的角度，还原了从南北朝至元代其图像流变的路径，提出诸多新见解，认为持塔对襟型长甲毗沙门天王由于阗传入中原，持鼠毗沙门天王则从吐蕃而来。该学者的博士论文《中国佛教二十诸天图像研究》❺，梳理了各朝代包含四天王在内的二十诸天图像的谱系关系，探究各神祇从古印度佛教流传至中国的演变发展状况。2017年，郭瑞陶的硕士论文《西域天王造像图像学考：以于阗、龟兹、高昌为中心》❻，对于阗、龟兹（新疆阿克苏地区库车市）、高昌（新疆吐鲁番市高昌区）地区的天王造像进行较为深入的梳理，并对龟兹地区天王造像有别于于阗和高昌两地的原因提出自己的观点。

2. 兜跋毗沙门天王

在毗沙门天王相关的研究中，国外学者较国内学者研究稍早，以日本学者居多，特别是以"兜跋毗沙门天王"的造像研究为主。

1930年，日本学者源丰宗的《兜跋毗沙门天像的起源》，系统研究了兜跋毗沙门天王的来源及图像源流，提出此类天王应起源于于阗等诸多重要观点，为后人研究奠定了基础，如朱刚的《毗沙门天王崇拜源流及其造像艺术》在源丰宗的研究基础上，以不同的证据考证兜跋毗沙门天王图像来自于阗。1937年，松本荣一出版《敦煌画研究》，探讨了"兜跋"的词源以及意义❼。1939年，松本文三郎的《兜跋毗沙门天考》❽，探究了日本流行的兜跋毗沙门天王的中国起源，概括了兜跋毗沙门天王的三个特征，与一般的毗沙门天王作了区分，也探讨了"兜跋"的含义，认为"兜跋"一词的发音与"吐蕃""斗篷"相近，"兜跋"应为北宋末至南宋初从西藏传入，意为穿斗篷外套（戎装）的毗沙门天王。1991年，田边胜美的《兜跋沙门天像的起源》和《毗沙门天诞生》，考察了贵霜时期毗沙门天王及其犍陀罗的起源；1991年，台信佑尔的《敦煌的四天

---

❶ 谢继胜. 榆林窟15窟天王像与吐蕃天王图像演变分析[J]. 装饰, 2008（6）: 54-59.
❷ 李翎. 毗沙门图像辨识——以榆林25窟前室毗沙门天组合图像的认识为中心[J]. 故宫学刊, 2011（1）: 180-194.
❸ 霍巍. 从于阗到益州：唐宋时期毗沙门天王图像的流变[J]. 中国藏学, 2016（1）: 24-43.
❹ 张聪. 毗沙门天图像流变路线研究[J]. 艺术评鉴, 2016（9）: 166-167, 171.
❺ 张聪. 中国佛教二十诸天图像研究[D]. 南京：南京艺术学院, 2018.
❻ 郭瑞陶. 西域天王造像图像学考：以于阗、龟兹、高昌为中心[D]. 乌鲁木齐：新疆艺术学院, 2017.
❼ 松本荣一. 敦煌画研究[M]. 林保尧, 赵声良, 李梅, 译. 杭州：浙江大学出版社, 2019.
❽ 松本文三郎. 兜跋毗沙门天考[J]. 金申, 译. 敦煌研究, 2003（5）: 36-43, 109.

王图像》，较为宏观地梳理了敦煌地区四天王的图像资料，是可资借鉴的研究资料。1992年，宫治昭的《古印度四大天王与毗沙门天王》，论述了四天王早期发展演变的历程，考证其在古印度佛教系统中四天王的地位平等，四天王的形象与王子贵族的形象相近。大岛幸代的《唐代中期的毗沙门天信仰与造像活动——以长安的事例为中心》❶，探讨了中唐时期毗沙门天王的造像，强调其造像与各地信仰和社会背景的密切关系，具有重要的启示意义。

3. 地域性毗沙门天王造像研究

除敦煌地区外，巴蜀地区的毗沙门天王造像研究成果颇丰。如今四川的巴中、安岳、夹江，重庆的大足北山等地仍遗存大量唐代至宋代的毗沙门天王像。樊珂的硕士论文《四川地区毗沙门天王造像研究》❷，较为系统地梳理了四川地区毗沙门天王造像的情况，对造成地域性造像特色的原因进行了较为深入的研究。宁强的《巴中南龛第93号毗沙门天王造像龛新探》❸和苟廷一的《巴中南龛毗沙门天王龛浅谈》❹二文，考释了龛内造像的内容，归纳崇信毗沙门天王的方式，分析其信仰盛行的原因。姚崇新的《试论广元、巴中两地石窟造像的关系——兼论巴中与敦煌之间的古代交通》❺，从传播路径的角度，探讨广元、巴中两地造像产生异同的原因，为天王造像的演变提供了独特的研究思路。

（二）信仰传播

毗沙门天王的信仰流变是造像兴衰的主要动因，更是其服饰样式转变的主要推动力。因此，本书主要整理了毗沙门天王信仰较为兴盛的中原地区、敦煌地区和于阗地区的相关研究成果。

1. 中原地区毗沙门天王信仰

王涛的博士论文《唐宋时期城市保护神研究——以毗沙门天王和城隍神为中心》❻，查阅大量的笔记小说、敦煌文书等史料，探讨了唐宋时期毗沙门天王信仰从兴盛到消解的流变过程。该学者的《论唐宋时期毗沙门天王向城市保护神的转化》❼一文，具体探讨了毗沙门天王向城市保护神转化的过程，实际是佛教在民间不断世俗化的体现。夏广兴的《毗沙门天王信仰在中国古代社会的流播与影响》❽，探讨毗沙门天王信仰盛行的原因，可将其主要原因归于现世利益被世俗的认可和被统治阶层的推崇。

2. 敦煌地区毗沙门天王信仰

就敦煌地区的毗沙门天王信仰的流传情况，党燕妮作了专门的研究，撰写了《晚唐五代敦

---

❶ 大岛幸代. 唐代中期的毗沙门天信仰与造像活动——以长安的事例为中心[C]//中山大学艺术史研究中心. 艺术史研究：9. 广州：中山大学出版社，2007：277-290.
❷ 樊珂. 四川地区毗沙门天王造像研究[D]. 成都：四川大学，2007.
❸ 宁强. 巴中南龛第93号毗沙门天王造像龛新探[J]. 敦煌研究，1989（3）：11-15，121-123.
❹ 苟廷一. 巴中南龛毗沙门天王龛浅谈[J]. 四川文物，2000（4）：42-45.
❺ 姚崇新. 试论广元、巴中两地石窟造像的关系——兼论巴中与敦煌之间的古代交通[J]. 四川文物，2004（4）：63-70.
❻ 王涛. 唐宋时期城市保护神研究——以毗沙门天王和城隍神为中心[D]. 北京：首都师范大学，2007.
❼ 王涛. 论唐宋时期毗沙门天王向城市保护神的转化[J]. 晋阳学刊，2010（1）：98-102.
❽ 夏广兴. 毗沙门天王信仰在中国古代社会的流播与影响[J]. 上海师范大学学报（哲学社会科学版），2017，46（6）：135-142.

煌地区的毗沙门天王信仰》❶《毗沙门天王信仰在敦煌的流传》❷及博士论文《晚唐五代宋初敦煌民间佛教信仰研究》❸，探究了敦煌地区毗沙门天王信仰的源起，收集大量敦煌文献、造像遗迹、民间记载佐证毗沙门天王信仰在中晚唐、五代的盛行，并指出敦煌毗沙门天王信仰具有大众化、多元化、功利化的特征。谭蝉雪的《唐宋敦煌岁时佛俗——正月》❹，对敦煌岁时佛俗的内容作了具体交代，其中包括与天王相关的四门结坛和赛天王等法会仪式，提出归义军时期天王祈赛的法会增多是战乱需要的观点。周雪芹的硕士论文《从敦煌愿文看唐宋时期民众的佛教信仰》❺，基于对近400篇敦煌愿文的分析，对愿文反映的民众信仰的佛、儒、道融合情况和民众信仰的实用主义特点进行分析，其中包含对四天王信仰的研究。公维章的《唐宋间敦煌的城隍与毗沙门天王》❻，发现敦煌地区毗沙门天王信仰代替了城隍，成为护佑敦煌地区平安的神祇。

3. 于阗地区毗沙门天王信仰

新加坡学者古正美的专著《从天王传统到佛王传统——中国中世佛教治国意识形态研究》❼，其中第十章"于阗与敦煌的毗沙门天王信仰"，探讨了于阗毗沙门天王信仰的产生及影响。田峰的《〈大唐西域记〉中关于于阗的三则故事小考》❽，对玄奘的《大唐西域记》中关于于阗的三篇故事所对应斯坦因在丹丹乌里克的考古发现进行解读。田峰的《于阗毗沙门天王信仰研究》❾一文，详细分析了于阗毗沙门天王信仰对敦煌及中原产生的影响，体现在敦煌壁画上的于阗传说故事、于阗瑞像，以及传入中原的"凹凸"绘画风格。莫阳的《从敦煌"天王决海"题材壁画看毗沙门信仰与于阗之关系》❿，从毗沙门天王经变画的角度，论证敦煌与于阗之间的密切交流，文中对神女双手托举形式的由来有较为独特之见解。

经过对中原、于阗、敦煌地区的毗沙门天王信仰相关文献的整理，为毗沙门天王信仰缘起、信仰盛行的原因、信仰流传的路径、信仰的流变提供了丰厚的理论基础。诸多学者认同莫高窟中唐时期的毗沙门天王是由于阗的兜跋毗沙门天王形象演变而来。毗沙门天王信仰从盛行至消解的流变，促进了其造像和职能的演变，这也是毗沙门天王服饰样式转变的重要动因之一，如其造像服饰也会随着信仰向世俗化、大众化、多元化、功利化发展而受到影响。该类文献的研究成果对于探讨毗沙门天王服饰样式转变以及装饰纹样的意涵具有重要意义。

---

❶ 党燕妮. 晚唐五代敦煌地区的毗沙门天王信仰[C]//郑炳林. 敦煌归义军史专题研究三编. 兰州：甘肃文化出版社，2005：26.
❷ 党燕妮. 毗沙门天王信仰在敦煌的流传[J]. 敦煌研究，2005（3）：99-104.
❸ 党燕妮. 晚唐五代宋初敦煌民间佛教信仰研究[D]. 兰州：兰州大学，2009.
❹ 谭蝉雪. 唐宋敦煌岁时佛俗——正月[J]. 敦煌研究，2000（4）：65-71，182.
❺ 周雪芹. 从敦煌愿文看唐宋时期民众的佛教信仰[D]. 北京：中央民族大学，2005.
❻ 公维章. 唐宋间敦煌的城隍与毗沙门天王[J]. 宗教学研究，2005（2）：113-119.
❼ 古正美. 从天王传统到佛王传统——中国中世佛教治国意识形态研究[M]. 台北：商周出版社，2003.
❽ 田峰.《大唐西域记》中关于于阗的三则故事小考[J]. 西安文理学院学报（社会科学版），2010，13（5）：30-34.
❾ 田峰. 于阗毗沙门天王信仰研究[J]. 西北民族大学学报（哲学社会科学版），2013（4）：35-39.
❿ 莫阳. 从敦煌"天王决海"题材壁画看毗沙门信仰与于阗之关系[J]. 天津美术学院学报，2015（3）：96-101.

（三）文化交流

德国探险家阿尔伯特·冯·勒克科（Albert Von Le Coq）的专著*Bilderatlas Zur Kunst Und Kulturgeschichte Mittel-Asiens*，由赵崇民、巫新华翻译，中国人民大学出版社出版，中文书名为《中亚艺术与文化史图鉴》[1]，收集了德国探险队20世纪初在我国西部地区及中亚等地考察所获得的珍贵图像资料，其中包含对考察区古代铠甲、武器具体形制的研究，也有少量涉及文化交流的讨论。另外，德国探险家A.格伦威德尔（A. Grünwedel）和英国考古学家马尔克·奥莱尔·斯坦因（Marc Aurel Stein）发表的科考成果——《新疆古佛寺：1905—1907年考察成果》[2]和《古代和田——中国新疆考古发掘的详细报告》[3]，为本书提供许多古代西域武士、天王的第一手资料。2002年，李凇的《长安艺术与宗教文明》[4]，其中"略论中国早期天王图像及其西方来源"一节，探讨了南北朝至隋代佛教艺术中四天王图像从外来艺术逐渐本土化的发展状况，提出了诸多早期天王造像中可体现东西方文化交流的观点，颇具参考价值。2010年，王涛的《唐代中国与印度、内地与西域文化交流——以毗沙门天王流变为考察个案》[5]，探讨了唐代中国与古印度、西域与内地文化交流中毗沙门天王形象和职能的流变，认为毗沙门天王在与中国内地文化交流的过程中拥有了更加浓厚的民间信仰神的世俗化特征。

（四）戎装服饰

本小节主要包含对毗沙门天王服装、饰物、手持物的文献整理，以及中国古代世俗戎装服饰的相关文献。为避免与后述章节某一样式或饰物的文献综述重复，这里仅概括叙述。如对对襟型长甲相关研究、X型圆护胸带相关研究、肩饰相关研究等内容将放置于后文具体章节中。

1. 中国古代甲胄相关研究

中国古代甲胄的相关著作为笔者辨析敦煌壁画天王甲胄的形制、材质、穿戴方式、甲片类型等有着重要的参考价值。如杨泓先生的《中国古代的甲胄——下篇》[6]《中国古代甲胄和日本古代甲胄》[7]《中国古代甲胄续论》[8]等，为古代甲胄研究的重要资料。凯风的《中国甲胄》[9]，白荣金、钟少异的《甲胄复原》[10]和陈大威的《画说中国历代甲胄》[11]等著作图文并茂地展示了中国古代甲胄的发展历程以及历代最具代表性的铠甲。何海平、胡涛的《古代甲胄发展探究》[12]，以博物馆甲胄

---

[1] 阿尔伯特·冯·勒克科. 中亚艺术与文化史图鉴[M]. 赵崇民, 巫新华, 译. 北京：中国人民大学出版社, 2005.
[2] A. 格伦威德尔. 新疆古佛寺：1905—1907年考察成果[M]. 赵崇民, 巫新华, 译. 北京：中国人民大学出版社, 2007.
[3] 马尔克·奥莱尔·斯坦因. 古代和田——中国新疆考古发掘的详细报告[M]. 巫新华, 等译. 济南：山东人民出版社, 2009.
[4] 李凇. 长安艺术与宗教文明[M]. 北京：中华书局, 2002.
[5] 王涛. 唐代中国与印度、内地与西域文化交流——以毗沙门天王流变为考察个案[J]. 全球史评论, 2010, 3（1）：209-219, 434.
[6] 杨泓. 中国古代的甲胄——下篇[J]. 考古学报, 1976（2）：59-96, 199-206.
[7] 杨泓. 中国古代甲胄和日本古代甲胄[J]. 文物天地, 1996（5）：26-31.
[8] 杨泓. 中国古代甲胄续论[J]. 故宫博物院院刊, 2001（6）：10-26.
[9] 凯风. 中国甲胄[M]. 上海：上海古籍出版社, 2006.
[10] 白荣金, 钟少异. 甲胄复原[M]. 郑州：大象出版社, 2008.
[11] 陈大威. 画说中国历代甲胄[M]. 北京：化学工业出版社, 2017.
[12] 何海平, 胡涛. 古代甲胄发展探究[J]. 首都博物馆论丛, 2014（28）：9-15.

实物为研究对象，探讨材质与古代科技发展的关系。霍琛、周莉英的《丝绸之路上中国古代戎装的文化发展》❶，研究丝绸之路对古代戎装发展的影响，其中最具代表性的是装饰性丝织物在戎装上的运用。

唐朝天王戎装样式种类繁多，查阅现有著作发现，目前甲胄的分类存在不足，如杨泓先生在1976年发表的《中国古代的甲胄——下篇》，文中对于唐代墓葬出土武士俑、雕像天王、壁画天王的甲胄，按照时间顺序先后分为五种类型（表1-2）。第一类型，以创作于650年的龙门石窟潜溪寺天王塑像为代表；第二类型，以664年出土于郑仁泰墓的陶俑为代表；第三类型，以668年出土于李爽墓的陶俑为代表；第四类型，以703年出土于独孤君妻元氏墓的陶俑为代表；第五类型，以敦煌第194窟天王彩塑为代表。此分类从时间跨度上几乎涵盖了整个唐朝，虽然各类型依据年代分类，但甲胄的形制存在并行与交叉的情况，也未体现地域上的区分。另外，2011年由中华书局出版的《中国兵器甲胄图典》❷，魏兵以腹甲和胸甲的构成关系，试图从甲衣形制的角度区分唐代的铠甲，其中专著中描述第二类型"胸甲衔接于腹甲之外"，第三类型"腹甲通过绳绦包裹于胸甲外"，第四类型"胸甲与腹甲间衬一护甲"，这三类描述都适用于盛唐第384窟西壁龛外彩塑二天王，可见单以腹甲和胸甲的构成关系作为分类依据，仍然存在重合与模糊的状况（图1-3）。

表1-2　唐代甲胄分类情况

唐代甲胄分类				
1.1976年杨泓《中国古代的甲胄——下篇》	第一类型	以创作于650年的龙门石窟潜溪寺天王塑像为代表	第一类型	腹甲包裹胸甲构成整体身甲
	第二类型	以664年出土于郑仁泰墓的陶俑为代表	第二类型	胸甲衔接于腹甲之外
	第三类型	以668年出土于李爽墓的陶俑为代表	第三类型	腹甲通过绳绦包裹于胸甲外
	第四类型	以703年出土于独孤君妻元氏墓的陶俑为代表	第四类型	胸甲与腹甲间衬一护甲
	第五类型	以敦煌第194窟天王彩塑为代表	第五类型	腹甲向上伸出皮条末端钉于胸甲上

（表头第三列："2.2001年魏兵《中国兵器甲胄图典》"）

入唐之后，铠甲的种类增多，根据《唐六典·卷十六·卫尉宗正寺》记载："甲之制十有三：一曰明光甲，二曰光要甲，三曰细鳞甲，四曰山文甲，五曰乌锤甲，六曰白布甲，七曰皂绢甲，八曰布背甲，九曰步兵甲，十曰皮甲，十有一曰木甲，十有二曰锁子甲，十有三曰马甲……今明光、光要、细鳞、山文、乌锤、锁子皆铁甲也，皮甲以犀兕为之，其余皆因所用物名焉。"❸

---

❶ 霍琛，周莉英. 丝绸之路上中国古代戎装的文化发展[J]. 中国包装工业，2014（4）：55-56.
❷ 魏兵. 中国兵器甲胄图典[M]. 北京：中华书局，2011：137-142.
❸ 李林甫，等. 唐六典[M]. 北京：中华书局，1992：462.

可见明光甲❶、山文甲、锁子甲等为铁甲，其余如白布甲、皂绢甲、皮甲、木甲等是以所用的材质命名。甲胄的材质在壁画和塑像上实则难以判定，部分莫高窟盛唐彩塑类天王的圆形胸甲上有凹凸花型的表现，如盛唐第384窟西壁龛外北侧天王，或为皮革质地的皮甲；有的表面有宝相花纹的描绘，如盛唐第46窟西壁龛外二天王，或为绢布质地的绢布甲（图1-3）。关于甲胄的定名，目前学术界普遍将造像的主要铠甲样式作为命名依据，如遇穿着明显为明光甲形制胸甲的武士俑或天王造像，无论其甲胄材质，都统称为明光甲；如遇甲衣上图案纹样较多的铠甲则认为是绢布甲，如盛唐第194窟西壁龛内二天王，但经过观察可知，其甲衣形制为裲裆甲（又作"两裆甲"）❷形制，甲衣上绘有精致纹样，可能为装饰性的绢布材质。实际上，唐代出土的武士俑或天王像所穿着的铠甲多表现为复合甲型，胸甲可能为明光甲、裲裆甲，其披膊可能为长札甲，腿裙上可能覆盖鱼鳞甲等多种甲制。

（a）盛唐第384窟彩塑天王　　（b）盛唐第46窟彩塑天王　　（c）盛唐第194窟彩塑天王

图1-3　明光胸甲型甲衣

综上，以年代、腹甲和胸甲的构成关系、主要铠甲样式或材质来归类皆不够确切，本书将从整体铠甲形制的角度，借鉴考古类型学的方法，依据"类—型—式"的分类方式，进行系统的分析归类。在各"类"中，以胸甲的变化为主要依据，区分各"型"，为莫高窟历代天王的服饰作更加细致的分类。如遇形如"明光甲"，但因壁画、彩塑等形式无法确定其圆形胸护材质的情况时，称其胸甲为"明光胸甲型"更为严谨，诸如前文提及的盛唐第384窟和盛唐第46窟等天王甲衣虽为不同材质，但均可归为"明光胸甲型"。同理，出现形如"裲裆甲"的甲制，本书谓之"裲裆胸甲型"。

---

❶ 明光甲在南北朝时期的中原地带已存在，洛阳孝昌元年（北魏525年）元熙墓出土的陶俑，胸甲部分由两个半椭圆拼成，两个半椭圆内都有几个不规则的同心圆来表示圆护。根据汉代出土的日光镜上的铭文："见日之光，天下大明"，杨泓先生将胸前有两片板状护胸、在阳光下能折射光明的铠甲形制称为明光甲。

❷ 裲裆甲形制与裲裆有关，《释名·释衣服》："裲（裲）裆，其一当胸，其一当背，因以名之也。""裲裆"在文献中也作"两裆"，其形制为前后各一片布帛由两条襻带在左右肩相连，腰间用带系扎。

2. 毗沙门天王服装及饰物相关研究

毗沙门天王服装及饰物的相关研究主要涉及某一历史时期天王服饰的演变及特点，或天王服饰中某一局部的研究。敦煌研究院、谭蝉雪主编的《敦煌石窟全集24·服饰画卷》❶，图文并茂地介绍了敦煌石窟从十六国至元代世俗人物服饰的演变状况，其中概括性地介绍了戎装的发展，为研究天王服饰的演变提供了理论基础。邢月的硕士论文《中国古代佛教天王造像身着铠甲造型特征研究》❷中，将新疆、陕西、河南、安徽、河北、内蒙古、湖南、湖北陵墓出土的武士俑、天王俑作为研究对象，对其造型结构特征作了详细的分析。日本学者佐藤有希子发表的《毗沙门天像的图像形成于敦煌吐蕃：敦煌吐蕃占领时期毗沙门天像的一个考察》❸和《敦煌吐蕃时期毗沙门天王像考察》❹二文，开创性地将莫高窟中唐毗沙门天王服饰分为于阗样式和新样式两类，并发现在第154窟南壁出现两种样式并存的局面。该分类方式对本书整理归纳戎装样式具有重要的借鉴意义。但经过笔者实地考察，发现除上述两类样式外，还存在穿着其他样式的毗沙门天王像，因此本书依据"类—型—式"的分类方式，对其服饰进行重新整理归纳。

目前学界关于中唐时期毗沙门天王服饰的由来，主要关注吐蕃和西域两个方向。在这些研究中，谢继胜❺、沙武田❻、谢静❼三位学者均认为敦煌中唐出现的毗沙门天王穿着吐蕃武士长甲，谢继胜在文章中写到，中唐毗沙门天王是吐蕃武士的现实写照，该类样式产生于中唐吐蕃统治时期。

另外，有关于毗沙门天王装饰物的研究，主要可分为：第一，宗教法器，如毗沙门天王的手持物或身上佩戴的武器，三叉戟、宝塔、宝棒、弯刀、长剑等；第二，服装类的装饰物，如冠饰、帛带、耳饰、璎珞、肩部披膊、X型圆护胸带、尖角型肩饰、叶片状袪口装饰等。关于宗教法器的研究，如2014年，张聪的硕士论文《毗沙门天王持物考》❽，通过梳理毗沙门天王的三类手持物（塔类、鼠类、幢类）推理出毗沙门天王持物演变的路径。张聪的另一文《关于毗沙门天王所持之塔来源的一种设想》❾，认为毗沙门天王所托的是窣堵波状的舍利容器，并不是建筑意义上的塔。2019年，李淑敏的《四天王组像及其持物类型研究》❿，探究在中国文化的主导下四天王组合的造型演变以及手持物变化的特征。

---

❶ 敦煌研究院，谭蝉雪. 敦煌石窟全集24·服饰画卷[M]. 香港：商务印书馆（香港）有限公司，2005.
❷ 邢月. 中国古代佛教天王造像身着铠甲造型特征研究[D]. 乌鲁木齐：新疆师范大学，2014.
❸ 佐藤有希子. 毗沙门天像的图像形成于敦煌吐蕃：敦煌吐蕃占领时期毗沙门天像的一个考察[N]. 刘晓东，译. 中国社会科学报，2010-10-19.
❹ 佐藤有希子. 敦煌吐蕃时期毗沙门天王像考察[J]. 牛源，译. 敦煌研究，2013（4）：33-41，129-130.
❺ 谢继胜. 榆林窟15窟天王像与吐蕃天王图像演变分析[J]. 装饰，2008（6）：54-59.
❻ 沙武田. 敦煌石窟于阗国王画像研究[J]. 新疆师范大学学报（哲学社会科学版），2006，27（4）：22-30.
❼ 谢静. 敦煌石窟中的少数民族服饰研究[M]. 兰州：甘肃教育出版社，2016.
❽ 张聪. 毗沙门天王持物考[D]. 南京：南京艺术学院，2014.
❾ 张聪. 关于毗沙门天王所持之塔来源的一种设想[J]. 美术教育研究，2014（3）：48-49.
❿ 李淑敏. 四天王组像及其持物类型研究[D]. 上海：华东师范大学，2019.

学界对于天王服装类的装饰物的研究主要集中于铠甲手臂上"兽首含臂"样式，以及对天王鸟翼宝冠相关问题的探讨等。如2016年李静杰、李秋红的《兽首含臂守护神像系谱》❶和2017年程雅娟的《从中亚"犬神"至中原"狻猊"——古代天王造像之"兽首吞臂"溯源与东传演变考》❷。李静杰、李秋红认为，兽首含臂与戴兽首帽源于同一母题，即古希腊的赫拉克勒斯（Heracles）信仰，通过学界目前的披露和实地考察资料，对兽首含臂的发展路径进行了详细梳理。程雅娟则认为此类装饰形式不是随佛教东传的古印度艺术，而是起源于中亚祆教的犬神、象神文明，由粟特商人传入内地。2002年李凇的《长安艺术与宗教文明》❸，认为毗沙门天王帽饰上的双鸟翼与波斯（伊朗）艺术、古希腊艺术有着渊源关系。2003年日本学者松本文三郎在《兜跋毗沙门天考》❹中提出兜跋毗沙门天所戴鸟冠不是凤凰冠，而是象征勇武的鹖冠的观点。2007年杨洁的硕士论文《试论西安、洛阳地区唐墓出土的武士俑、天王俑》❺，探讨了镇墓俑头冠（宝髻、花冠、鸟形冠、兽头兜鍪）的造型及来源。

目前国内外学界对X型圆护胸带鲜有研究，其研究程度仅限于形制叙述等初步认识，相关的研究成果也较为地域化，主要集中于对各国或各地域军事实用性圆盘护具的研究，尚未出现从宗教护具的角度将军用装备与佛教护具相关联的探讨。至于毗沙门天王的肩饰，国内外学者仅提出了些许推测，多数学者认为毗沙门天王的肩饰为背光或背靠。中唐毗沙门天王手肘部位的叶片状袪口装饰，日本学者松本荣一称其为"鳍袖"❻，佐藤有希子也沿用该名称❼，但未详述该名称的由来，以及此袖型结构和袪口的演变、文化属性、艺术特征等问题。

综上，从造像演变、信仰传播、文化交流、戎装服饰四个方面将天王及毗沙门天王领域的课题进行分析整理。此前日本学者和中国学者关于于阗兜跋毗沙门天王的研究，主要注重其起源及造像，至于该类型的天王样式传入敦煌的时间和原因，仍然值得进一步探究。学界对于毗沙门天王造像的演变关注较多，主要研究其造像在某一历史时期或在某一时空的流变情况。诸多学者认同毗沙门天王信仰从盛行至消解的流变，促使其造像和职能的演变，这也是毗沙门天王服饰样式转变的重要内在动因之一。另外，文化互动与交流也是需要考虑的重要因素，有学者对于早期汉地四天王图像中蕴含的东西方文化交流提出诸多真知灼见❽。就异族统治的中唐时期而言，莫高窟大量显现的异域风格的毗沙门天王像，其服饰也具有阐发东西方文化交流的特性。以毗沙门天王服饰演变的角度，探讨该时期敦煌地区文化交融的情况，仍有较大的探索空

---

❶ 李静杰，李秋红. 兽首含臂守护神像系谱[C]//中山大学艺术史研究中心. 艺术史研究：18. 广州：中山大学出版社，2016：155-224.
❷ 程雅娟. 从中亚"犬神"至中原"狻猊"——古代天王造像之"兽首吞臂"溯源与东传演变考[J]. 南京艺术学院学报（美术与设计版），2017（5）：6-14，189.
❸ 李凇. 长安艺术与宗教文明[M]. 北京：中华书局，2002：134.
❹ 松本文三郎. 兜跋毗沙门天考[J]. 金申，译. 敦煌研究，2003（5）：36-43，109.
❺ 杨洁. 试论西安、洛阳地区唐墓出土的武士俑、天王俑[D]. 西安：西北大学，2007.
❻ 松本荣一. 敦煌画研究[M]. 林保尧，赵声良，李梅，译. 杭州：浙江大学出版社，2019：429.
❼ 佐藤有希子. 敦煌吐蕃时期毗沙门天王像考察[J]. 牛源，译. 敦煌研究，2013（4）：33-41，129-130.
❽ 同❸.

间，但暂未见与此方面相关的较为全面的专著或论述。

从目前的研究情况看，关于佛教天王或毗沙门天王服饰的研究呈现散点式，学界尚未出现一部全面梳理敦煌莫高窟历代天王服饰的研究，至于莫高窟中唐时期毗沙门天王穿戴的"特殊"戎装，在研究中国古代甲胄的专著中均未涉及。现有著作对于唐代甲胄的分类，在时间跨度和地区细分方面相对笼统，虽然各类型依据年代而分类，但甲胄的形制存在并行和交叉的情况，因而本书将从整体铠甲形制的角度，对莫高窟唐代各时期的服装进行更加细致的分类和界定。此外，至于对襟型长甲的文化属性，从20世纪20年代起一直持续至今，学界通过甲衣、甲片、佩刀等方面分析，主要关注吐蕃和西域两个方向。在梳理文献过程中，笔者发现国内外的多数学者因对襟型长甲在中唐之前鲜见，似乎在研究之初已默认对襟型长甲为中唐新产生的天王造像样式，进而将其服饰的文化属性与吐蕃联系在一起，笔者认为这种观点存在一定的局限性，此类样式在敦煌产生的时间需要进一步考证，其服饰由来和文化属性应考虑更加多元的文化杂糅。敦煌中唐时期的毗沙门天王像除戎装外，还出现几个较为特殊的装饰物，如双肩的尖角状肩饰、前胸的X型圆护胸带、手肘的叶片状装饰等，这些饰物在研究中唐毗沙门天王的文章中多被描述性地一笔带过，至于它们的由来和演变情况尚未引起学界的重视，这也是本书需深入探讨的要点。

第三节　研究内容与框架

一、概念界定

（一）毗沙门天王

毗沙门天王梵文为"Vaisravana"，为佛教典籍中"四天王"之一，又称"北方天王"或"北方多闻天王"。毗沙门天王住于须弥山之北，守护阎浮提之北。希麟译《续一切经音义》卷六："毗沙门，梵语也，或云毗舍罗婆拏，或云吠室啰末那，此译云普闻，或云多闻"。毗沙门因守护如来道场多闻佛法而得名。其古印度原型为俱毗罗（Kubera）❶❷，又称施财天。在古印度史诗《摩诃婆罗多》《罗摩衍那》中，大梵天为奖励其苦修和善行，赐予其"财神"的身份，使其成为"药叉财神"，具有护卫北方和掌管世间一切财富两种职责。在佛教体系中演变成为毗沙门天王，毗沙门天王也继承了俱毗罗的财神功能，较另外三位天王多了一重"信仰神格"。另外，毗沙门天王护佑北方与佛教北传至汉地的方位契合，故毗沙门天王成为四位天王中较为特殊的一位，其信仰较其他三位天王尤为崇盛，常被单独供奉。

毗沙门天王北传进入西域，在于阗地区形成的"兜跋毗沙门天王"后传至中原乃至日本。

---

❶ 朱刚. 毗沙门天王崇拜源流及其造像艺术[J]. 新国学，2006，6（1）：68-88.
❷ 张聪. 中国佛教二十诸天图像研究[D]. 南京：南京艺术学院，2018：126.

进入中土后的毗沙门天王，因传闻帮助唐王平定战乱，收获了众多信众，成为保卫国土的象征。尔后毗沙门天王从单纯的护法神祇向世俗化发展，其功能从护城护国的功能，拓展至与世俗民众息息相关的饮食、出行、生育等方面，具有庇佑众生、招财济难、送子、祛病消灾、护佑安泰等美好寓意。晚唐至宋期间，与毗沙门天王相关的祭祀、发愿、造像活动热度不减，其神格从战神向现实利益扩充，信众范围从朝野、军队渐次渗透至社会各阶层。宋朝之后，毗沙门天王信仰渐衰，莫高窟的造像也随之减少。一方面，毗沙门天王回归四大天王；另一方面其形象与李靖融合，进一步流变为民间信仰的神祇。直至今日，出于对趋吉纳祥的憧憬，在多数佛教寺院中仍可见到被赋予"风调雨顺"寓意四天王的形象、在民间小说中由毗沙门天王演变成的托塔李天王李靖，以及相关的民俗武将门神形象，被世人所喜闻乐见。

在四天王中辨别毗沙门天王时，学界一般以手托举宝塔为判断毗沙门天王身份的依据❶。在古印度佛教系统中，毗沙门天王的装束与王子贵族的形象相近，佛教传至敦煌后，毗沙门天王服饰经历了早期的借鉴摸索、中唐时期的突变，至晚唐五代时期逐渐趋于定式。以莫高窟晚唐第12窟前室西壁门北侧毗沙门天王为例，毗沙门天王典型的服饰主要由头冠、甲衣、甲裙、披膊、战靴组成，甲衣的胸甲常为明光型或裲裆型（图1-4）。肩膀部位配置披膊，在盛唐、晚唐及以后，流行兽首含臂样式。胸甲之下包裹腹甲缠绕腾蛇，腹部正前方配备圆形或兽首护腹，下垂鹘尾，腰部束革带，两胯由抱肚防护。下装为覆盖甲片的甲裙，甲裙内为内袍的衬裙，足蹬战靴。

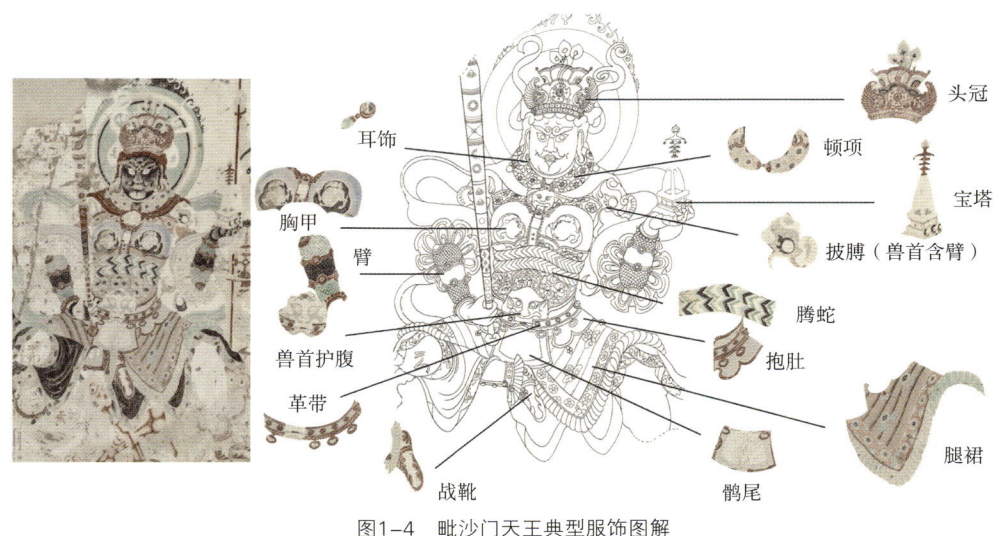

图1-4 毗沙门天王典型服饰图解

（二）敦煌莫高窟中唐时期界定

敦煌莫高窟的中唐时期由吐蕃统治，关于吐蕃何年"攻陷"沙州（现敦煌）的问题，因该年代的断定与吐蕃时期的敦煌遗书、洞窟考订有着密切关联，所以成为敦煌学吐蕃相关研究领

---

❶ 李凇. 长安艺术与宗教文明[M]. 北京：中华书局，2002：328.

域无法回避的重要课题。学界从20世纪初已展开激烈讨论，因无准确的年代记载，各家依据不同的史料推考，所得结论便存在差异。《元和郡县志》中记述瓜州于大历十一年（776年）"陷蕃"，沙州的"陷蕃时期"则为建中二年（781年）。《元和郡县志》为元和年间李吉甫所著的一部地理志，其成书时间虽然与吐蕃入侵河西陇右的时间相隔不久，然而如今诸多中外专家对此文献的可靠性提出怀疑。早在1913年罗振玉首次质疑"建中二年陷蕃"之说❶。20世纪80年代以来，法国学者保罗·戴密微（Paul Demiéville）持"贞元三年（787年）陷蕃"的观点❷；马德对《元和郡县志》中瓜州"陷蕃"的时间也存疑，提出"大历十二年（777年）沙州陷蕃"的见解❸；陈国灿提出"贞元二年（786年）陷蕃"的理论，因资料引用翔实、论据充分最为学界认同❹。近些年，也有推翻陈国灿观点的，主张贞元四年（788年）的推测❺❻。本书采用陈国灿提出的"贞元二年（786年）陷蕃"之说，敦煌莫高窟中唐时期从唐德宗贞元二年（786年）起，吐蕃对敦煌开始了六十余年的统治，直至大中二年（848年）张议潮发动起义，"光复"沙州，敦煌莫高窟结束中唐，进入晚唐时期。

二、研究框架

本书共分六章，拟立足于敦煌莫高窟中唐时期壁画、彩塑类毗沙门天王的服饰遗存，在考释服装样式的形制、材质、穿戴方式等基础上，由表及里，从其服饰变化的"表象"探究巫鸿先生提出的"中层"和"高层"的含义❼。第一章作为本书的引言与绪论，从研究对象的研究背景、研究意义、文献综述、研究内容与框架、研究方法、创新点与难点等方面，具体阐述研究该对象的原因及研究方法，并提出四个待探究的问题：一是中唐时期毗沙门天王造像服饰为何有别于其他三位天王；二是中唐时期毗沙门天王服装和饰物的样式及特征；三是中唐时期毗沙门天王服饰从何而来，又经历了什么样的演变；四是敦煌莫高窟历代天王服饰具有什么样的演变脉络、审美意趣和文化内涵。

本书第二章对应第一个问题，从吐蕃统治时期的敦煌莫高窟、毗沙门天王信仰的源起、敦煌莫高窟中唐洞窟与毗沙门天王像等角度具体阐述毗沙门天王及其信仰的形成，解答中唐时期毗沙门天王造像服饰有别于其他三位天王的原因，通过对该问题的探索与解答，可知敦煌中唐时期的时代背景、吐蕃统治对莫高窟石窟艺术的影响、毗沙门天王信仰流变的路径，以及毗沙

---

❶ 晒麟.张淮深之死疑案的研究[J].敦煌学辑刊，1993（2）：119.

❷ 保罗·戴密微.吐蕃僧诤记[M].耿昇，译.北京：中国藏学出版社，2013：225.

❸ 马德.沙州陷蕃年代再探[J].敦煌研究，1985（3）：98-105.

❹ 陈国灿.唐朝吐蕃陷落沙州城的时间问题[J].敦煌学辑刊，1985（1）：1-7.

❺ 李正宇.沙州贞元四年陷蕃考[J].敦煌研究，2007（4）：98-103.

❻ 安忠义.吐蕃攻陷沙州城之我见[J].敦煌学辑刊，1992（Z1）：21-24.

❼ 巫鸿先生曾在《敦煌323窟与道宣》（载于胡素馨主编的《佛教物质文化：寺院财富与世俗供养国际学术研讨会论文集》）一文中针对佛教石窟艺术提出"三个层次"的研究思路，即"底层研究"考释单个图像，"中层研究"完成石窟的解释和研究，"高层研究"揭示宏观艺术与社会、宗教、意识形态的一般性关系。

门天王逐渐脱离四大天王，形成独立信仰及图像系统的过程。第一个问题的提出与解答，为探求其服饰的转变奠定了基础。

本书第三章与第四章对应第二个和第三个问题，针对莫高窟中唐时期毗沙门天王四类戎装样式和三类代表性饰物，展开由来及演变研究。第二、第三个问题所对应的第三章、第四章是本书研究的核心部分，通过溯源不同的戎装样式和代表性饰物，发现莫高窟中唐时期对不同宗教、文化之间的交融与运用，以及舶来文化本土化的演进。通过横向对比西域、吐蕃、南亚次大陆、中亚等地区的戎装，将服饰的演变、样式及由来，置身于欧亚文化交流的语境中分析，其中涵盖了不同地区和族裔之间，对宗教、习俗、审美的相互影响和借鉴。探讨毗沙门天王服饰实用和宗教寓意的变化，以及其中可能附加的战争变迁、文化交融、审美流变、宗教传播等深刻含义。

本书第五章对应第四个问题，是从演变脉络、审美意涵、文化寓意的角度深入探讨莫高窟天王及毗沙门天王服饰的发展。通过对莫高窟历代天王服饰演变的类型学分类，揭示敦煌莫高窟天王造像存在的两大造像体系，两大体系在经历了平行、相交的过程后，至五代时期逐步形成固定制式，一直影响到后世。本书也探究了敦煌莫高窟毗沙门天王服饰的审美流变和文化内涵，其造像不仅充分反映了东西方文化交流的成果，而且是世俗与宗教结合的典型。

本书第六章点明主旨、统领全文。基于全文系统的分析和探究，总结前文提出的四个问题，通过这四个问题的解答能够较为全面且系统地认识莫高窟中唐时期毗沙门天王服饰的"表象"及其"中层"和"高层"的意涵，为该领域的相关研究进行补充（图1-5）。

此外，本书虽着重讨论中唐时期毗沙门天王的服饰，但在实际行文过程中涵盖了服饰演变的上下文关系，即本书包含从北魏至宋朝天王/毗沙门天王服饰发展演变的进程（本书只探讨至

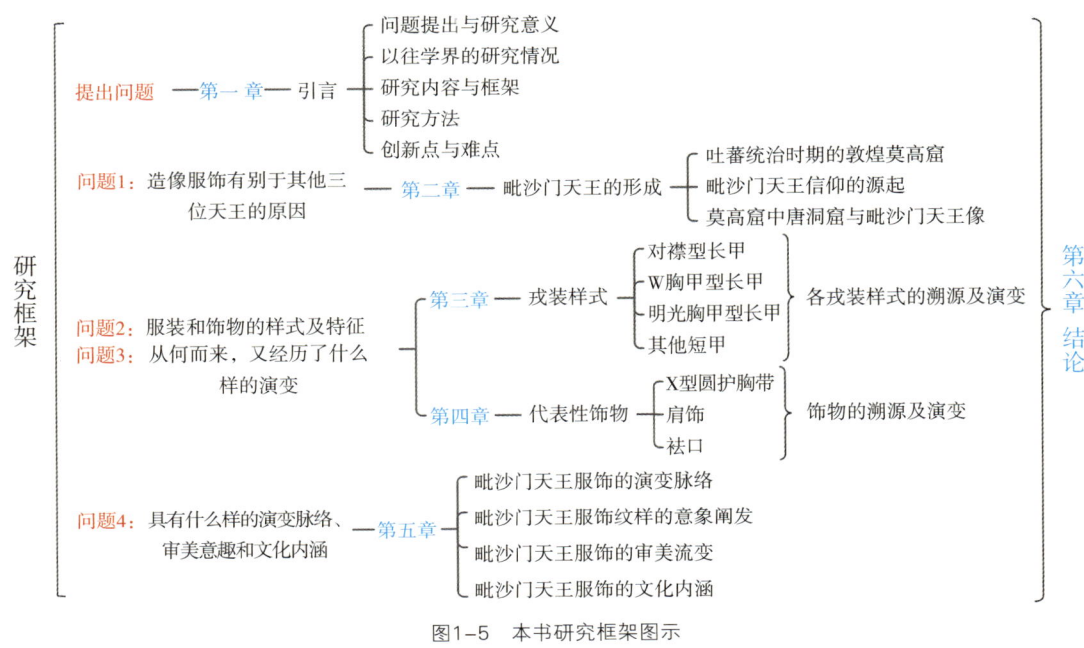

图1-5　本书研究框架图示

宋朝，是因为唐宋时期是毗沙门天王信仰盛行的时期，而宋之后其信仰逐步消解，莫高窟的造像也随之减少）。各朝代服饰特征及演变的内容并不是按时间的先后顺序展开，而是以"中唐时期毗沙门天王的戎装样式"为研究中心，在分析中唐具体样式和探讨其来源时于行文中发散讨论，如当探究W胸甲型长甲的来源时，涉及受西域影响的莫高窟早期天王戎装；在讨论明光胸甲型长甲演变时，包含隋代、初唐、盛唐天王服饰的内容，及其在晚唐与唐后的演变，如晚唐时期的"坐姿经变画群像"、五代的"窟顶四角天王"（图1-6）。

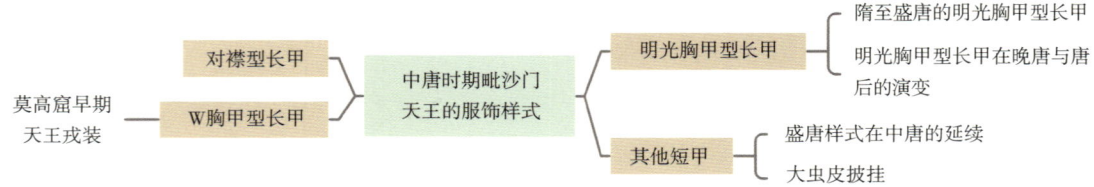

图1-6　莫高窟各朝代天王服饰演变研究脉络图示

第四节　研究方法

本书将采用田野调查法、图像学分析法、文献分析法、多重证据法等研究方法。

一、田野调查法

本书根据《敦煌莫高窟内容总录》统计，莫高窟北魏至清修建的洞窟中含有毗沙门天王壁画或彩塑的洞窟约161个，包括北魏至北周6个，隋代10个，初唐9个，盛唐24个，中唐21个，晚唐24个，五代43个，宋16个，西夏5个，元2个，清1个。针对选题所需，重点关注北魏至宋时期天王服饰的演变，在本书撰写期间共实地考察143个洞窟❶，采取绘画、文字记录的方式获取一手资料。如遇建窟年代与创作天王图像或塑像的时间不同时，则按创作年代统计，清代重修或重装彩塑不计入，如初唐洞窟的前室西壁被五代重修并绘制天王像，此铺天王像应归为五代进行整理归纳（表1-3）。

表1-3　敦煌莫高窟各朝代含有毗沙门天王壁画或彩塑洞窟整理表

朝代	洞窟编号（建窟年代）	总计
北魏至北周	257（北魏）、263（北魏）、285（西魏）、288（西魏）、298（北周）、430（北周）	6
隋代	276（隋）、278（隋）、279（隋）、304（隋）、310（隋）、313（隋）、380（隋）、394（隋）、398（隋）、427（隋）	10
初唐	431（北魏）、203（初唐）、287（初唐）、322（初唐）、331（初唐）、334（初唐）、373（初唐）、375（初唐）、381（初唐）	9

---

❶ 部分目前已损毁严重或不存的洞窟没有列入考察范围。

续表

朝代	洞窟编号（建窟年代）	总计
盛唐	39（盛唐）、44（盛唐）、45（盛唐）、46（盛唐）、66（盛唐）、74（盛唐）、79（盛唐）、87（盛唐）、91（盛唐）、103（盛唐）、109（盛唐）、113（盛唐）、118（盛唐）、120（盛唐）、123（盛唐）、170（盛唐）、194（盛唐）、264（盛唐）、319（盛唐）、444（盛唐）、445（盛唐）、446（盛唐）、458（盛唐）、460（盛唐）	24
中唐	202（初唐/中唐）、205（初唐/盛唐）、212（初唐）、91（盛唐）、148（盛唐）、188（盛唐）、199（盛唐）、384（盛唐/中唐）、154（中唐）、158（中唐）、159（中唐）、197（中唐）、222（中唐）、231（中唐）、234（中唐）、238（中唐）、240（中唐）、258（中唐）、358（中唐）、363（中唐）、447（中唐）	21
晚唐	57（初唐）、338（初唐）、23（盛唐）、194（盛唐）、217（盛唐）、9（晚唐）、12（晚唐）、29（晚唐）、85（晚唐）、94（晚唐）、107（晚唐）、138（晚唐）、140（晚唐）、156（晚唐）、160（晚唐）、168（晚唐）、181（晚唐）、190（晚唐）、192（晚唐）、195（晚唐）、196（晚唐）、198（晚唐）、459（晚唐）、470（晚唐）	24
五代	294（北周）、296（北周）、297（北周）、428（北周）、281（隋）、292（隋）、303（隋）、305（隋）、379（隋）、388（隋）、395（隋）、328（初唐）、331（初唐）、332（初唐）、333（初唐）、339（初唐）、386（初唐）、31（盛唐）、32（盛唐）、34（盛唐）、38（盛唐）、119（盛唐）、120（盛唐）、124（盛唐）、126（盛唐）、165（盛唐）、208（盛唐）、218（盛唐）、225（盛唐）、300（盛唐）、347（盛唐）、374（盛唐）、387（盛唐）、258（中唐）、467（中唐）、61（五代）、90（五代）、98（五代）、99（五代）、100（五代）、108（五代）、146（五代）、261（五代）	43
宋	202（初唐/中唐）、220（初唐）、166（盛唐）、171（盛唐）、175（盛唐）、201（中唐）、368（中唐）、14（晚唐）、178（晚唐）、198（晚唐）、55（宋）、152（宋）、174（宋）、364（宋）、452（宋）、454（宋）	16
西夏	330（西夏）、356（西夏）、409（西夏）、415（西夏）、464（西夏）	5
元	95（元）、149（元）	2
清	228（清）	1

二、图像志、图像学分析法

欧文·潘诺夫斯基（Erwin Panofsky）提出的"图像意义三层次"理论，即前图像志描述阶段，对图像本身进行客观准确的描述；图像志分析阶段，寻找图像之间的关联和主题；图像学阶段，结合社会背景等因素探究图像的内涵以及创作者欲表达的思想内核[1]。本书对毗沙门天王服饰的图像志研究是要发掘毗沙门天王图像的象征和主题。对于图像学阶段，是诠释毗沙门天王服饰图像中的内在意义和内容，其本质往往覆盖在形式、母题、形象等表层现象之下，图像学研究的介入是将艺术的发展与文化的进程相联系，结合社会背景等因素解释图像的象征意义，揭示其在各时期和各文化体系中形成、变化的思想内核。

---

[1] 卢扬. 潘诺夫斯基"隐藏象征"理论研究[D]. 杭州：浙江理工大学，2017：21-24.

三、文献分析法

佛教石窟的建造有的耗时长久，有的经过几朝整改，有的在原画的基础上绘制新画，有的被后朝扩增空间增添新画……[1]因此，佛教石窟的构成往往是复杂多元的，如果想清楚地认识其真实的历史面貌，就要借助文献分析法，查阅敦煌石窟考古报告、敦煌莫高窟内容总录、藏经洞出土文书与画稿等历史文献相关记录，以及前学者的著述、期刊、硕博士论文等披露资料，从而一步步揭开历史的原貌。

四、多重证据法

20世纪初，王国维先生提出了"二重证据法"，强调了"在史实中求史识"的理念。徐中舒先生在继承考据学传统研究方法的基础上，将王国维先生的二重证据法发展为多重证据法[2]。段文杰先生则被认为是多重证据法在佛教石窟壁画研究中的先行者[3]。本书采取多重证据法的研究方法，在研究中进行多方取证，结合敦煌文献、出土文物、壁画塑像、题记铭文、佛教典籍、敦煌画稿等多重证据，借鉴多种学科知识，进行多层次、全方位的学术研究，确保结论与观点的科学性和客观性。

第五节　创新点与难点

一、创新点

其一，依据"类—型—式"的分类方法，归纳总结莫高窟各朝代天王服饰的特征，系统地梳理出北魏至宋时期天王及毗沙门天王服饰较为清晰且详尽的演变脉络，揭示敦煌莫高窟天王造像存在两大不同的造像系统，绘制各时段天王服饰的款式图或线描图。

其二，基于对莫高窟历代天王服饰的归纳整理，具体分类界定中唐时期毗沙门天王四类戎装样式的特征，考释对襟型长甲在敦煌出现的时间，并阐发6—9世纪戎装服饰文化在欧亚大陆上的交融状况；探究W胸甲型长甲和明光胸甲型长甲在中唐产生的原因及其由来演变，认为此二样式均是在外来图像粉本上融合创新的典型；探讨前朝短甲持续在中唐延续的状况及缘由。

其三，探究莫高窟中唐时期毗沙门天王的三个代表性饰物——X型圆护胸带、肩饰、祛口。具体分析其在莫高窟的演变发展，并就其由来展开探究，指出X型圆护胸带源自西方古老的防御装备，通过战争、贸易等途径在亚欧地区频繁出现，引入敦煌后其功能由实用防护功能增加了佛教寓意。考察毗沙门天王尖角状的肩饰，其形式很可能借鉴了琐罗亚斯德教神祇或犍陀罗焰

---

[1] 颜娟英.镜花水月：佛教艺术史的研究及断想[J].书城，2016（9）：40-48.
[2] 安志宏.徐中舒先生治学方法琐谈：王国维"二重论据"与徐中舒的"多重论据法"[J].天水师范学院学报，2008，28（4）：62-65.
[3] 郑阿财.段文杰先生对我在敦煌研究上的启发[J].敦煌研究，2017（6）：14-20.

肩佛的相关造像形式，其内涵与强调毗沙门天王的神力有关。考证毗沙门天王手肘部位祛口的演变过程，中唐出现的似花瓣、叶片状祛口是表现褶皱的艺术化表现手法，为中唐及后朝敦煌和中原地区的佛国人物造像常用。

其四，揭示敦煌莫高窟天王服饰的审美流变及文化内涵。毗沙门天王服饰的演变充分反映了东西方文化的交流，其服饰不仅出现了来自异域的X型圆护胸带、长甲、联珠装饰纹样、天王鸟翼头冠等服饰，而且在莫高窟的整体发展趋势是不断趋于汉化的。另外，宝塔、三叉戟、华盖等佛教器物与武士戎装、祥瑞纹样的搭配，是宗教与世俗结合的典型。在佛教文化东传的过程中，汉地画匠始终潜移默化地将本土的信仰和文化浸入佛教造像之中，寻求易于被汉地受众接纳的表达方式。

二、难点

第一，依据《敦煌莫高窟内容总录》，自北魏至宋，敦煌莫高窟约有161个洞窟含有毗沙门天王图像或塑像。一方面，由于出版物图像资料有限，笔者需要通过田野调查、手绘整理的方式获得一手图像资料；另一方面，敦煌壁画和彩塑受到自然灾害或人为劫难，不少壁画、题记内容漫漶不清，色彩褪变，彩塑残缺，给尽可能地全面收集毗沙门天王服饰的相关资料带来一定难度。

第二，毗沙门天王服装演变的背后，综合了社会发展、东西方文化变迁、信仰流变和审美意识转型等因素，若想深入挖掘毗沙门天王服饰背后所包含的既错综复杂又相互联系的内涵，在研究过程中需多方参考考古学、宗教学、敦煌学等相关理论。此外，还需大量研究中原、西域、中亚、西亚、地中海等地区相关服饰演变的中外文献，部分文献史料的匮乏也为研究带来一定难度。

第二章

敦煌莫高窟中唐时期毗沙门天王的形成

第一节　吐蕃统治时期的敦煌莫高窟

从唐德宗贞元二年（786年）起，吐蕃对敦煌开始了六十余年的统治，吐蕃作为异族文化打破了敦煌一直以儒家思想为主导的汉文化格局，敦煌莫高窟也迎来了不同的文化与思想。本节主要从吐蕃占领敦煌的历史背景、在吐蕃统治下敦煌汉人的境遇、吐蕃对敦煌佛教事业的扶持以及吐蕃文化影响下的石窟营建等方面展开讨论。

一、吐蕃在敦煌的统治

自唐高宗龙朔三年（663年）吐蕃出兵吐谷浑使其灭亡后，吐蕃开始不断围剿河西、陇右之地。755年，安史之乱爆发，大唐王朝国势颓降，大批西北驻军被调往中原支援，导致西北边防驻军防御减弱。吐蕃乘机抢占陇右、河西多处要地，《资治通鉴》卷第二百二十三记载："数年间，西北数十州相继沦没，自凤翔以西，邠州以北，皆为左衽矣。"[1] 历时8年的安史之乱方才平定，却遭遇吐蕃军队迫临长安之困。唐代宗广德元年（763年）十月，吐蕃入侵长安城，根据《资治通鉴》卷第二百二十三记述吐蕃入城后"剽掠府库市里，焚间舍"[2]，百姓逃至山谷中避难，昔日喧嚣的长安城了无人烟。吐蕃军队在长安驻扎半月后撤出，向西进攻河西诸州。广德二年（764年）至大历元年（766年），吐蕃相继攻陷凉州、甘州（张掖）、肃州（酒泉）。在吐蕃大肆进攻的同时，北方游牧民族亦蠢蠢欲动，伺机侵扰进犯。连年混战的局势，以及失去河西、陇右大片饲养马匹的牧场后，唐王朝既难以重振骑兵，又无力重新收回失去的领土，唯有加强京西北边备防线。因而唐王朝每年为关中要地调派兵力抵御犯边，被称为"防秋"之策。唐王朝京西北边备防线的建立，有效地抵御了北方游牧民族的进犯，却舍瓜州、沙州等州于西北。大历十一年（776年），失去唐王朝支援的瓜州率先被吐蕃攻陷。

根据陈国灿先生提出的"贞元二年（786年）"陷蕃之说，大历十二年（777年），吐蕃已开始围攻沙州，迟迟未等来援兵的沙州危在旦夕，河西节度使周鼎欲弃城，却被阎朝缢杀。沙州在阎朝的带领下固守城池，屡次击退吐蕃大军的攻打。建中四年（783年），唐德宗与吐蕃在清水会盟，达成停战和议。沙州也因唐蕃关系的缓和而暂时休养生息。但好景不长，唐德宗因吐蕃在平叛朱泚的战事中未立下足够的军功，没有兑现战前允诺的酬劳，引起吐蕃大怒与唐王朝反目。贞元二年（786年），吐蕃在汧城被李晟击退后，转而向夏、银、盐、麟诸州展开进犯。在阎朝组织下的沙州军民经过奋勇顽抗，最终因武器粮食耗竭，阎朝向吐蕃投降，并与吐蕃达成不驱逐沙州百姓的和议。贞元六年（790年）至贞元八年（792年）吐蕃相继攻陷北庭（新疆吉

---

[1] 司马光.资治通鉴·卷第二百二十三[M].北京：中华书局，1956：7147.
[2] 司马光.资治通鉴·卷第二百二十三[M].北京：中华书局，1956：7152.

木萨尔北破城子）、西州（新疆吐鲁番）。至此，河西的咽喉要塞皆尽落入吐蕃之手。

二、敦煌吐蕃统治时期的汉人

沙州，今敦煌，位于河西走廊西侧端口，北临马鬃山，南枕祁连山，祁连山融化的雪水灌溉滋养了这个戈壁中的绿洲，其东接河西走廊直通中原，西与西域为邻，西出阳关、玉门关后，可从以塔克拉玛干沙漠和天山山脉为界线的北、中、南三路通往南亚次大陆、中亚、西亚，甚至地中海等地区。自汉武帝设立敦煌郡以来，敦煌一直为西方与中原地区交通、商品、文化往来的必由之地，是佛教文化交融的重要节点。

8世纪80年代始，吐蕃对敦煌展开了六十余年的统治。敦煌中唐时期落蕃的汉族农户、世家大族、僧侣寺户等在吐蕃的统治下，主要受到经济上的剥削、政治上的打压与民俗、文化上的趋同。

中唐时期的汉族百姓多数拥有生产资料，能够自力更生进行劳作[1]。在吐蕃施行"计口授田"的耕种政策下[2]，汉族农户在各自占据的土地上耕种，丰收的粮食除了缴纳赋税之外，剩余产出归农户所有。然而，诸多敦煌文书显示，吐蕃统治下的赋税、纳贡严苛，如P.1475v《酉年行人部落百姓张七奴便麦契》的一张变卖契："酉年十一月行人部落百姓张七奴为纳突不办，于灵图寺僧海清处便佛麦陆硕。其麦限至秋八月内还足。"该资料记载了在829年，行人部落中名叫张七奴的汉人，因"纳突不办"，即无法向统治阶层缴纳突田税，便向灵图寺的海清僧人借贷"佛麦陆硕"，并规定了第二年八月的还贷期限。另有S.1475v《未年上部落百姓安环清卖地契约》："未年十月三日，上部落百姓安环清为突田债负，不办输纳，今将前件地出卖于同部落人武国子。"该资料记述了在827年，上部落的安环清，因拖欠突田税，无钱缴纳，于是卖地还债。由此可见，吐蕃统治下的汉族农户，虽然具有独立的生产能力，但在沉重的赋税、纳贡的压力下，诸多农户需要通过借贷粮食、抵卖土地的方式才能足以维持生计，足见吐蕃政权向汉族农户施加的繁重经济压力。

在政治方面，汉族官吏的政权备受打压。自汉以来，敦煌地区就有从中原迁徙而来的世家大族，在敦煌这片土地上长盛不衰，形成足以垄断敦煌经济和政治命脉的强盛势力。在抵抗吐蕃的战争中，以阎氏为代表的世家大族与沙州百姓一同抵御吐蕃入侵长达十余年之久，最终因武器、粮食耗竭，阎朝以敦煌百姓"毋移它境"的条件投降于吐蕃。正是因为敦煌百姓未被驱离，敦煌世家大族的势力得以存留。在接管敦煌后，吐蕃为了稳固被占领地的统治、缓和民族矛盾，进而拉拢世代官宦的大族势力，厚待世家大族的利益。一部分世家大族接受来自吐蕃的厚遇，投靠吐蕃政权，担任吐蕃的官职，以顾全家族的利益。然而，即使敦煌的世家大族为官，在实际地位上仍低于吐蕃官吏。根据王继光、郑炳林关于吐蕃时期敦煌文书的整理和研究，落蕃后河西、陇右地区废弃了原本唐朝的官制，新建立的官职等级从高至低可排列为节度使、乞

---

[1] 杨铭. 试论吐蕃统治下汉人的地位[J]. 民族研究，1988（4）：93-97.
[2] 杨际平. 吐蕃时期敦煌计口授田考：兼及其时的税制和户口制度[J]. 社会科学，1983（2）：94-100.

律本（乞利本）、节儿、监军、都督、部落使、判官、乡部等❶。其中，汉人所担任的最高职位为"都督"一职，以辅助吐蕃官吏管理汉人事宜为主。吐蕃采用"字高位卑"的政策❷，即对被占领地域的汉人授予高头衔（或告身）而低实权的职位。

另一部分敦煌世家大族则剃度出家，在僧职系统中谋得高位，依附宗教寺院保全并发展势力❸。吐蕃政权对于敦煌的佛教事业秉持大力提倡的态度，企图通过对敦煌佛教事业的扶持和推广，达到巩固其政治统治的目的。作为敦煌信众原有的宗教信仰，佛教未被抵制，反而更加支持倡导，此举对于缓和敦煌地区吐蕃和汉族百姓的冲突起到了积极有效的作用。吐蕃政权对敦煌佛教的倡导主要表现在增建寺院、提高僧侣政治地位、规模化写经活动等方面。敦煌地区的寺院经济依托专门的运营管理、庞大的僧尼寺户人口、世家大族的布施支持等因素成为社会经济结构中重要的一部分❹。中唐时期的寺院写经组织愈加规模化、官方化，除吐蕃统治阶层组织的写经活动外，皇室、大族、地方官吏以及世俗百姓都参与其中，现遗存中唐时期诸多的藏文汉文卷子，可见在吐蕃政权的支持之下佛教备受推崇，一定程度上安抚了广大信众，稳固了吐蕃的政权统治。寺院的扩增，使得僧尼、寺户数目也随之增多，在其统治初期，敦煌城内有寺院13所，后增加9所，一共存有16所僧寺、6所尼寺❺。寺院经济稳健发展，佛教僧侣集团成为落蕃时期敦煌一支不可小觑的势力，有学者指出，在张议潮率领的起义中，敦煌僧侣集团曾成为敦煌重归大唐的重要支持力量❻。

根据邵文实的研究，吐蕃政权对于占领地区的汉人，在民俗和文化上施行强制趋同的政策，如易服辫发、黥面文身和部落制❼。吐蕃占领敦煌后，将敦煌原有的郡县乡邑制废除，施行部落制，并且只允许部落内部婚嫁❽，强迫汉人部落更换吐蕃服装、辫发、佩戴吐蕃配饰。《新唐书·吐蕃传》记载："衣率毡韦，以赭涂面为好。妇人辫发而萦之。"❾可见吐蕃人喜好穿着由毛毡或皮革制作而成的衣服，用土红色装饰面部，妇女发饰为辫发盘绕型。吐蕃人的形象与服饰特征也可从敦煌莫高窟中唐时期的壁画上观察到，在维摩诘经变画中出现以吐蕃赞普为领队的各国王子礼佛图，其中吐蕃赞普以及前后的吐蕃侍从均穿着典型的吐蕃服饰，吐蕃赞普头戴朝霞冠外系红抹额，辫发束髻固定于耳后，身穿左衽翻领长袍，袍在腰部以下双侧开衩，带云肩，长袖曳地，腰部佩戴蹀躞带，足穿靴。《新唐书·吐蕃传》记述："州人皆胡服臣虏，每岁时祀

---

❶ 王继光，郑炳林. 敦煌汉文吐蕃史料综述——兼论吐蕃控制河西时期的职官与统治政策[J]. 中国藏学，1994（3）：44-54.
❷ 杨铭. 试论吐蕃统治下汉人的地位[J]. 民族研究，1988（4）：93-97.
❸ 赵晓星. 吐蕃统治敦煌时期的落蕃官初探[J]. 中国藏学，2003（2）：53-62.
❹ 李亚. 吐蕃统治敦煌时期对佛教的扶植及其影响[J]. 湖北第二师范学院学报，2009，26（11）：45-47.
❺ 刘安志. 唐朝吐蕃占领沙州时期的敦煌大族[J]. 中国史研究，1997（3）：83-91.
❻ 戴密微. 吐蕃僧诤记[M]. 耿昇，译. 北京：中国藏学出版社，2013：342-343.
❼ 邵文实. 尚乞心儿事迹考[J]. 敦煌学辑刊，1993（2）：16-23.
❽ 任树民. 吐蕃占领区的民俗政策与文化交流的关系[J]. 西北民族研究，1991（1）：251-258.
❾ 罗广武. 两唐书吐蕃传译注[M]. 北京：中国藏学出版社，2014：178.

父祖，衣中国之服，号恸而藏之。"[1]敦煌百姓穿着胡服（这里指吐蕃服饰）以示臣服，唯有每逢年节祭祖时，才可换上汉服，痛哭哀恸后又默默将汉服收藏起来。

然而，吐蕃推行的改俗迁风的政策并不是一蹴而就的，在樊锦诗、赵青兰关于莫高窟中唐时期洞窟分期探究的基础上[2]，有学者指出中唐初期新建的洞窟中供养人画像鲜见，直到中唐后期洞窟内才出现穿着吐蕃服或汉服的供养人画像，这一现象表明以汉人为主体的建窟组织有意回避绘制穿着吐蕃服饰的供养人像，用不绘或少绘供养人像的方式，隐去服饰上的身份标示，以示无声的反抗[3][4]。另外，服饰文化在吐蕃统治区域内出现了相互交融的现象，唐人陈陶《陇西行四首》诗句中的"自从贵主和亲后，一半胡风似汉家"[5]，道出了自文成公主出嫁和亲以后，给吐蕃带去了唐风。又有唐人王建《凉州行》："蕃人旧日不耕犁，相学如今种禾黍。驱羊亦著锦为衣，为惜毡裘防斗时。养蚕缲茧成匹帛，那堪绕帐作旌旗。"[6]诗句中描述吐蕃人善于放牧骑射，如今（指中唐时期）却开始学习汉人种植禾黍，吐蕃人原本喜好穿着毛毡或皮革制成的衣服，如今学习养蚕缲丝的技术，在放牧时穿着织锦面料的服饰，将毛毡、皮革类的衣服收起以备战斗时用。说明吐蕃在占领汉文化地区后，一方面推行强制性的易服辫发，以求文化民俗方面与吐蕃的趋同；另一方面，在文化交融的过程中，汉文化也浸染着吐蕃文化，在服饰方面的变化尤为明显，吐蕃人开始学习汉人养蚕缲丝的技术，以织锦代替毡裘作为服饰的面料。

三、汉蕃文化交融的敦煌莫高窟

敦煌莫高窟为丝绸之路上佛教东传的重镇要地，开凿营建于前秦建元二年（366年），废止于约1366年[7]，期间经历数个朝代约千年的历史积淀，现存492个洞窟。自安史之乱后，河西、陇右地区频繁受到吐蕃的侵扰，莫高窟洞窟的营建工作也受到战乱的影响，中唐时期余有盛唐未完工洞窟20余所[8]。吐蕃占领敦煌后，作为异族文化打破了敦煌一直以儒家思想为主导的汉文化格局，敦煌莫高窟也迎来了不同的文化与思想，在异族统治的新时代中，出资建窟者将如何新建、补绘洞窟，中唐的石窟艺术又将呈现什么样的特征？

敦煌石窟中唐时期呈现了一些新题材和新画样，部分带有浓郁的吐蕃文化属性。中唐洞窟壁画中的供养人像以及经变画的世俗人物出现穿戴吐蕃传统服饰的现象。需要指出的是，在敦煌落蕃初期修建的洞窟中，出现不绘或者少绘供养人画像的做法，此举有悖于传统的绘制布

---

[1] 罗广武. 两唐书吐蕃传译注[M]. 北京：中国藏学出版社，2014：235.
[2] 樊锦诗，赵青兰. 吐蕃占领时期莫高窟洞窟的分期研究[J]. 敦煌研究，1994（4）：76-94.
[3] 沙武田. 莫高窟吐蕃期洞窟第359窟供养人画像研究：兼谈粟特九姓胡人对吐蕃统治敦煌的态度[J]. 敦煌研究，2010（5）：12-24.
[4] 罗世平. 身份认同：敦煌吐蕃装人物进入洞窟的条件、策略与时间[J]. 美术研究，2011（4）：58-65.
[5] 彭定求，等. 全唐诗·卷七百四十六（陇西行四首）[M]. 北京：中华书局，1960：8492.
[6] 彭定求，等. 全唐诗·卷二百九十八（凉州行）[M]. 北京：中华书局，1960：3374.
[7] 常书鸿. 敦煌莫高窟艺术[J]. 文物，1978（12）：5-7.
[8] 沙武田. 吐蕃统治时期敦煌石窟研究[M]. 北京：中国社会科学出版社，2013：186.

局模式。对于此现象的研究，学界的观点基本一致，即莫高窟中唐时期的营建仍然以汉人为主体，落蕃唐人有意回避绘制穿着吐蕃服饰的供养人像，隐去服饰上的身份标示，以示无声的反抗❶❷。

另外，根据樊锦诗、赵青兰关于莫高窟中唐时期洞窟分期探究❸，发现穿戴吐蕃传统服饰的人物集中出现在中唐晚期。晚期洞窟重新出现大量的供养人画像，其中男性供养人一般穿着吐蕃服饰，而女性供养人则穿着汉服，并且两类服饰同时出现在一个洞窟之中。此外，中唐时期，文人墨客依旧推崇维摩诘信仰，白居易"今日维摩兼饮酒"以维摩诘自居。中唐莫高窟维摩诘经变画有显著的变化，中唐《维摩诘经变》主要绘于东壁窟门的南北两侧❹，在维摩诘帷帐的下方，吐蕃赞普代替其余外国使节、少数民族首领，居队伍的显要位置，与文殊菩萨下的帝王礼佛队列形成对称的格局。另外，在中唐第158窟的各国王子举哀图中，吐蕃赞普与汉唐皇帝并排处于举哀队列之中，唯二者绘有圆形头光，身旁各有两位侍女搀扶。以上中唐晚期洞窟呈现出具有吐蕃特色的革新，学界对此产生的原因存在不同的观点。沙武田认为，中唐晚期供养人像重现并且汉蕃服饰共存，得益于吐蕃统治后期政权受到动摇，汉人地位的不断提升。而吐蕃赞普礼佛图新粉本的运用，则是迫于吐蕃的新政权，为迎合新社会形势的无奈之举。沙武田还指出，《维摩诘经变》中汉帝王与吐蕃赞普队伍形成了一种对峙平衡的场面，而不是由吐蕃赞普取而代之的有趣现象，并将此情况归因于吐蕃政权对莫高窟营建管理的相对自由❺。另有学者提出中唐晚期出现的吐蕃赞普与汉唐皇帝图像并列的形式，意在反映汉蕃归好的主题。其转变的节点始于长庆元年（821年）的会盟，诸多发愿文表达了对汉蕃还好的积极态度（P.2326/P.3256/S.6315等），而将穿吐蕃装的供养人绘进功德窟也符合"汉蕃一家"的时代趋势❻。

在敦煌石窟中唐时期的新题材和新画样中，也有部分得益于吐蕃四处征战造成各民族间文化的快速互动，如于阗瑞像以及于阗史迹画在这个时期集中出现在莫高窟壁画上、中国传统屏风画成为重要的形式、古印度波罗艺术风格的展现等。另外，本书探讨的毗沙门天王服饰也是文化互动典型的例证之一。中唐天王身上出现的大虫皮披挂、X型圆护胸带、尖角状肩饰、各型长甲等，均蕴含着来自中原、吐蕃、西域、西亚乃至地中海的文化因子。

虽然吐蕃的统治为敦煌莫高窟注入了新的题材样式，但值得注意的是，纵观中唐洞窟的整体风格，吐蕃元素未能成为主导，唐风依旧是主流，并在一定程度上得到强化。诸如经变画数

---

❶ 沙武田. 莫高窟吐蕃期洞窟第359窟供养人画像研究：兼谈粟特九姓胡人对吐蕃统治敦煌的态度[J]. 敦煌研究，2010（5）：12-24.
❷ 罗世平. 身份认同：敦煌吐蕃装人物进入洞窟的条件、策略与时间[J]. 美术研究，2011（4）：58-65.
❸ 樊锦诗，赵青兰. 吐蕃占领时期莫高窟洞窟的分期研究[J]. 敦煌研究，1994（4）：76-94.
❹ 绘于东壁窟门的南北两侧有第159窟、第359窟、第360窟、第133窟、第236窟；另外在东壁窟门北侧有第231窟；南壁整面墙有第180窟；西壁隔龛有第240窟。
❺ 沙武田. 吐蕃统治时期敦煌石窟供养人画像考察[J]. 中国藏学，2003（2）：80-93.
❻ 同❷。

量剧增，报恩经变的普遍流行，体现着忠孝节义、精忠报国的报恩思想❶。另外，传统屏风画形式的运用，可认为是对传统汉文化的进一步渲染❷。中唐时期，敦煌虽然被吐蕃攻陷并统治，但居民仍以本地汉人为主。根据史料记载，吐蕃统治者在敦煌扶植的佛教事业，较为侧重寺院建设和佛经抄写，而对于洞窟营建的态度则是相对自由和不积极的❸。建窟造像的礼佛活动依旧以汉人的世家大族为主导展开，在落蕃唐人内心深处无法割舍的是对汉文化的认同与民族情结，因而营建洞窟的文化背景无法脱离唐前期的文化记忆，虽然有新文化和新思想的进入，但中唐洞窟依旧遗留着诸多汉唐元素，唐风依然感染着敦煌莫高窟的艺术创作，甚至在文化怀念的情景之下得到不断放大。因此，在部分中唐洞窟中能够发现新的变革，但盛唐的艺术传统依旧是中唐继承和发展的主流风格。

第二节　毗沙门天王信仰的源起

毗沙门天王信仰的中土化流变是佛教东传的一个典型例证，毗沙门天王信仰源起于古印度，后传至西域，在融合当地文化后其信仰逐渐成熟。随着唐王朝统治者以及密教高僧的推崇，毗沙门天王的"神格"从战神向现实利益扩充，从朝野、军队渐次渗透至社会各阶层，收获了大批信众。唐宋时期文献多有记载天王堂的建设以及祈赛天王的祭祀仪式的内容。宋以后，其形象与李靖融合，进一步中国化成为民间信仰的神祇，并成为流传至今家喻户晓的"托塔李天王"。本节主要从古印度以及中原、敦煌地区三个地域分析毗沙门天王信仰的流布情况。

一、古印度毗沙门天王信仰向西域的传播

毗沙门天王信仰源起于古印度，其传播路径有二说，第一基本与丝绸之路南道吻合，从古印度传入当时文化和国力强盛的于阗，经于阗的吸纳发展，南向进入西藏、四川、云南，东向至敦煌、长安，后到日本；第二由南道经过于阗后折入中道，途经龟兹、高昌至敦煌。

玄奘到达缚喝国（大夏国）时，今阿富汗北部的巴尔夫市，在《大唐西域记》卷一中有一段关于当地毗沙门天王信仰的描述："此伽蓝素有毗沙门天像，灵鉴可恃，冥加守卫。近突厥叶护可汗子肆叶护可汗，倾其部落，率其戎旅，奄袭伽蓝，欲图珍宝。去此不远，屯军野火。其夜梦见毗沙门天曰：'汝有何力，敢坏伽蓝？'因以长戟贯彻胸背。可汗惊悟，便苦心痛，遂告群属所梦咎征，驰请众僧，方伸忏谢，未及返命，已从殒殁。"❹

---

❶ 刘颖. 敦煌莫高窟吐蕃后期经变画研究[D]. 北京：中央美术学院，2010：107-113.
❷ 邱忠鸣. 吐蕃时期敦煌石窟壁画中的屏障画探究[J]. 民族艺术，2012（1）：106-112.
❸ 沙武田. 吐蕃统治时期敦煌石窟供养人画像考察[J]. 中国藏学，2003（2）：80-93.
❹ 蔡铁鹰. 西游记资料汇编·卷一·大唐西域记·卷一[M]. 北京：中华书局，2010：23.

其中提及毗沙门天王作为守护神祇，帮助缚喝国佛寺抵御外敌的故事。在突厥肆叶护可汗派遣重兵企图袭绞寺庙盗取宝物的当夜，毗沙门天王在梦中质问、谴责突厥可汗，并用长戟刺穿其胸膛，突厥可汗从梦中惊醒，因害怕而撤军，不料未久丧命。由此可见，在缚喝国毗沙门天王已被单独崇信，享有较高的地位，并且此地的毗沙门天王已是手持长戟的形象。

于阗，今新疆和田地区，也将毗沙门天王崇奉为祖先和护国神祇。根据唐朝玄奘的《大唐西域记》记载："瞿萨旦那国（即于阗）…王甚骁武，敬重佛法，自云毗沙门天之祚胤也。……（其王）齿耋云暮，未有胤嗣，恐绝宗绪，乃往毗沙门天神所，祈祷请嗣。神像额上，剖出婴孩，捧以回驾，国人称庆。既不饮乳，恐其不寿，录诣神祠，重请育养。神前之地忽然隆起，其状如乳，神童饮吮，遂至成立。智勇光前，风教遐被，遂营神祠，宗先祖也。自兹已降，奕世相承……"❶

《大唐西域记》记载了玄奘途经于阗的所遇见闻，于阗国王将毗沙门天王奉为先祖，自称为其后代。于阗国王年老却未有子嗣，于是向毗沙门天王祈祷，天王从前额剖出婴孩。但婴孩回家后不吃乳水，国王再次请求毗沙门天王，此时地上有乳状隆起，婴孩这才饮吮逐渐长大，于阗国王位才得以继承。在《汉藏史集》中记录着略有不同的赐子故事，汉地周王向毗沙门天王求子，欲让其掌管于阗这片土地，毗沙门天王便将正吮吸地乳之子赐之，该子为毗沙门天王遇见在花园中洗澡的古印度王之妃，心生爱意后所产之子。女子身旁有孩童正在花池中沐浴的画面，被英国探险家、考古学家马尔克·奥雷尔·斯坦因（Marc Aurel Stein）在于阗丹丹乌里克D.II寺院墙面发现，画面右侧树立一尊毗沙门天王像❷，此壁画和塑像或许是在表现毗沙门天王赐子的感生故事。除此之外，P.3352存榜书"于阗国舍利弗毗沙门决海时"的开荒建国故事，说明佛教用毗沙门等代替了于阗当地的原始天神。这几则由毗沙门天王为主角的国家开辟和感生神话故事，充分反映了当地毗沙门天王信仰的兴盛。毗沙门天王信仰由古印度传来，在于阗成熟，其形象"兜跋毗沙门天"也在此生成。

二、中原地区的毗沙门天王信仰

后秦时期的《长阿含经》卷二十《四天王品》第七中分别描述了四大天王各自居住的方位、城池宫殿名称，以及诸宫殿的格局。后又花费大量笔墨叙述若毗沙门天王想要前往伽毗延头园游历，只要念"提头赖吒天王""毗楼勒迦天王""毗楼婆叉天王"，这三位天王便"即自庄严，驾乘宝车，无数龙神前后围绕，诣毗沙门王前，于一面立"❸。另外，在此品文末只介绍了毗沙门天王的五位鬼神侍卫，以"毗沙门王福报、功德、威神如是"❹结尾。由此可见，在《四天王

---

❶ 蔡铁鹰. 西游记资料汇编·卷一·大唐西域记·卷一[M]. 北京：中华书局，2010：44.
❷ 斯坦因在于阗丹丹乌里克D.II寺院遗址发现一尊穿戴戎装的塑像，包括斯坦因在内的诸多学者均认同此尊塑像的身份为毗沙门天王。
❸ 佛陀耶舍，竺佛念. 长阿含经[M]. 北京：华文出版社，2012.
❹ 同❸.

品》第七中，毗沙门天王的地位远高于其余三位天王。事实上，从十六国始，毗沙门天王的地位在四天王中已逐步提升，在部分经书中由"东、南、西、北"的末位移至首位，如北凉昙无谶译《金光明最胜王经》《大方等大集经》《悲华经》等。

　　唐初，借助密教大师不空与唐朝统治者的推崇倡导，毗沙门天王的信仰在中原及周边地区广为盛行。《三教源流搜神大全》中记载诸多民间流传的宗教故事，其中记述了一则毗沙门天王帮助唐太宗平定叛乱的故事："昔唐太宗从高祖起义兵，有神将于前，自称毗沙门天王，愿同力定乱，其将猪首象鼻者，故所向成功。及即位，诏天下公府皆祀之。"❶文中描述当唐太宗起兵时，有一位自称毗沙门天王的神将出现并自告奋勇与高祖一同定乱，所到之处战无不克。李世民即位后，昭告天下供奉毗沙门天王。虽然此则故事为民间传说，但从侧面反映了唐太宗时期毗沙门天王信仰已十分崇盛。《宋高僧传》记载开元十四年（726年）来自于阗的毗沙门天王画稿经由政道带回并画于大相国寺。又有《灵山塑北方毗沙门天王碑》记录唐玄宗天宝年间，去往于阗的使者得到毗沙门天王的真迹供奉于宇内。另有《宋高僧传》卷一《唐京兆大兴善寺不空传》记载天宝年间，唐玄宗请不空解外族围剿之困，不空诵咒，请毗沙门天王之子率兵解救安息，"云雾间见神兵长伟，鼓角喧鸣，山地崩震，蕃部惊溃。彼营垒中有鼠金色，咋弓弩弦皆绝。城北门楼有光明天王怒视，蕃帅大奔。"❷从此，唐玄宗诏令各方城楼设立毗沙门天王像。毗沙门天王在军队中的信仰热度至宋朝依旧未减，在军队中祭祀毗沙门天王的仪式尤为普及，如《武经总要》前集卷五中记载军队中祭祀毗沙门天王的详细规定，"祭毗沙门天王，有祠貌则就其祠，无祠则望北为位，设香灯、渍泉漫杨枝、乳粥、酥蜜饼食之属。"❸唐中后期，《册府元龟》卷五十二《帝王部·崇释氏第二》记述在元和十年三月甲申，即815年的三月，唐宪宗派遣骑兵护送从西明寺迁往开业寺的毗沙门天王像，僧徒以幢盖引侍，队伍"凡数里不绝"，前来观摩的信众"观者倾都"❹。唐穆宗也十分推崇毗沙门天王信仰，《册府元龟》卷五十二提及长庆三年（823年）十一月，唐穆宗赏赐钱财物资资助通化门和章敬寺制作毗沙门神像，还亲自提笔"毗沙门神"，随后"帝（穆宗）御望仙门观之，遂举乐、杂戏、角抵，极欢而罢"❺。另有《册府元龟》卷五十二载，开成二年（837年）二月乙巳，唐文宗将毗沙门天王神像分配给诸寺安置。从诸多文献记载来看，唐王朝的统治阶层积极推崇毗沙门天王信仰，进一步扩大了其信仰的影响力。

　　另外，不空翻译多部与毗沙门天王相关的经书，以单独署名的形式出现，如《大正新修大藏经》密教部中《毗沙门天王经》《北方毗沙门天王随军护法仪轨》《北方毗沙门随军护法真言》《毗沙门仪轨》《北方毗沙门多闻宝藏天王神妙陀罗尼别行仪轨》等。这些经书的翻译

---

❶ 佚名. 三教源流搜神大全·卷七·天王[M]. 北京：中华书局，2019：310.
❷ 赞宁，范祥雍. 宋高僧传·卷一·唐京兆大兴善寺不空传[M]. 北京：中华书局，1987：6.
❸ 丁度，曾公亮. 武经总要[M]. 北京：中华书局，1959.
❹ 王钦若，等. 册府元龟[M]. 南京：凤凰出版社，2006：546.
❺ 王钦若，等. 册府元龟[M]. 南京：凤凰出版社，2006：549.

一方面推动了毗沙门天王信仰在中原的风行，另一方面迎合了信众逐渐增强的信仰需求。经典中不仅宣扬毗沙门天王护国救世的职能，还出现诸多满足现世利益的功能，如倘若虔诚供养可"消灾灭重罪""富贵安乐""现金甲之身令愿满足"，遇"求财求官"便"令汝愿满足"等。唐宋年间，毗沙门天王的功能已在日常生活中普及，从护城护国的功能拓展至与世俗民众息息相关的招财、饮食、出行、生育等方面。这些具有现实利益的功能，使毗沙门天王在中唐至宋时期甚至代替城隍神成为市民百姓祈福的对象❶。

毗沙门天王信仰在社会上的广泛传播，也能从造像方面的文献史料中体现。《灵山塑北方毗沙门天王碑》为唐代黄滔所写的一篇散文，文中记载从乾宁四年（897年）至天祐二年（905年）期间"礼乐兴，忠孝敦"，在"开元寺之灵山，塑北方毗沙门天王一铺，全部落已，镇于城焉"❷，毗沙门天王"始自于阗刹利之英奇，膺世尊帝释之锡号"❸。《中吴纪闻》卷一，提及慧聚寺中有唐代杨惠之所塑的毗沙门天王像，形象栩栩如生。四川地区多有将毗沙门天王作为主尊供奉，这当与资州地域（现四川资阳市及资中县）在中唐之后战事频繁有关❹。随着毗沙门天王信仰的渐遍，城宇各地也兴起天王堂的建设。宋朝时期有诸多方志对天王堂的建设有所记载，《嘉定赤城志》卷三十一，"天王堂，在州治后城西北，祀毗沙门天王。唐天宝初建。"《〔绍定〕吴郡志》卷十三，"天王堂在子城西北隅，虽一小庙，盖古屋也。……而此堂岿然独存，郡人至今敬之。"另有《景定严州续志》卷四、《淳熙三山志》卷七、《开庆四明续志》卷五、《（绍熙）云间志》卷中等均有天王堂的相关记载。

宋之后，毗沙门天王信仰的流变分为两个路径：一是其形象与唐初开国功将李靖相结合，成为现今熟知的托塔李天王，在《封神演义》《西游记》等文学作品中均有演绎。二是毗沙门天王回归四大天王体系之中❺，四大天王也被各自赋予"风、调、雨、顺"之寓意。至此，毗沙门天王信仰完成其本土化、民俗化的流变路径。

三、敦煌地区的毗沙门天王信仰

敦煌的毗沙门天王信仰早在北魏东阳王元荣时期就开始倡导，元荣之所以推崇毗沙门天王信仰，也许与其护守一方土地的职能，与毗沙门天王在佛国的作用相似有关❻。在其出任瓜州刺史的20余年中，大兴佛事，营建洞窟，出资抄经两百多部，其中多处体现毗沙门天王的护国护法功能。如法藏P.2143《大智第廿六品释论竟（经）》题记："愿天王等早成佛道。又愿元祚无穷，帝嗣不绝，四方附化，恶贼退散，国丰民安，善愿从心，含生有识，咸同

---

❶ 王涛. 论唐宋时期毗沙门天王向城市保护神的转化[J]. 晋阳学刊，2010（1）：98-102.
❷ 董诰，等. 钦定全唐文·卷八百二十五·灵山塑北方毗沙门天王碑[M]. 北京：中华书局，1983：8694.
❸ 同❷.
❹ 夏广兴. 毗沙门天王信仰在中国古代社会的流播与影响[J]. 上海师范大学学报（哲学社会科学版），2017，46（6）：135-142.
❺ 王涛. 唐宋时期城市保护神研究：以毗沙门天王和城隍神为中心[D]. 北京：首都师范大学，2007：117-118.
❻ 朱刚. 毗沙门天王崇拜源流及其造像艺术[J]. 新国学，2006，6（1）：68-88.

斯愿。"

对毗沙门天王信仰的推崇程度，可在彩塑和壁画类天王的数量、类型、位置、组合等方面体现。从天王造像遗存看，天王信仰在唐朝最为兴盛，其次是五代。根据莫高窟内容总录和实地调研统计❶，现存洞窟492个，唐朝洞窟228个❷，其中彩塑类和壁画类天王的创作年代属于唐朝的洞窟有78个（初唐9个、盛唐24个、中唐21个、晚唐24个）。

据统计，唐朝的彩塑类天王数量占比最大，编号铺数占比74.2%，实际数量占比71.83%，其余朝代彩塑类天王个数总和只及唐朝的35.4%（表2-1）。唐朝的壁画类天王共55铺，实际天王个数112例，占所统计朝代的41.7%和40.7%。

在表2-2唐代的四个分期中，彩塑类天王数量在盛唐时期急剧增加，编号铺数占比57.7%，实际数量占比56.9%。壁画类天王数量在整个唐朝呈现上升的态势，且晚唐时期出现的数量最多，编号铺数占比41.8%，实际数量占比39.3%，在晚唐的近60个洞窟❸中有23个绘有天王壁画，近38%的比例（图2-1、图2-2）。

表2-1　各朝代天王数量统计

朝代	彩塑类天王 编号（铺）与占比（%）	彩塑类天王 实际（例）与占比（%）	壁画类天王 编号（铺）与占比（%）	壁画类天王 实际（例）与占比（%）
北魏（386—534）	1；2.9	1；1.41	2；1.5	2；0.7
西魏（535—556）	0；0	0；0	2；1.5	6；2.2
北周（557—581）	0；0	0；0	2；1.5	3；1.1
隋（581—618）	1；2.9	4；5.63	9；6.8	19；6.9
唐（618—907）	26；74.2	51；71.83	55；41.7	112；40.7
五代（907—960）	3；8.5	5；7.04	41；31.1	86；31.3
宋（960—1279）	1；2.9	4；5.63	16；12.1	36；13.1
西夏（1038—1227）	2；5.7	4；5.63	4；3	7；2.5
元（1271—1368）	1；2.9	2；2.83	1；0.8	4；1.5

注　建窟年代与创作年代不同，按创作年代统计，清代重修或重装彩塑不计入统计。

---

❶ 为了提高计数的准确性，表格按照彩塑类或壁画类天王的创作年代计入，诸如盛唐第120窟，由五代重修前室，并于前室西壁门绘南方天王和北方天王，虽然第120窟为盛唐洞窟，但前室天王为五代绘制，统计时此铺应归入五代。
❷ 初唐44个洞窟，盛唐80个洞窟，中唐44个洞窟，晚唐60个洞窟。
❸ 敦煌文物研究所. 敦煌莫高窟内容总录[M]. 北京：文物出版社，1982：181.

表2-2 唐代天王数量统计

唐朝分期	彩塑类天王 编号（铺）与占比（%）	彩塑类天王 实际（例）与占比（%）	壁画类天王 编号（铺）与占比（%）	壁画类天王 实际（例）与占比（%）
初唐（618—704）	2；7.7	4；7.8	7；12.7	22；19.6
盛唐（705—785）	15；57.7	29；56.9	9；16.4	14；12.5
中唐（786—847）	7；26.9	15；29.4	16；29.1	32；28.6
晚唐（848—907）	2；7.7	3；5.9	23；41.8	44；39.3

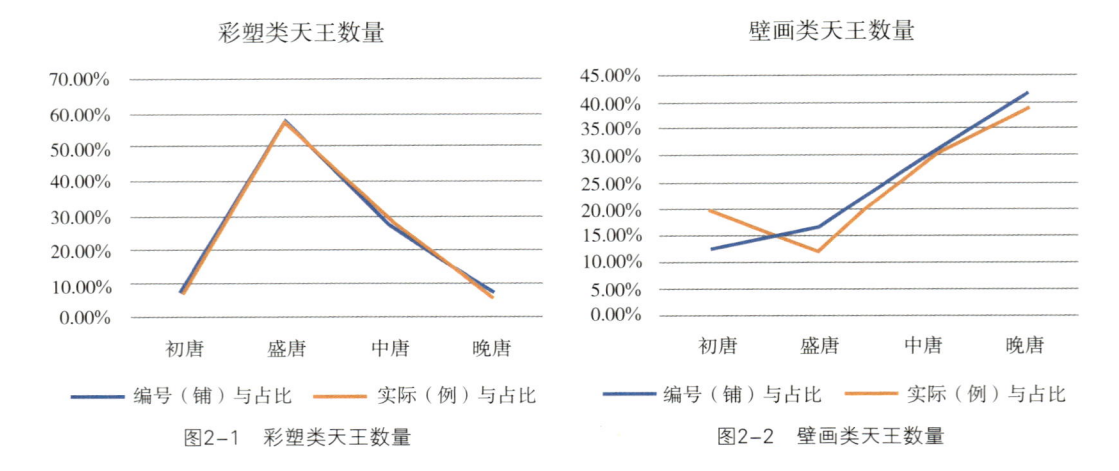

图2-1 彩塑类天王数量

图2-2 壁画类天王数量

敦煌藏经洞存有众多与其信仰相关的文献，文书类有S.4622《毗沙门天王缘起》、S.5576《佛说北方大圣毗沙门天王启请经》、S.5560《佛说北方大圣毗沙门天王经》、S.7111v《北方诸夜叉主多闻天王赞文》、S.0381《龙兴寺毗沙门天王灵验记》等。其中敦煌文书S.7111v《北方诸夜叉主多闻天王赞文》："见诸有情受贫苦，手中出宝施无量"，体现了毗沙门天王财神施舍救济的品格。S.0381《龙兴寺毗沙门天王灵验记》是一则通俗且传播较广的毗沙门天王故事。

除敦煌文书写卷之外，藏经洞还存有大量与毗沙门天王相关的绢画、幢幡画和白描画稿，详细编号、收藏地及内容整理可参阅党燕妮的《晚唐五代敦煌地区的毗沙门天王信仰》[1]一文。在归义军时期的开运四年（947年），曹元忠发行了雕印版的毗沙门天王画像（P.4514），现存11张印刷品，纸张上半部分绘毗沙门天王及其眷属，下半部分写发愿文，内容为曹元忠祈福"国安人泰，社稷恒昌，道路和平，普天安乐"。雕版印刷制品在藏经洞中常用于需求众多的佛陀、菩萨画像，而雕版印刷的毗沙门天王画像的存在，充分反映了信众对其信仰的炽诚，以及对于画像日益增长的数量需求。

---

[1] 党燕妮. 晚唐五代敦煌地区的毗沙门天王信仰[C] //兰州大学敦煌学研究所. 敦煌归义军史专题研究三编. 兰州：甘肃文化出版社，2005：26.

敦煌地区在中唐吐蕃时期已建造天王堂，根据S.5448《敦煌录》记载："州南有莫高窟，去州二十五里……其东即三危山，西即鸣沙山……其谷南北两头，有天王堂及神祠，壁画吐蕃赞普部从。"由此可知，吐蕃时期敦煌地区已存在以供奉天王为主的寺院，写本也披露了其位于河谷的南北两端。天王堂营建的兴盛当与唐初毗沙门天王在西域帮助唐军平定战事的神迹故事有关，尔后皇帝诏令各地广建天王堂，敦煌地区也不例外。早期宿白、贺世哲、彭金章、张先堂等认为位于莫高窟崖面上方的一个单檐方塔建筑即为一处天王堂。近些年，诸多学者发出质疑，沙武田认为此"天王堂"内主尊造像以及思想内容并不符合以天王为主体的天王堂配置，更可能为曹延禄的功德窟❶。另有学者认为此"天王堂"与《楞严经》存在诸多相同之处，实为一处楞严道场❷。虽然莫高窟崖面上方的"天王堂"身份存疑，但不可否认，敦煌地区中唐至曹氏归义军时期天王堂营建日盛，可见于敦煌研究院藏《辛亥年十二月八日夜□□□社人遍窟燃灯分配窟龛名数》以及P.3878《己卯年（979年）军资库司处分状》中第1状、第3状的内容。其中，从P.3878二则"军资库司"的内容可知归义军对天王堂进行了新建或重修，天王堂存在于敦煌城内多处。

唐宋时期的祈赛风俗中十分盛行祈赛天王的祭祀活动，在这种偏向社会民俗的求福、还愿的仪式中，常以四天王为统一的祈福对象。中原盛唐时期已存在每月初一祈赛天王的祭祀❸，从现存斋文来看，敦煌吐蕃时期也十分兴盛此佛俗。P.2807为中唐吐蕃时期的祈赛文书："《天王文》：……所以一月之间，二时祷矣者。则冀护人卫国、福乐城池；《天王文》：缁侣颗颗，衣冠济济，捧炉跪膝而届神前。吹风箫，叫羌笛，振万舞，歌九功……"文书中记载天王祭祀为一月两次（初一和十五），祈福者穿戴得体、手捧香炉、双膝跪于神像前，仪式进行过程中需演奏乐舞。在晚唐张氏归义军时期，存P.2854斋文，第14篇《天王文》："……或掌擎宝塔，表慈育朴含灵；或足践夜叉，示威严而静妖孽。"其中"掌擎宝塔"的出现则指毗沙门天王，说明祈赛天王的祭祀中较为侧重毗沙门天王。P.2854第8篇《转经画像祈愿文》记载："……并画弥勒变一躯，毗沙门天王两躯，事无疆之福音。"随着毗沙门天王信众数量的增加，祈赛天王祭祀活动影响力的扩大，毗沙门天王画像的需求也陡然提升，因此才会出现前文提及的雕版印刷品，可见其信仰之崇盛。

中原、敦煌等地留有数量相当的壁画、彩塑、绢画、雕版印刷品等遗存，各地天王堂的营建、频繁的祈赛天王仪式，这些便是毗沙门天王信仰兴盛的展现，也是佛教本土化的必然结果。

---

❶ 沙武田.莫高窟"天王堂"质疑[J].敦煌研究，2004（2）：23-27.
❷ 寇甲，赵晓星.莫高窟"天王堂"初探：吐蕃统治敦煌时期的密教研究[J].兰州大学学报（社会科学版），2007（2）：55-60.
❸ 谭蝉雪.唐宋敦煌岁时佛俗：正月[J].敦煌研究，2000（4）：65-71，182.

第三节　莫高窟中唐洞窟与毗沙门天王像

中唐时期对敦煌莫高窟的营建，一方面开凿了一定数量的新洞窟，另一方面也对二十余个因抵御吐蕃侵略而被迫停滞的盛唐洞窟进行了续建。根据《敦煌莫高窟内容总录》的记录，中唐时期营建的新洞窟中含有毗沙门天王像[1]的洞窟有第154、第158、第159、第197、第222、第231、第234、第238、第240、第258、第358、第363、第447窟，中唐补绘洞窟中含有毗沙门天王像的洞窟有第91、第188、第202、第205、第212、第384窟（表2-3）。

表2-3　中唐洞窟与毗沙门天王造像位置

年代	编号	建窟年代/创作或重修年代	位置
中唐补绘/塑	202	初唐/中唐	主室东壁门北中唐各绘南、北天王一身
	205	初唐/中唐	主室中心佛坛上中唐彩塑天王二身
	212	初唐/中唐	主室北壁中唐绘毗沙门天王一身
	91	盛唐/中唐	主室东壁门北中唐绘毗沙门天王一身
	188	盛唐/中唐	主室东壁门南中唐绘毗沙门天王一身
	384	盛唐/中唐	主室北壁北方绘毗沙门天王一身
中唐新绘/塑	154	中唐	主室南壁西端上绘毗沙门天王一身
			主室南壁西端下绘毗沙门天王一身
			西壁龛外北侧彩塑毗沙门天王一身
			主室东壁门南上金光明最胜王经变绘小型毗沙门天王一身
			主室南壁上金光明最胜王经变绘小型毗沙门天王一身
	158	中唐	主室西壁坛外北侧绘毗沙门天王一身，南侧绘南方天王一身
	159	中唐	主室西壁龛内中唐彩塑天王二身
	197	中唐	前室南壁绘天王一身
	222	中唐	主室西壁龛外南北绘毗沙门天王各一身
	231	中唐	前室西壁、南壁、北壁底层露出中唐绘天王一身

---

[1] 所整理的毗沙门天王像以独立成铺的形式为主，除中唐第154窟两铺金光明最胜王经变中的小型毗沙门天王像具有特殊性计入统计外，其余经变画中的小型毗沙门天王像不纳入统计。

续表

年代	编号	建窟年代/创作或重修年代	位置
中唐新绘/塑	234	中唐	前室西壁门北底层中唐绘天王一身
	238	中唐	前室西壁门南、北中唐各绘天王一身（西夏重妆，残）
	240	中唐	主室西壁龛顶东、西披绘天王各二身
	258	中唐	主室西壁龛内唐塑天王四身
	358	中唐	前室西壁门北底层剥出中唐毗沙门天王一身
	363	中唐	主室西壁龛内中唐塑二天王
	447	中唐	西壁龛内塑二天王（残毁）

　　中唐补绘和新建洞窟中的毗沙门天王像与前朝相比，在位置、组合、对偶神祇等方面发生较大变化。中唐之前（北魏至盛唐），敦煌莫高窟天王造像以侍从天王为主，在造像上并未凸显毗沙门天王的单独神格。一般来说，以手托举宝塔作为判断毗沙门天王身份的依据，这已是学界较为主流的观点❶，关于毗沙门天王与"塔"的渊源，学者已有专文探究，❷在此不赘述。此段时期较为流行的天王造像形式，可分为壁画类和彩塑类。第一，壁画类天王造像常出现四大天王组合和二天王组合，二天王组合多为南方毗琉璃天王和北方毗沙门天王。绘画位置主要在主室东壁门两侧，也有绘于甬道南北两侧的例子，由于甬道常被后代重修，因而留存数量较少❸，如初唐第331窟甬道现能够看到底层剥出的初唐天王像。值得注意的是，毗沙门天王并不是一定出现在"北"的位置，在多数情况下，毗沙门天王像通常绘于主室东壁门北侧或主室西壁门北侧，但在莫高窟可找出一些反例，如隋代第380窟，托塔的毗沙门天王形象出现在东壁门南侧。第二，彩塑类天王造像以二天王作为佛侍从组合为主，其中作为佛侍从的天王因其职责为护法和烘托佛陀的尊严，所以简化为二身，一般以"一铺九身"：一倚坐佛、二弟子、二菩萨、二天王、二力士的形式造像。

　　从中唐吐蕃时期至曹氏归义军时期，西北战事频繁，敦煌不时会遭受外敌的袭扰，国泰民安的诉求也成为敦煌人民崇信毗沙门天王的主要原因。中唐时期，其神格逐渐凸显，在形象和组合等方面区别于其他三位天王，出现毗沙门天王单独造像的情况，通常为毗沙门天王和一个对偶神，或一对毗沙门天王，如盛唐第188窟，东壁门南、北中唐分别绘制观世音菩萨和毗沙门天王各一身；中唐第154窟主室南壁西端上、下分别绘制一毗沙门天王、一观世音菩萨和一毗沙门天王、一瑞像；中唐第222窟西壁龛外绘制一对毗沙门天王等。此时期也大量出现"毗沙门天

---

❶ 李淞. 长安艺术与宗教文明[M]. 北京：中华书局，2002：328.
❷ 朱刚. 毗沙门天王崇拜源流及其造像艺术[J]. 新国学，2006，6（1）：68-88.
❸ 敦煌研究院，罗华庆. 敦煌石窟全集2：尊像画卷[M]. 香港：商务印书馆（香港）有限公司，2002：217.

王决海""毗沙门天王赴哪吒会"等与毗沙门天王相关的史迹画。

中唐第258窟窟内熏毁严重，主室西龛彩塑尚存但均已被熏黑，共存四尊天王彩塑，以彩塑四天王组合的造像形式在中唐之前很少见❶。其中两尊位于主室西壁龛内两侧，另外两尊位于龛外两侧。西龛内北侧为典型的中唐时期天王，其穿着对襟甲衣及长甲裙，佩戴X型圆护胸带，左胸圆护上雕刻人面纹，虽然手持物缺失，不能以宝塔判断身份，但依据中唐时期毗沙门天王对襟型长甲的服饰特征，基本可推断此尊为毗沙门天王。其余三位天王容貌与服饰相似，均穿着盛唐戎装样式。从二天王组合到可辨识毗沙门天王身份的四天王组合，可见毗沙门天王信仰在此时期十分盛行，其造像已从四天王中脱颖而出。

在中唐补绘的洞窟中，部分毗沙门天王像呈现较为混乱、草率的布局，与传统铺满整铺墙面的做法不同，常出现留白的素面，在大小比例上也不同于传统的规格，整体图像缺乏对称性与完整性❷，如中唐第212、第188窟。另外，一些补绘的图像内容与洞窟始建时期的图像反映了两个时代的风格面貌，其中第202窟较为典型。该洞窟为覆斗顶形制，主室西壁开龛，始建于初唐，初唐绘主室西壁龛顶、龛内西壁，彩塑7身（后清代修塑）以及主室东壁门上说法图一铺。中唐修缮西壁龛内装饰纹样，完成剩余南、北、东诸壁。宋代重修前室、甬道、主室窟顶和四壁下方供养人。根据《敦煌莫高窟内容总录》记载，主室西壁龛外南、北两侧中唐各绘制一天王，主室东壁门北中唐绘制毗沙门天王，门南绘制（南方）毗琉璃天王。然而，笔者实地考察后发现，主室西壁和东壁的两对天王像在风格、形态、服饰、配色等方面的差异较大，应为不同时代所绘。西壁二尊天王没有拿如宝塔之类可识别身份的法器，形态相似，一手叉腰一手高举，微微扭腰，一腿屈膝抬起，足下俯卧小鬼，二天王均穿着明光甲形制甲衣，甲裙较短，服饰配色以石绿、石青色为主，较为符合盛唐时期天王的造像制式。东壁门的墙面如屏风画一般被土红色的直线分割成5个板块，东壁门上部为初唐绘制的一铺说法图，门北上部为一铺阿弥陀经变，下为毗沙门天王像，底部为宋代供养人画像。门南上部为一铺药师经变，下为（南方）毗琉璃天王像，底部为宋代供养人画像。此尊毗沙门天王像具备中唐毗沙门天王服饰的诸多特征，整体配色以土红色为主。冷暖色调在第202窟的东、西两壁交相辉映，不同时代的艺术风格被融入一窟之内，是吐蕃统治时期的特殊印记。

中唐新建的洞窟中，以第154窟最具代表性。第154窟的营建时间应为沙州（敦煌）落蕃后至9世纪前后，属于吐蕃统治的早期❸。根据马德关于敦煌文书《腊八燃灯分配窟龛名数》的研究，以吴家窟"燃灯四盏"的记载，推论第152窟与耳窟第153、第154窟合为吴家窟，即吴绪

---

❶ 中唐之前仅在隋代第427窟的前室曾出现过彩塑四天王的案例。
❷ 沙武田. 吐蕃统治时期敦煌石窟研究[M]. 北京：中国社会科学出版社，2013：202.
❸ 樊锦诗，赵青兰. 吐蕃占领时期莫高窟洞窟的分期研究[J]. 敦煌研究，1994（4）：76-94.

芝家族所营建❶。沙武田认为该窟具有"原创性"，是中唐初期营建新窟中的一个创新性的探索❷。窟内唐前期每壁一铺经变画的传统模式被打破，四壁首创以"田"字格局排布经变画，一壁多达四铺，窟内共存约十二铺经变画，但这种创新的布局模式并没有成为主流，属于"昙花一现"的现象。而该窟出现的《金光明最胜王经》和"特殊"样式的毗沙门天王像则成为中唐普遍流行的绘画题材。第154窟为覆斗顶形制，于主室西壁开龛，龛内仅存一尊彩塑菩萨装佛像，龛外两侧有天王台，南侧彩塑已遗失，北侧存一身毗沙门天王塑像。主室南壁由东向西，上绘药师经变、金光明最胜王经变，下绘弥勒经变、法华经变，最西端上绘毗沙门天王与观世音菩萨，下绘毗沙门天王与勃伽夷城瑞像❸。此外，在经变画中还存二身小型毗沙门天王，在第154窟中共有壁画类毗沙门天王四身、彩塑类毗沙门天王一身。其中，除南壁西端上部与观世音菩萨组合的毗沙门天王像穿着明光胸甲型长甲外，其余四身包括彩塑在内均为对襟型长甲毗沙门天王。有学者在探讨第154窟主尊彩塑"菩萨装佛"的身份及造像意义时，认为第154窟具有浓厚的"护世、护法"意义❹，结合吴洪辩高僧的《大蕃沙洲释门教法和尚洪辩修功德记》的记载："依门神母及金光明经略述毗沙门功德天……时世尊彼人王愿护国……所有军兵悉皆勇健。国内人民受请使乐。"在窟内安排诸多毗沙门天王像，愈加凸显了吴家窟想要赋予洞窟"护世、护法"的深刻意义。

---

❶ 马德. 吴和尚·吴和尚窟·吴家窟：《腊八燃灯分配窟龛名数》丛识之一[J]. 敦煌研究，1987（3）：62-64，61.
❷ 沙武田. 吐蕃统治时期敦煌石窟研究[M]. 北京：中国社会科学出版社，2013：12.
❸ 佐藤有希子. 敦煌吐蕃期毗沙门天王像考察[J]. 牛源，译. 敦煌研究，2013（4）：33-41，129-130.
❹ 沙武田. 莫高窟吐蕃期洞窟第154窟：主尊彩塑造像的性质与定名考[J]. 装饰，2010（4）：52-56.

第三章

敦煌莫高窟中唐时期
毗沙门天王戎装样式

根据笔者在莫高窟的实地考察，本书将莫高窟北魏至宋时期的天王服装形制，依据"类—型—式"的分类方式，进行系统的分析归类。本书以独立成铺的天王像作为主要统计目标，这类天王像在《敦煌莫高窟内容总录》中有收录记载，往往占据洞窟壁画一定的面积或为塑像形式。而经变画的小型天王像因作画简略且程式化而仅作为参考，不计入统计数据❶。首先，从整体的形态和结构可将莫高窟天王的戎装分为短甲和长甲两大类，短甲为甲裙，长度短于膝盖，底摆位于膝盖以上；长甲为甲裙，长度长过膝盖，裙长多至膝盖以下，长甲主要从中唐时期开始出现。其次，在同一"类"中分为若干"型"，本书以胸甲的变化为主要分类依据，如W胸甲型、明光胸甲型、裲裆胸甲型等。再次，将梳理的"型"参照不同的特征细分为诸个"式"。最后，完成莫高窟天王戎装"类—型—式"的分类方式（图3-1、表3-1）。

图3-1 "类—型—式"分类方式示意图

表3-1 短甲、长甲与各型胸甲的关系

项目	对襟型	W胸甲型	明光胸甲型	裲裆胸甲型
短甲	—			
长甲				—

---

❶ 在小型天王像中，第154窟两铺金光明最胜王经变中的小型毗沙门天王具有特殊性，因此作为对襟型长甲案例计入统计。

经过梳理莫高窟各朝代天王服饰的演变过程，若以毗沙门天王单独造像作为分类依据，本书将莫高窟天王造像体系分为两类[1]，第一类造像体系从北魏开始发展，至盛唐达到鼎盛，四天王在服饰、样貌、姿态等方面相近，以身着短甲为主，从胸甲形制的角度，可将第一类造像体系的戎装分为W胸甲型短甲、明光胸甲型短甲、裲裆胸甲型短甲，其中明光胸甲型短甲又可细分为三式。第二类造像体系，以凸显毗沙门天王独立的神格，在服饰造型等方面明显区别于其他三位天王，第二类造像从盛唐已少有显现，至中唐时期广为盛行，此类造像体系中的毗沙门天王以穿着对襟型长甲为主，于阗兜跋毗沙门天王是其图像来源。两大造像体系在中唐产生了相交的情形，长甲与莫高窟中唐之前流行的胸甲结合，形成了W胸甲型长甲和明光胸甲型长甲（图3-2）。此外，第一类造像体系在中唐时期并未停滞，两者出现平行发展的情况，本书将其归纳为中唐其他短甲。

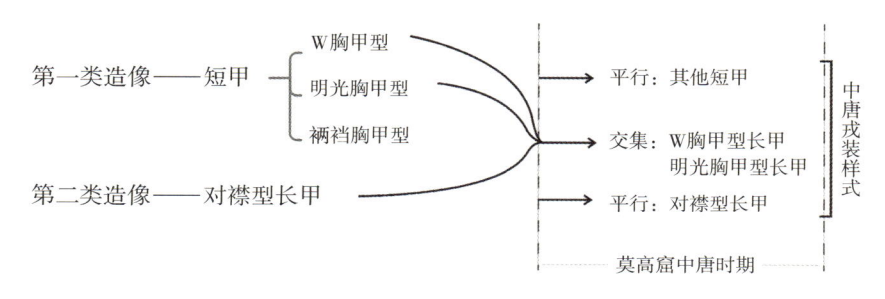

图3-2 莫高窟中唐时期两大天王造像体系演变示意图

在莫高窟中唐时期的四类戎装样式中，对襟型长甲的数量占比最多（图3-3、图3-4），其次为明光胸甲型长甲和其他短甲，具体中唐洞窟中毗沙门天王各类样式整理可参见表3-2。

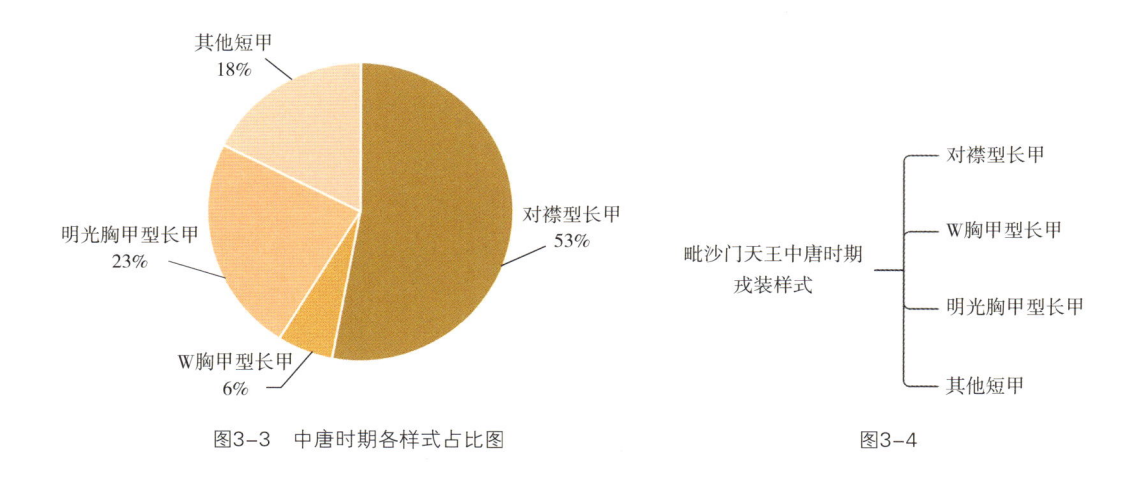

图3-3 中唐时期各样式占比图　　图3-4

---

[1] 两大造像体系的演变发展在此仅作概括说明，详文可参见第五章。

対襟型長甲　　W胸甲型長甲　　明光胸甲型長甲　　其他短甲

图3-4　毗沙门天王中唐时期戎装样式分类图示

表3-2　中唐洞窟与毗沙门天王样式整理表

年代	编号	建窟年代/创作或重修年代	位置	对偶神祇	戎装样式	备注
中唐补绘/塑	202	初唐、中唐	主室东壁门北中唐绘北方毗沙门天王一身，东壁门南绘南方天王一身	南方天王	明光胸甲型长甲	该窟主室西壁和东壁各存一对天王，服饰造型与绘画风格不同
	205	初唐、中唐	主室中心佛坛上中唐彩塑天王二身	天王	裲裆胸甲型短甲（披大虫皮）	莫高窟现存唯一一尊身披大虫皮的彩塑天王
	212	初唐、中唐	主室北壁中唐绘毗沙门天王一身	不详	其他短甲	洞窟较小，北壁天王为中唐补绘
	91	盛唐、中唐	主室东壁门北中唐绘毗沙门天王一身	不详	对襟型长甲	主室西龛外清修天王彩塑，东壁门北中唐绘毗沙门天王，东壁门南损毁
	188	盛唐、中唐	主室东壁门南中唐绘毗沙门天王一身	观世音菩萨	对襟型长甲	毗沙门天王身旁有吉祥天女
	384	盛唐、中唐	主室东壁绘毗沙门天王一身	无	W胸甲型长甲	前室西壁门南、北两侧天王均不是毗沙门天王，主室经变画中出现多个W胸甲型长甲小型天王
中唐新绘/塑	154	中唐	主室南壁西端上绘毗沙门天王一身	观世音菩萨	明光胸甲型长甲	—
			主室南壁西端下绘毗沙门天王一身	勃伽夷城瑞像	对襟型长甲	—
			主室西壁龛外北侧彩塑毗沙门天王一身	不详	对襟型长甲	西壁龛外南侧彩塑不存
			主室东壁门南上金光明最胜王经变	菩萨	对襟型长甲	金光明最胜王经变中绘一小型跪姿毗沙门天王
			主室南壁上金光明最胜王经变	菩萨	对襟型长甲	金光明最胜王经变中绘一小型跪姿毗沙门天王

续表

年代	编号	建窟年代/创作或重修年代	位置	对偶神祇	戎装样式	备注
中唐新绘/塑	158	中唐	主室西壁坛外北侧绘毗沙门天王一身，南侧绘南方天王一身	南方天王	对襟型长甲	已模糊
			主室东壁北侧金光明最胜王经变中	菩萨	明光胸甲型长甲	—
	159	中唐	主室西壁龛内中唐塑天王二身	天王	明光胸甲型Ⅲ式短甲	无兽首含臂，窟内出东壁维摩诘经变现吐蕃赞普礼佛图
	197	中唐	前室南壁绘天王	不详	不详	已不存
	222	中唐	主室西壁龛外南、北塑毗沙门天王各一身	毗沙门天王	对襟型长甲	一对对襟型长甲毗沙门天王
	231	中唐	前室西壁、南壁、北壁底层露出中唐所绘天王	不详	不详	第231窟因修缮等暂不能考察
	234	中唐	前室西壁门北底层为中唐绘天王一身	不详	不详	现已无前室
	238	中唐	前室西壁门南、北中唐各绘天王一身（西夏重妆，残）	天王	不详	已模糊
	240	中唐	主室西壁龛顶东、西披绘天王各二身	天王	明光胸甲型长甲	为坐姿小型天王
	258	中唐	主室西壁龛内唐塑天王四身	天王	对襟型长甲	对襟型长甲毗沙门天王位于主室西壁龛内北侧，另外三尊天王彩塑均穿着盛唐形制甲衣，前室西壁门外两侧五代绘天王
	358	中唐	前室西壁门北底层剥出中唐毗沙门天王一身	不详	不详	门北侧已不存，门南侧有天王残画
	363	中唐	主室西壁龛内中唐塑二天王	不详	不详	第363窟因修缮等暂不能考察
	447	中唐	西壁龛内塑二天王（残毁）	不详	不详	小窟，已无彩塑

第一节　对襟型长甲

对襟型长甲毗沙门天王在造型、服饰等诸多方面都与兜跋毗沙门天王相似，国内外学者较为认同兜跋毗沙门天王来自于阗。因而，本节从于阗兜跋毗沙门天王的形成、于阗史迹画毗沙门天王决海图、毗沙门天王化的于阗国王供养画像等方面，阐述对襟型长甲毗沙门天王与于阗的关联。论证了在吐蕃入侵敦煌之前，对襟型长甲毗沙门天王已存在于莫高窟的观点，并对盛唐与中唐的对襟型长甲进行对比研究。通过对西域、吐蕃、中亚等地长甲的分析，探究对襟型长甲的由来及演变。

一、对襟型长甲毗沙门天王与于阗

毗沙门天王的由来和兜跋毗沙门天王样式的形成都和于阗有着紧密的关系。于阗位于中国境内丝绸之路沙漠路线的南路之上，为古代西域重要的古国之一，也是佛教东传过程中重要的一个环节。诸多大乘佛教的经典由于阗流传至中原地区，早在三国时期有僧人朱士行前往于阗求得《大品般若经》，由其弟子带回洛阳，后经竺叔兰、无罗叉等人翻译成汉文。另有《法显传》记载了于阗奉行佛法的相关见闻。法显于399年从长安出发取经，西行祁连山至敦煌，西出玉门关至楼兰、焉耆，从焉耆西南行穿越塔克拉玛干沙漠到达于阗，后至古印度、狮子国（斯里兰卡）、印度尼西亚等国，于412年回到中原。法显描述于阗的僧侣数量远超鄯善和焉耆国，有数万人之多，全国范围内有四个大型和众多小型的僧伽蓝，居民日常以佛教音乐作为娱乐。法显为观看于阗佛陀行像游行仪式而特意停留3个月，在《法显传》中详细描述了于阗行像的盛大仪式，佛像立于四轮车上，像行走的宫殿一般，"七宝庄校，悬缯幡盖"又有"二菩萨侍，作诸天侍从，皆以金银彫莹，悬于虚空"❶。北魏慧觉等沙门在于阗求经过程中，遇到每逢五年举办一次的般遮于瑟会，诸位沙门将大会所闻经律整理成册，后命名为《贤愚经》传入中原。隋唐时期，于阗与中原的联系更为密切，多有于阗人入长安谋生或为官。另有于阗画家尉迟跋质那和尉迟乙僧父子在传播西域绘画技法以及创作佛教绘画等方面有突出的贡献，其作品在《历代名画记》《唐朝名画记》中多有记载。唐初，武则天命人至于阗求得完整的梵文本《华严经》，又委托于阗人翻译成汉文，于阗俨然已成为大乘佛教东入中土的源流。

在于阗的佛教信仰之中，最具特色和代表性的为毗沙门天王信仰。《新唐书》卷七九《隐太子建成传》曾提及太子李建成字毗沙门。《新唐书》卷四三《地理志》中记载贞观二十二年（648年），唐王朝在于阗设立都督府，名"毗沙都督府"。唐玄宗天宝年间，去往于阗的使者求得毗沙门天王的真迹，供奉于宇内，在李唐皇室的推崇之下，毗沙门天王的塑像、画像以及天王寺庙遍及全国。当唐王朝在西域的势力衰弱后，吐蕃占据于阗，间接地增强了被控制地域内佛教文化的交流与传播，其中包括敦煌和于阗。从中唐开始至敦煌归义军时期，敦煌世家大族与于阗王室的结亲，以致敦煌和于阗的交流愈加频繁，这也体现在这段时期的壁画艺术中，一再表现于阗的建国故事、于阗佛教圣地、于阗瑞像画、毗沙门天王像、于阗王画像等与于阗相关的佛教艺术。

（一）兜跋毗沙门天王

毗沙门天王信仰在于阗成熟，其形象"兜跋毗沙门天"也在此固定，兜跋毗沙门天王形象从于阗传入中原，又于806年由高僧空海携带"兜跋毗沙门天王"的木雕到达日本，后在日本广泛传播。关于"兜跋"一词的意义，日本学者松本文三郎指出，"兜跋"一词发音与"吐蕃""斗篷"相近，"兜跋"应为北宋末至南宋初从西藏传入，意为穿斗篷外套（戎装）的毗沙门天王

---

❶ 杨衒之. 洛阳伽蓝记校释·卷二（城东）[M]. 北京：中华书局，2010：55.

（与普通毗沙门天王有别）❶。日本学者松本荣一则不认同"兜跋"为"吐蕃"的说法，认为"兜跋国"可能并不是指吐蕃，而是西域的一个国家或为想象中的国家❷。另有学者从密教化身"多婆天王""牛头天王"等化身的角度解读"兜跋"的意义。引用密教经典《大梵如意兜跋藏王经》，认为文中提及的"多婆天王""牛头天王"等是密教中化身（别名）的说法，其中"多婆"可能为"兜跋"的另外一种音译。另外，"牛头天王"对应于阗的牛头山，西藏色拉寺中的长牛角的天王也许是毗沙门天王的"牛头天王"化身❸。

兜跋毗沙门天王与一般的毗沙门天王在形象上有所区分，与本书探究的敦煌莫高窟对襟型长甲毗沙门天王基本吻合。日本学者松本荣一概括了兜跋毗沙门天王的十三个特征（表3-3）。其中，地神托足表现为一位女性神祇从地间显现半身，双手托举毗沙门天王双足。托足地神是兜跋毗沙门天王区别于普通毗沙门天王最为显要的一个判断依据。关于女性神祇的身份，早期学界主流认定其为监牢地神，与《金光明最胜王经》相关❹。近些年诸多学者重新考究了相关图像和文献史料，认为此女性神祇与《金光明最胜王经》无直接关联，应当与于阗建国传说的故事有关，从地涌出的女神应为"地乳"的拟人化呈现❺❻。最近也有学者延续斯坦因当年的猜测，并通过举证推定该女性神祇的身份为鬼母子❼。无论哪一方观点，均强调了此地神与兜跋毗沙门天王之间的紧密关联。兜跋毗沙门天王的铠甲，衣长多至膝盖以下，腰带收腰，腰部以下的甲裙渐宽。斯坦因曾在于阗热瓦克（Rawak）佛寺发现仅存臀部以下的两尊塑像，脚下均有托足女性半身像，两尊塑像一为武士下装，一为古印度贵族装束❽，其中穿着武士装束的塑像很可能为兜跋毗沙门天王❾。

表3-3 松本荣一总结兜跋毗沙门天王特征

兜跋毗沙门天王的特征	
（1）托小塔持戟 （2）立于坚牢地神的双掌之上 （3）双足叉开，正面直立 （4）身着紧身束腰铠甲，披领巾 （5）以右袵为主，也有左袵 （6）铠甲为叠鳞与缀甲两种编法，袵与裙镶边 （7）有的戴护臂甲	（8）佩刀剑，有的同时佩长、短两剑，有的横于身前 （9）戴三面钵形宝冠，有的附有羽毛 （10）有的颈后垂两条帛布 （11）两肩火焰形成头光 （12）相貌威猛，目光炯炯 （13）侍以天女（吉祥天或辩才天）乾闼婆或其他，有的附婴孩或鼠

---

❶ 松本文三郎. 兜跋毗沙门天考[J]. 金申, 译. 敦煌研究, 2003（5）: 36-43, 109.

❷ 松本荣一. 敦煌画研究[M]. 林保尧, 赵声良, 李梅, 译. 杭州: 浙江大学出版社, 2019: 445.

❸ 朱刚. 毗沙门天王崇拜源流及其造像艺术[J]. 新国学, 2006, 6（1）: 68-88.

❹ 同❶.

❺ 梁涛, 彭杰, 再帕尔·阿不都瓦依提. 于阗地神图像流变相关问题再探[J]. 敦煌研究, 2009（5）: 68-73, 131.

❻ 霍巍. 从于阗到益州：唐宋时期毗沙门天王图像的流变[J]. 中国藏学, 2016（1）: 24-43.

❼ 陈长虹. "兜跋毗沙门天王"图像组合及相关问题研究[J]. 中国美术研究, 2020（3）: 29-43.

❽ 奥雷尔·斯坦因. 古代和田：中国新疆考古发掘的详细报告[M]. 巫新华, 译. 济南: 山东人民出版社, 2009.

❾ 同❶.

（二）毗沙门天王决海图

毗沙门天王决海的故事取自藏文P.t.960《于阗教法史》，相传在迦叶佛出世之前，于阗这片土地的居民供奉龙神以得平安与丰收。随着迦叶佛的降生，佛法传至于阗，于阗人深受佛法感召——皈依佛门。得不到供养的龙神发怒，为惩罚于阗人民而施展法力将于阗变为汪洋大海。释迦牟尼出世后，得闻于阗人民饱受疾苦，便派舍利弗与毗沙门天王前来决海，海水逐渐变干，在佛陀涅槃后百年，转变成桑田❶。此故事在莫高窟最早出现于中唐时期，画面中舍利弗居左，手持长锡杖；毗沙门天王居右，手执长戟，杖戟交错刺向海子。在莫高窟现存的毗沙门天王决海图中，毗沙门天王基本背向观者，从甲裙长度以及上衣形制判断，决海图中毗沙门天王所穿铠甲不是中唐的样式，当属盛唐甲型（表3-4）。毗沙门天王决海图并非独立存在，通常属于牛头山圣迹图的一部分。牛头山圣迹图作为更为宏大的一个母体，通常占据甬道顶部位置。牛头山圣迹图通常将牛头作为牛头山的象征，图中绘有迦叶佛和释迦牟尼佛，四周绘制以于阗为中心展开的传法故事，其中包括毗沙门天王决海。牛头山为于阗著名的佛教圣地，与其相关的佛教事迹跟随佛法东传，成为中唐至归义军时期重要的佛教艺术题材之一。

表3-4　敦煌莫高窟现存毗沙门天王决海图整理表

编号	洞窟修建年代	壁画/塑像创作（重修）年代	位置/内容
334	初唐	五代	通道顶中央：五代绘佛教史记画于阗牛头山、毗沙门天王决海等，底层初唐绘千佛
144	中唐	中唐	前室北壁龛上绘毗沙门天王与舍利弗决海
231	中唐	中唐	主室龛内北披
236	中唐	中唐	主室西壁龛顶北披绘瑞像图三身、舍利弗与毗沙门决海一铺
237	中唐	中唐	主室龛内北披绘毗沙门天王与舍利弗决海
9	晚唐	晚唐	前室甬道顶绘毗沙门与舍利弗决海
454	宋	宋	前室甬道顶绘毗沙门与舍利弗决海

（三）神格化的于阗国王画像

莫高窟五代第98窟为曹议金掌握瓜沙归义军政权后开凿的第一个功德大窟。第98窟在窟顶券进式四角结构中绘四天王的形式属敦煌莫高窟之先例❷，后广泛影响了五代宋天王的绘制模式。第98窟基于宏伟的洞窟规模、庞大的供养人队伍、精致华美的壁画等因素成为曹氏政权时代标志性的家族大窟。此窟现存224身❸供养人画像，其中最为瞩目的当属位于主室东壁门南从北向南第一身——于阗国王李圣天供养画像。敦煌于阗国王画像的相关研究，前学者有诸多考证，

---

❶ 朱丽双. 敦煌藏文文书P.t.960所记于阗建国传说：《于阗教法史》译注之二[J]. 敦煌研究，2011（2）：108-113.
❷ 五代第98窟窟顶四角绘制四天王属于敦煌莫高窟首例，相似的绘制形式亦见于吐峪沟第44窟，但后者窟顶四角不是券进式结构。
❸ 崔岩，刘元风，郑嵘. 敦煌莫高窟第98窟于阗国王李圣天供养像服饰图案研究[J]. 艺术设计研究，2017（4）：42-48.

如沙武田《敦煌石窟于阗王画像研究》从图像学角度对敦煌现存四身于阗国王画像的宗教以及现世意义展开讨论。另有对于阗国王画像汉化服饰的相关研究，如《敦煌莫高窟第98窟于阗国王李圣天供养像服饰图案研究》《于阗国王李圣天供养人服饰研究》等。

第98窟此铺李圣天供养画像有别于窟内其他供养人，在人物尺寸上稍大，身穿冕服，头戴冕旒，冕旒上装饰北斗七星纹样，头顶上方二童子飞天为其撑起华盖，双足之间有地神从地面涌出半身，托举国王的双足。旁有幢式碑柱榜题："大朝大宝于阗国大圣大明天子……即是窟主"❶。早年史苇湘先生曾指出莫高窟五代第98窟于阗国王李圣天供养像与毗沙门天王之间可能存在的关联性❷，尤其体现在二者图像中均具有地神托举双足的造像特征。女性神祇从地间显现半身且双手托举毗沙门天王双足的形式源自于阗，被日本学者认为属于兜跋毗沙门天王的重要特征之一。于阗国王画像以与毗沙门天王相同的地神托足方式呈现，其冕旒上的北斗七星纹样也暗含"北方"之意❸，这些特征无疑是在体现其为毗沙门天王后裔的身份。在玄奘的《大唐西域记》以及《于阗教法史》《于阗国授记》中均有关于于阗国王自诩毗沙门天王之后裔的说法。曹议金在担任节度使之初，设法改善内忧外患的政治局面，积极拉拢周边的政治势力，在其功德窟中有意安置神裔形象的于阗国王，被认为具有"外交图像"的作用，从侧面反映的是佛教逐渐世俗化以及为政治服务的用意❹。

无论是毗沙门天王决海故事，抑或是通过强调形式上与毗沙门天王相近的于阗国王供养像，均体现了毗沙门天王和于阗之间的密切关联。而成熟于于阗的兜跋毗沙门天王形象则是敦煌莫高窟对襟型长甲毗沙门天王的图像由来，传播路径一则可能为中唐时期于阗与敦煌因吐蕃统治而愈加频繁的文化往来，二则可能为8世纪早期已传入中原的兜跋毗沙门天王图像，继续西向对敦煌造像产生的影响。

二、对襟型长甲的特征

中唐洞窟中表现对襟型长甲毗沙门天王的有第91窟、第188窟、第154窟、第158窟❺、第222窟、第258窟。此外，在盛唐第103窟甬道北壁、盛唐第148窟西壁南端和南北龛顶部、盛唐第44窟甬道顶（中唐绘）、榆林窟第15窟前室东壁南侧、晚唐第107窟西壁龛外两侧、晚唐第459窟龛内彩塑、五代第61窟窟顶东北角等处均可见对襟型长甲毗沙门天王像（图3-5）。

结合披露的文献资料和笔者实地考察，对襟型长甲毗沙门天王的服装形制和造型特征如表3-5所示。

---

❶ 敦煌研究院. 敦煌莫高窟供养人题记[M]. 北京：文物出版社，1986：32.
❷ 沙武田. 敦煌石窟于阗国王画像研究[J]. 新疆师范大学学报（哲学社会科学版），2006（4）：22-30.
❸ 朱刚. 毗沙门天王崇拜源流及其造像艺术[J]. 新国学，2006，6（1）：68-88.
❹ 沙武田，段小强. 莫高窟第454窟窟主的一点补充意见[J]. 敦煌研究，2003（3）：7-9，107.
❺ 主室西壁坛外北侧绘毗沙门天王穿着对襟型长甲戎装，较模糊。

X型胸带连接圆形护甲，部分表现为人面纹圆护	人面纹：中唐第154窟西壁龛外彩塑天王/中唐第258窟西龛内北侧彩塑天王/晚唐第107窟西壁南、北两侧天王/晚唐第459窟西龛内北侧彩塑天王/中唐榆林窟第15窟前室东壁南侧天王/五代第61窟东北角毗沙门天王 三眼小鬼纹：五代第108窟窟顶东北角毗沙门天王/盛唐第171窟前室西壁门北宋绘毗沙门天王	莫高窟中唐第154窟南壁西端下侧

图3-5 中唐对襟型长甲形制整理图

表3-5 对襟型长甲毗沙门天王的服装形制和造型特征

序号	对襟型长甲毗沙门天王的服装形制和造型特征
1	头戴三面宝冠
2	高髻披发，戴耳珰（有时为耳环）
3	对襟甲衣，门襟有2~3个双带扣双铊尾短皮襻❶
4	胸前佩戴X型璎珞连接3个圆形护甲
5	双肩有尖角或火焰状肩饰
6	腰间有鹘尾、抱肚❷
7	腰束双带扣双铊尾革带，佩弯刀和长剑
8	穿长甲裙，甲裙摆缘之下露出一截内袍底摆
9	穿长靴
10	甲片以鱼鳞甲和"如意云头"形长札甲❸为主
11	其造型为：站立式，左手托塔右手执戟，脚下有地神双手托举

❶ 马冬. 西北地区古代服饰钮件研究[M]. 成都：四川美术出版社，2009：132.

❷ 据刘永华《中国古代军戎服饰》，"抱肚"为古代戎装的附件，一般围裹于铠甲之外，用于腹部防御。抱肚于敦煌莫高窟盛唐时期在天王服饰中大量显现，多为圆形，少数壁画中已出现兽头型，如盛唐第123窟主室东壁门南侧。自晚唐始，抱肚愈加精美繁复，以兽头为主要表现形式。

❸ 龚剑. 从敦煌毗沙门天王看唐、吐蕃甲胄[J]. 收藏投资导刊，2019（7）：104-113.

以下展开对襟型长甲戎装的具体分析：

第一，对襟甲衣/长甲裙。

对襟型长甲的衣领表现为对襟，门襟和领子的镶边纹理为一道道的横过来排列的"ε"。其甲裙长度过膝，甲裙摆缘之下露出一截内袍底摆。甲裙的前门襟表现为右裙摆压左裙摆（部分表现为左裙摆压右裙摆）。

中唐对襟型长甲是否为上下连体？前学者主要以"长身甲"❶❷、"连身铠甲"❸、"外套形的铠甲"❹、"紧身长摆甲胄"❺等词语形容，其中谢继胜明确提及甲衣为连身样式，为吐蕃武士戎装的真实写照，以布达拉宫所存吐蕃时期甲胄壁画、新疆出土泥塑武士像等作为佐证❻。佐藤有希子未明确指出甲衣是否连身，因上下甲片不同而区别描述："上半身叠鳞身甲，下半身由小铠甲片组成的长摆腰甲"❼。多种甲片缝制在连身铠甲上是可能的，如有些壁画中的对襟型长甲的袖甲与身甲甲片不同，袖甲表现为长札甲，也与鱼鳞身甲缝合拼接在一起，虽然上、下身为不同甲片，但也有连体的可能。

然而，根据彩塑与壁画的实地考察，笔者更为倾向对襟型长甲为上下分离式。多数保存清晰的壁画类和彩塑类对襟型长甲的上半身甲衣的前门襟与甲裙的门襟呈不连续性，具体表现为：一是上、下门襟的装饰图案不同，如莫高窟晚唐第107窟西壁龛外二天王，上半身甲衣门襟为横条纹纹理，甲裙门襟则装饰团花纹样（图3-6）；二是上、下门襟的颜色不同，如莫高窟中唐第188窟主室东壁门北毗沙门天王，上半身甲衣门襟为浅蓝色（部分褪色），甲裙门襟则为土红色；三是上、下门襟的宽度不同，如莫高窟中唐第154窟西龛外北侧彩塑天王。由以上三点，笔者认为对襟型长甲甲衣为上下分离式的长甲更为合理❽，由对襟甲衣和长甲裙组成。

第二，袪口。

毗沙门天王肘部出现装饰性袪口，多表现为一圈向外发散的石绿色叶片状，日本学者松本荣一和佐藤有希子将此类肘部袖型称为鳍袖❾❿。

第三，皮襻/革带。

毗沙门天王甲衣前门襟处有2~3个双带扣双铊尾短皮襻⓫，用于固定束紧衣襟。此类双带扣双

---

❶ 沙武田. 敦煌石窟于阗国王画像研究[J]. 新疆师范大学学报（哲学社会科学版），2006（4）：22-30.
❷ 彭杰. 敦煌兜跋毗沙门天王像刍议[C] //樊锦诗. 敦煌吐蕃统治时期石窟与藏传佛教艺术研究，兰州：甘肃教育出版社，2012：399-408.
❸ 谢继胜. 榆林窟15窟天王像与吐蕃天王图像演变分析[J]. 装饰，2008（6）：54-59.
❹ 松本文三郎. 兜跋毗沙门天考[J]. 金申，译. 敦煌研究，2003（5）：36-43，109.
❺ 佐藤有希子. 敦煌吐蕃时期毗沙门天王像考察[J]. 牛源，译. 敦煌研究，2013（4）：33-41，129-130.
❻ 同❸。
❼ 同❺。
❽ 龚剑在其《从敦煌毗沙门天王看唐、吐蕃甲胄》的论文中也提及上、下身甲分离，但未详述理由。
❾ 松本荣一. 敦煌画研究[M]. 林保尧，赵声良，李梅，译. 杭州：浙江大学出版社，2019：429.
❿ 同❺。
⓫ 马冬. 西北地区古代服饰钮系件研究[M]. 成都：四川美术出版社，2009：132.

铊尾的样式主要用于腰带，在唐末至宋代时期较为盛行，学界一般认为此样式的革带为汉式❶❷，如唐武宗端陵蕃酋石像❸、顾闳中《韩熙载夜宴图》侍女的腰部均有出现双带扣双铊尾革带。在莫高窟晚唐和五代时期，毗沙门天王的腰带也可见使用双带扣双铊尾革带，如晚唐第9窟西壁，以及盛唐第120窟前室西壁门北五代重修的毗沙门天王像等。

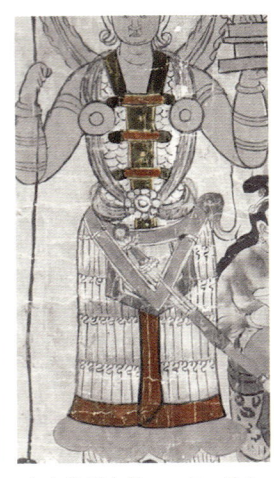

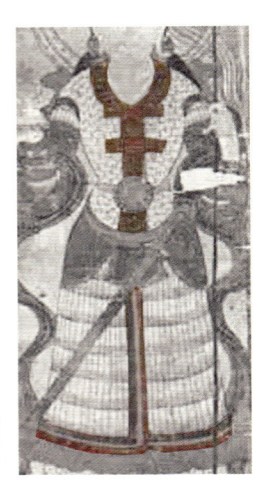

（a）莫高窟晚唐第107窟西壁龛外二毗沙门天王（图片经处理）　（b）敦煌文书Eo.1162，纸本彩画毗沙门天王（摘自国际敦煌项目，图片经处理）　（c）敦煌文书Eo.1190毗沙门天王绢画幢幡（摘自国际敦煌项目，图片经处理）

图3-6　对襟型长甲上、下门襟整理图

据实地考察发现，对襟型长甲搭配的革带并不为双带扣双铊尾革式，而是单铊尾带扣。壁画中绘制的穿戴方式十分特别，基本上成为中唐毗沙门天王造像的统一模式，带铊从右腰位置穿过带扣，在前腹部形成向下凹的曲线，有时此弧度会呈折角，铊尾部分穿过带环在左腰固定。可参考晚唐第107窟西壁龛外两侧毗沙门天王、敦煌绢画P.t.2223等。

第四，X型圆护胸带。

毗沙门天王上身佩戴呈X型交错的装身具，背带由数股白色串联的小联珠捻成，似菩萨身上装饰的璎珞，因此日本学者佐藤有希子将其称为"X状璎珞"。左右两条璎珞在胸部位置各连接一个圆护，在前腹正中的交叉点处再接一个圆护，形成X型璎珞连接3个圆护的样式。圆护上常饰有花卉纹、人面纹或小鬼纹。

第五，尖角状肩饰。

在毗沙门天王双肩位置出现两道向中心弯曲且光滑似新月的装饰，随后逐步向火焰纹演变。至晚唐五代时期，与火焰背光融为一体，其向中心弯曲的方向也改为与背光火焰方向一致。

---

❶ 孙兵. 辽代带具研究[D]. 北京：中央美术学院，2016：31-41.
❷ 李逸友. 辽代带式考实：从辽陈国公主驸马合葬墓出土的腰带谈起[J]. 文物，1987（11）：29-35.
❸ 扬眉剑舞. 唐宋前后几种革带的形制复原及称谓研究[J]. 艺术设计研究，2018（1）：29-35.

第六，鹘尾/抱肚。

在对襟型长甲毗沙门天王的腰间出现盛唐常见的鹘尾和抱肚。

第七，甲片。

对襟型长甲上身甲片多为鱼鳞甲且甲片朝下，下身甲片多为"如意云头"形长札甲。"如意云头"形状的甲片十分特别，未有出土实物披露，有学者认为此为《唐六典》卷十六记述"今明光、光要、细鳞、山文、乌锤、锁子皆铁甲也"中的乌锤甲片❶❷。也有学者认为是受到来自西域的曲边甲片的影响❸，需要指出的是，此形状的长札甲并非在中唐毗沙门天王甲衣中首见，在盛唐第31窟壁画类天王，盛唐第113窟、第125窟、第46窟彩塑类天王身上均有精美的展现，说明盛唐时期此类特殊形状的甲片已被画师广为运用。

三、盛唐时期的对襟型长甲

对襟型长甲毗沙门天王是否始于莫高窟的中唐时期？由于此样式的毗沙门天王在中唐被大量塑绘，而在中唐之前鲜见，似乎多数学者在研究之初已默认对襟型长甲为中唐新产生的天王造像样式，进而将其服饰的文化属性与吐蕃联系在一起，这种观点存在局限性。

前学者曾在相关文章中提出对襟型长甲在吐蕃占领敦煌之前已存在的看法❹，笔者赞同此观点，并结合实地考察与文献研究找到了新的证据予以佐证。

第一，早在北凉时期昙无谶译的《金光明最胜王经》中已存在诸多涉及宣扬毗沙门天王的神格及其灵验故事的内容，此经最为流行的译本为唐高宗、武则天时期义净所译的《金光明最胜王经》，敦煌文书中现存众多《金光明最胜王经》的传抄残卷。作为大乘佛教经典之一的《金光明最胜王经》，在初唐时期的中原地区已广泛传播，由此可知，以《金光明最胜王经》为载体的毗沙门天王信仰在那时已具备一定的影响力。

佛教图像或思想信仰的传播有时需要经过漫长的地理路径，有时则是"飞行式"的快速传播，正如罗世平对佛教图像传播机制的讲授："外来的宗教不一定完全是顺着一个道路逐步往里渗透的方式，也有可能是采取飞行的方式。"如《宋高僧传》记载"开元十四年（726年），玄宗东封回，敕车政道往于阗国，摹写天王样，就寺壁画焉"❺，讲述的是来自于阗的毗沙门天王画稿经由政道带回，画于大相国寺。又有《灵山塑北方毗沙门天王碑》云："（前略）于是于开元寺之灵山，塑北方毗沙门天王一铺，全部落己，镇于城焉……毗沙门之天王，自天宝中，使于阗者得其真还，愈增宇内之敬。旋大夫芮国公荆渚之塑也，凡百城池，莫不一之。"❻唐玄宗天宝

---

❶ 陈大威. 画说中国历代甲胄[M]. 北京：化学工业出版社，2017：145.
❷ 凯风. 中国甲胄[M]. 上海：上海古籍出版社，2006：94-95.
❸ 龚剑. 从敦煌毗沙门天王看唐、吐蕃甲胄[J]. 收藏投资导刊，2019（7）：104-113.
❹ 佐藤有希子. 敦煌吐蕃时期毗沙门天王像考察[J]. 牛源，译. 敦煌研究，2013（4）：33-41，129-130.
❺ 赞宁. 宋高僧传·卷第二十六·唐东京相国寺慧云传[M]. 北京：中华书局，1987：660.
❻ 董诰，等. 钦定全唐文·卷八百二十五·灵山塑北方毗沙门天王碑[M]. 北京：中华书局，1983：8694.

年间，去往于阗的使者得到毗沙门天王的真迹，供奉于宇内，在李唐皇室的推崇之下，毗沙门天王的塑像、画像及其寺庙遍及全国。由此可见，于阗的毗沙门天王画样在8世纪前期已传至中原。此外，从遥远的于阗引进的画样必然区别于中原地区已有的毗沙门天王图像，是一种新的样式。根据于阗流行的毗沙门天王样式，推测此画样应包含兜跋毗沙门天王的标准特征❶。既然于阗的毗沙门天王画样能够以"飞行式"的传播方式到达中原，也有可能流传至敦煌。

第二，盛唐第148窟西壁南端大般涅槃经中绘有一身小型毗沙门天王（图3-7）。第148窟是敦煌大姓李太宾建于盛唐之末大历十一年（776年）的功德窟。主室的涅槃像后经中唐、晚唐、西夏补绘重修，已失去盛唐的艺术风韵，但南壁、西壁、北壁的涅槃经变画仍为盛唐原作❷。根据壁画榜题，此铺表现以毗沙门天王为首的诸鬼神王对释迦牟尼进行最后的供养。此身毗沙门天王，头戴三面宝冠，左手托塔、右手执戟，未见肩饰，未见X型胸带或圆护，身穿对襟型甲衣，前门襟附有4个短皮襻，束腰，腰间横挂弯刀。第148窟毗沙门天王甲裙的甲片只覆盖了膝盖之上的位置，因其呈跪姿，所以不能判断此身甲裙是否长过膝盖。甲裙和袖甲的甲片均为圆头长札甲，身甲的甲片尖角朝上❸。虽然没有尖角型肩饰、X型圆护胸带、地神托举等元素，但从甲衣形制来说，比较接近对襟型长甲。

第三，盛唐第103窟甬道北侧描绘了一铺颇具中唐对襟型长甲特征的毗沙门天王壁画像，其头戴三面宝冠，红棕色高髻披发，穿着对襟甲衣附两个短双带扣双铊尾皮襻，联珠璎珞胸带交叉连接三个圆护，甲衣的鱼鳞甲片和袖甲的"如意云头"型甲片清晰可见，有尖角型肩饰，虽然下半身漫漶不清，但以上特征已具备大部分对襟型长甲的构成要素（图3-7）。根据考证，第103窟开凿的时间在705—725年，应于710年之后不久，属于盛唐早期❹，甬道的绘制可能稍晚，应不迟至8世纪中晚期❺。

以上三点基本可论证在吐蕃入侵敦煌之前，穿着对襟型长甲

（a）莫高窟盛唐第148窟西壁南端毗沙门天王像（摘自《敦煌石窟全集7：法华经画卷》图144）

（b）莫高窟盛唐第103窟甬道北壁毗沙门天王像

图3-7　盛唐时期毗沙门天王像

---

❶ 陈长虹."兜跋毗沙门天王"图像组合及相关问题研究[J].中国美术研究，2020（3）：29-43.
❷ 敦煌研究院，贺世哲.敦煌石窟全集7：法华经画卷[M].香港：商务印书馆（香港）有限公司，1999：148.
❸ 甲衣的甲片十分特别，顶端略尖朝上排列，此甲片与克孜尔出土的武士塑像胸甲甲片，以及图木休克出土的武士塑像胸甲甲片极为相似，勒克科的考古记录也曾提及朝上排列的甲片。
❹ 魏迎春.敦煌莫高窟第103窟维摩诘像与吴道子画风[J].艺术百家，2016，32（2）：214-217，232.
❺ 佐藤有希子.敦煌吐蕃时期毗沙门天王像考察[J].牛源，译.敦煌研究，2013（4）：33-41，129-130.

的毗沙门天王已存在于莫高窟，另有学者认为兜跋毗沙门天王像在隋前已存在于西域，早在北魏东阳元荣时期已经传入中原❶❷，但该样式未能在当时的敦煌莫高窟广泛使用。对襟型长甲迟至中唐时期大量流行的原因可推断为两点：一是毗沙门天王信仰的崛起，使其成为朝野上下信众的礼佛、祈愿的重要神祇，多被单独造像供奉；二是至中唐吐蕃入侵后，吐蕃占领敦煌，同时也占据于阗地区，因此促进这片区域内的文化、信仰、图像粉本的广泛交流。异族的文化统治打破了传统汉文化的格局，并造成了不同地域文化之间的互动，莫高窟对于外来文化呈现愈加包容的态度，使其际遇了新一轮的文化、宗教的交融与碰撞。

四、盛唐至中唐对襟型长甲的转变

中唐第154窟被认为是吐蕃统治时期的代表性洞窟，具有突出的历史研究价值❸。位于主室南壁西端的两组毗沙门天王为学界所广为探讨与研究，如涉及吐蕃统治时期石窟艺术、天王画像画稿、敦煌于阗因素、敦煌石窟少数民族服饰、毗沙门天王造像、毗沙门天王信仰等专题时无不以此为例。南壁西端下侧的对襟型长甲毗沙门天王的具体特征如前文所述，在此不作具体展开。

此处需要对窟内经变画中的一处小型跪姿毗沙门天王像展开比较研究。前文在探讨对襟型长甲始于盛唐时，以盛唐第148窟《大般涅槃经》局部的一尊小型跪姿毗沙门天王像为例。在中唐第154窟金光明最胜王经变中也出现了相似的小型跪姿毗沙门天王像，二者从整体上看十分相似，但在面容特征、服饰细节、跪姿动作等方面发生了变化，从二者的演变过程中可窥见莫高窟在不同的时代对于外来文化的吸收与运用（图3-8）。

第一，在面容特征方面，盛唐第148窟的毗沙门天王乌发乌眼，眼形细长，鼻梁扁平，颧骨较低，嘴唇上方蓄着两撇小胡子，面部线条平缓，为典型汉人样貌。中唐第154窟的毗沙门天王则眉弓突出，鼻梁高耸，面部线条凹凸具有胡人的容貌特征。

第二，盛唐第148窟的毗沙门天王，头戴三面宝冠，左手托

（a）莫高窟盛唐第148窟西壁南端《大般涅槃经》局部（摘自《敦煌石窟全集7：法华经画卷》图144）

（b）莫高窟中唐第154窟东壁门金光明最胜王经变局部（摘自《敦煌吐蕃时期毗沙门天王像考察》图33）

图3-8 盛唐至中唐对襟型长甲毗沙门天王像

---
❶ 朱刚. 毗沙门天王崇拜源流及其造像艺术[J]. 新国学, 2006, 6（1）: 68-88.
❷ 夏广兴. 毗沙门天王信仰在中国古代社会的流播与影响[J]. 上海师范大学学报（哲学社会科学版）, 2017, 46（6）: 135-142.
❸ 沙武田. 莫高窟吐蕃期洞窟第154窟: 主尊彩塑造像的性质与定名考[J]. 装饰, 2010（4）: 52-56.

塔、右手执戟，身穿对襟甲衣，前门襟附有4个短皮襻，束腰，腰间横挂弯刀。中唐第154窟的毗沙门天王在甲衣形制上与前者相似，但双肩出现尖角状肩饰，胸前穿戴X型圆护胸带。

第三，在跪姿动作方面，盛唐第148窟的毗沙门天王表现为汉式双膝着地的跪坐姿势，而中唐第154窟的毗沙门天王则呈现单膝着地的胡跪。

中唐第154窟东壁门金光明最胜王经变中，主尊两旁的毗沙门天王和诸菩萨、天龙八部等神祇一并采用单膝着地的跪姿，画面左侧呈右膝跪地，画面右侧则为左膝跪地。此类跪姿称为"胡跪"，又名"互跪"，起源于古印度，根据《高僧传·卷九·神异上·耆域传》记述，来自天竺的耆域高僧："以晋惠之末至于洛阳，诸道人悉为作礼，域胡跪，晏然不动容色。"[1]另《一切经音义》卷三十六："胡跪，逵苇反，右膝着地，竖左膝危坐，或云互跪也。""胡跪"作为一种礼仪形式随着佛教东传进入中土，在佛教语境中使用甚多。在莫高窟早期佛教造像中已经出现，诸如十六国时期的第268、第275窟，西魏第285等窟绘有呈胡跪姿势的供养菩萨像，在北魏洞窟第254、第257、第259等窟的中心柱上装饰有胡跪姿势的供养菩萨像影塑。关于北凉、北朝时期莫高窟佛教造像中的胡跪形象在俄玉楠的论文中有详细的考察[2]，莫高窟早期出现的胡跪形象的身份和造像模式较为固定，多为供养菩萨，位于龛像外围，以映衬佛法庄严的肃穆场景。

在魏晋南北朝中原地区出土的画像砖、陶俑中常见席地跪坐或跪坐于床榻上的人物，这一汉地传统的礼仪规范伴随着佛教的本土化出现在壁画之中。据笔者实地考察与文献研究发现，自隋朝起至盛唐，双膝跪地的汉式跪姿已显现于壁画中且数量逐渐增多，在众多赴会听法、礼拜祈福、涅槃致哀等场景中，均可见到呈跪坐姿势的菩萨、诸天、天龙八部、世俗人物等[3]。如盛唐第148窟局部壁画中的毗沙门天王的跪坐姿势，正在表现以毗沙门天王为首的诸鬼神王双膝跪地对释迦牟尼进行最后的供养。跪坐的传统习俗要求在传法授教、宴请宾客、集会等场景中，行礼者需双膝跪地，臀部压坐于后足之上[4]。

然而，中唐吐蕃统治时期的洞窟内，呈胡跪姿势的信众数量增多，如第231窟主室东壁门上阴伯伦夫妇画像，二者手捧香炉，相对胡跪供养；敦煌画稿P.t.2224彩绘了一尊毗沙门天王像（下半部残毁），其身旁有一小身吐蕃装供养人，供养人手持长柄香炉胡跪供养；第225窟东壁吐蕃装供养人捧香胡跪，榜题"佛弟子王沙奴敬画千佛六百一十躯一心供养"，另外在中唐第202窟南壁弥勒经变，第186窟窟顶南披弥勒三会，第231窟北壁药师经变，第358东壁门北如意轮观音经变等经变画中也大量出现胡跪信众。

以上关于敦煌莫高窟信众跪姿的简略讨论，大致可以摸索出以"胡跪"为代表的外来文化

---

[1] 释慧皎. 高僧传·卷九·神异上·耆域传[M]. 汤用彤，校注. 北京：中华书局，1992：364.
[2] 俄玉楠. 甘肃省博物馆藏北朝石刻造像研究[D]. 兰州：兰州大学，2014.
[3] 如盛唐第66窟、第217窟十六观中的韦提希夫人；盛唐第31窟顶西坡《见宝塔品》"虚空会"的一对世俗男女供养人，相对跪坐；盛唐第39窟西壁龛内佛母摩耶夫人与三位天女惊悉佛陀涅槃，呈跪坐姿势乘云而行；盛唐第148窟西壁停棺致哀画面中的跪坐信众；盛唐第45窟南壁观音经变中观音现身说法，周围男女信众跪坐听法等。
[4] 陈筱娇. 中国古代设计中的"胡化"与汉胡融合现象研究[D]. 南京：南京艺术学院，2018：329-332.

在早期至中唐时期的莫高窟壁画中的发展情况，早期莫高窟对外来的"胡跪"姿势持兼收并蓄的态度，大量表现在造像之中。隋朝后，汉人信众和画匠不断地将汉文化元素融入佛教艺术，其中就包括双膝跪地的跪坐姿势。而从盛唐第148窟到中唐第154窟毗沙门天王的跪姿的转变以及胡跪信众形象增多的现象，表明随着吐蕃势力在敦煌的强盛，随之而来的外来文化再次冲击着莫高窟，使得外来文化在此时期的造像艺术中多有表现。

综上，从三个方面分析了由盛唐至中唐经变画中对襟型长甲毗沙门天王像发生的主要变化。虽然从整体来看，中唐洞窟的艺术风格仍是以唐风为主，但不可否认在毗沙门天王的造像方面，外来文化处于异族统治的强势地位，为中唐时期莫高窟石窟艺术留下深深的烙印。

五、对襟型长甲的由来

（一）对襟型长甲的相关研究情况

在吐蕃统治敦煌这一特殊的时代背景下，充满异域风情的对襟型长甲毗沙门天王在石窟中展露。因其出现的数量较多，而备受学界的关注。虽然莫高窟对襟型长甲毗沙门天王被认为与于阗关系密切，但关于其甲胄文化属性问题的讨论，从20世纪20年代一直持续至今，学界通过对甲衣、甲片、佩刀等服饰器物的分析，主要关注吐蕃和西域两个方向，也有学者认为其服饰来自犍陀罗或中亚片治肯特等地区（表3-6）。

表3-6 对襟型长甲由来的主流观点整理表

观点	出处
源自吐蕃	2006年，沙武田认为第154窟毗沙门天王穿着吐蕃武士长甲，悬挂吐蕃弯刀[1][2]
	2008年，谢继胜指出吐蕃武士戎装以及藏传佛教美术对吐蕃占领敦煌时期的毗沙门天王造像有重大影响，对襟型长甲毗沙门天王产生于中唐吐蕃统治时期，和吐蕃在敦煌、于阗的统治、社会生活有着密切的联系。其造像是吐蕃武士的现实写照，天王身穿吐蕃连身铠甲，腰间佩戴藏式弯刀，此类甲衣在大昭寺壁画、西藏出土文物中均可观察到[3]
	2009年，谢静的博士论文《敦煌石窟中的少数民族服饰研究》[4]，将中唐时期毗沙门天王所穿铠甲归为吐蕃服饰
	2011年，李翎从两个方面阐述中唐时期毗沙门天王像可能来自吐蕃而不是中亚的原因。其一，"兜跋"一词的发音近似于"吐蕃"，因此"兜跋毗沙门天王"可能为"吐蕃毗沙门天王"；其二，毗沙门天王手持宝鼠的财神属性，是藏传佛教信仰中重要的标志[5]
源自西域	1930年，日本学者源丰宗指出具有兜跋毗沙门天王主要特征的这类天王起源于于阗，其服饰与龟兹壁画中的武士几乎一致[6]

---

[1] 沙武田. 敦煌石窟于阗国王画像研究[J]. 新疆师范大学学报（哲学社会科学版），2006（4）：22-30.
[2] 沙武田. 吐蕃统治时期敦煌石窟研究[M]. 北京：中国社会科学出版社，2013：47.
[3] 谢继胜. 榆林窟15窟天王像与吐蕃天王图像演变分析[J]. 装饰，2008（6）：54-59.
[4] 谢静. 敦煌石窟中的少数民族服饰研究[D]. 北京：清华大学，2009.
[5] 李翎. 毗沙门图像辨识：以榆林25窟前室毗沙门天组合图像的认识为中心[J]. 故宫学刊，2011（1）：180-194.
[6] 源丰宗. 兜跋毗沙门天像的起源[J]. 佛教美术，1930.

观点	出处
源自西域	1936年，日本学者松本文三郎提出兜跋毗沙门天王甲胄样式和犍陀罗地区出土的月氏迦腻色伽王货币颇为相似，认为两者有一定关联[1]
	2006年《毗沙门天王崇拜源流及其造像艺术》[2]认为敦煌的毗沙门天王信仰早在北魏东阳王元荣时期就开始倡导，此期间多为侍从天王，直至中唐，吐蕃占领敦煌、于阗，"兜跋毗沙门天"与其和舍利弗决海的故事才在莫高窟被大量绘制（p.4514/p.4518/p.4524），认为敦煌展现的图像塑像资料可以证明"兜跋毗沙门天"形象来自于阗
	2012年《敦煌兜跋毗沙门天王像刍议》[3]认为长身铠甲受到西域文化影响的可能性更大，列举了克孜尔石窟中武士和龙王像、七个星佛寺武士泥塑，同时也提出了吐蕃和西域长身铠甲同源的可能性
	2013年，佐藤有希子认为中唐时期毗沙门天王的长甲裙来自西域，日本学者田边胜美指出长下摆的札甲为西域的传统形制[4]。吐蕃在统治西域时吸收了这种长甲制，并用于毗沙门天王的图像创作中。除了吐蕃因素之外，中原信仰的因素也掺杂其中，玄宗之后，被密教吸收，形成了新的流行样式
	2018年《唐代横刀研究》[5]提及敦煌中唐第154窟毗沙门天王所配横刀样式，为古文献中出现的"吴钩"，与中亚地区武士配刀类似
	2019年《从敦煌毗沙门天王看唐、吐蕃甲胄》[6]提出天王裙甲部分的"如意云头"甲片来源于粟特武士，丹丹乌里克、片治肯特等地的武士造像中出现多例曲边甲片，在西藏古格地区也有少量出土，说明来自西域的曲边甲片对中原以及吐蕃地区的甲片产生深远影响

以上总结为目前学界从考古学、图像学、宗教学等多学科及角度对对襟型长甲毗沙门天王服饰由来的主流解析。

其中，谢继胜、沙武田等学者认同对襟型长甲来自吐蕃。由于此样式的毗沙门天王在中唐时期大量出现，而在中唐之前鲜见，许多学者在研究之初已默认"对襟型长甲"为中唐新产生的天王造像样式，进而将其服饰的文化属性与吐蕃文化的影响联系在一起，这是存在局限性的（对襟型长甲传入敦煌的时间前文已说明）。在沙武田撰写的《吐蕃统治时期敦煌石窟研究》一书中，当探讨吐蕃时期的重构图像时，提及一批造像特殊的毗沙门天王像，以中唐第154窟最为著名，文中描述窟内毗沙门天王穿着吐蕃长甲[7]，并认为中唐时期敦煌汉人通过对毗沙门天王像的革新和改变，体现了对吐蕃统治的抵抗[8]。这个解释有些许牵强，作为战神的毗沙门天王信仰在中唐依旧崇盛，敦煌人民若对吐蕃的统治心存不满，定不会塑造一个敌对方形象的毗沙门天王在家族窟内供奉，因而笔者对"对襟型长甲毗沙门天王是吐蕃武士的现实写照"的观点持怀

---

[1] 松本文三郎. 兜跋毗沙门天考[J]. 金申，译. 敦煌研究，2003（5）：36-43，109.
[2] 朱刚. 毗沙门天王崇拜源流及其造像艺术[J]. 新国学，2006，6（1）：68-88.
[3] 彭杰. 敦煌兜跋毗沙门天王像刍议[C] //樊锦诗. 敦煌吐蕃统治时期石窟与藏传佛教艺术研究. 兰州：甘肃教育出版社，2012：399-408.
[4] 田边胜美. 毗沙门天像的诞生：丝绸之路的东西文化交流[M]. 日本：吉川弘文馆，1941.
[5] 夏超伦. 唐代横刀研究[D]. 上海：上海师范大学，2018：20-22.
[6] 龚剑. 从敦煌毗沙门天王看唐、吐蕃甲胄[J]. 收藏投资导刊，2019（7）：104-113.
[7] 沙武田学者并未发现第154窟南壁上下的毗沙门天王服装形制存在差异，他认为这上、下两铺壁画像和龛外彩塑毗沙门天王样式相同。但根据实地考察发现，第154窟南壁上侧为明光胸甲型长甲，下侧为对襟型长甲，彩塑为对襟型长甲。
[8] 沙武田. 吐蕃统治时期敦煌石窟研究[M]. 北京：中国社会科学出版社，2013：49.

疑态度。另外，李翎的两个观点仍值得推敲。李翎在松本文三郎的研究基础上提出了"兜跋毗沙门天王"可能为"吐蕃毗沙门天王"的假设。学界对于"兜跋"一词的考证有诸多不同的见解，在本书第三章第一节中有述，各位专家各持己见，至今未找到确凿的史料可以证实"兜跋"的含义。李翎提出的第二个关于"毗沙门天王手持宝鼠的财神属性是借鉴了藏传佛教的造像"的观点，主要针对的是榆林窟第15窟北壁的多闻天王，此铺天王造像实属罕见，游戏坐姿坐于须弥座上，上身赤裸，左手握宝鼠、右手执棒，诸多专家对于此铺神祇进行了专题研究，认为这是藏传佛教毗沙门天王演变的一处特例❶。而敦煌中唐时期主要流行的对襟型长甲、W胸甲型长甲和明光胸甲型长甲造像未出现宝鼠元素，若将这些样式的毗沙门天王服饰主要归因于吐蕃的影响，则有失偏颇。充满异域风情的对襟型长甲戎装的甲胄形制、材质、穿戴方式等由来问题，值得进一步探究。

（二）西域地区的对襟型长甲

根据现有披露资料，发现西域的对襟型长甲主要集中出现在七个星、于阗出土的泥塑武士像身上，在出土文物中还包括制作的模具，说明当时工匠可通过模具制作一批批相似的灰泥武士像（图3-9）。

萨珊式带耳翼头盔为西域对襟型长甲主要的帽饰。西域对襟型长甲领口的形状与莫高窟对襟型长甲领口形状十分接近，领子在左右的锁骨位置，各向外凸出一个折角。若仔细观察，此折角领型与西域民族胡服的翻领结构不同，并不是衣领外翻所致，应是一种特定形状的领口。西域对襟型长甲未配备专门胸甲，多数武士甲衣整体排布统一的甲片，甲片的形状特殊，呈"ε"形曲边，每片甲片上有纵向两个小系带孔，以示铆钉或绑带穿过的孔。甲片横向叠压为一组单位，上下每组之间有

图3-9 西域对襟型长甲制作模具
（源自德国德累斯顿民族学博物馆藏）

分隔，如此纵向编缀形成整体长甲衣。部分西域对襟型长甲肩部配备披膊，披膊外围装饰花边，甲衣的袖子长至手肘位置，袪口处打褶［图3-10（b）~（d）］。甲衣腰部束带，腰部以下甲裙宽大。甲裙底摆处一截褶皱的面料，有的表现为与甲衣一体，有的则表现为与之分离，似乎是内袍长过甲衣而露出一截的效果。武士足穿无装饰的长靴，手以持长矛和盾牌为主。

在斯坦因于焉耆明屋遗址西北部拍摄的一张浮雕和壁画的照片中，可看到木质框架上的方形孔洞，部分孔还保留着突出的檐口，表面有一排小钉子留下的孔，这些小钉子是用来将武士塑像等人物固定在墙壁的木质框架上，这些武士也许是马拉军队的士兵❷。斯坦因在其中一个武

---

❶ 谢继胜. 榆林窟15窟天王像与吐蕃天王图像演变分析[J]. 装饰, 2008（6）: 54-59.
❷ 奥雷尔·斯坦因. 西域考古图记: 第三卷[M]. 中国社会科学院考古研究所, 译. 桂林: 广西师范大学出版社, 1998.

士的条目中对他的外表、装备和整体着色状况做了详细的描述，武士面部有向上高高拱起的眉毛，眉毛在内眼角处往下，在额头上形成纵向的皱纹，示人以凶狠的神情［图3-10（a）］。眉毛、眼睛和胡子为黑色，嘴唇被涂以深红色，面颊晕染红色。头盔常被涂成绿色或者红色，在前中处有凸出的护鼻，部分头盔带有耳翼。武士身穿着一件长甲衣并布满甲片，甲衣领子在左右的锁骨位置向外凸出形成折角，衣领下红色双股绳束紧门襟。甲片呈"ε"形排列成行，每行甲片之间有分隔。每行的颜色为红色，或绿色，或镀金，颜色通常交替出现。腰带为一条双股红色的绳，下面挂一块方形的鹘尾（多数西域对襟型长甲武士像没有这块鹘尾），鹘尾表面有三行编织的甲片。甲衣从材质和衣型上看，为上下连体，腰部以下甲裙宽大，甲裙末端拼接一截褶皱底摆。武士手持一长矛和一圆形盾牌，盾牌上有五个凸起，被认为是波斯—古印度样式❶。

丹丹乌里克寺院遗址的东南角树立的一尊毗沙门天王塑像，根据斯坦因拍摄的照片及其著作记载❷，此尊塑像除了头部和左臂外，其他部分保存完整［图3-10（f）］。毗沙门天王身穿一

（a）出土于焉耆明屋寺院（摘自《西域考古图记》CXXXV）

（b）出土于七个星，约8世纪（摘自《中亚艺术与文化史图鉴》图67）

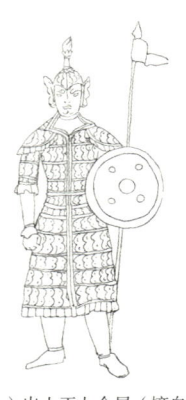

（c）出土于七个星（摘自《俄罗斯国立艾尔米塔什博物馆藏锡克沁艺术品》p315）

（d）出土于七个星，德国德累斯顿民族学博物馆藏

（e）出土于七个星（摘自《俄罗斯国立艾尔米塔什博物馆藏锡克沁艺术品》p387）

（f）发现于于阗丹丹乌里克寺院遗址（摘自斯坦因《古代和田：中国新疆考古发掘的详细报告》vol.2）

（g）出土于七个星（摘自《俄罗斯国立艾尔米塔什博物馆藏锡克沁艺术品》p388）

图3-10 西域地区的对襟型长甲整理图

---

❶ 阿尔伯特·冯·勒克科. 中亚艺术与文化史图鉴[M]. 赵崇民，巫新华，译. 北京：中国人民大学出版社，2005：105.
❷ 奥雷尔·斯坦因. 西域考古图记：第二卷[M]. 中国社会科学院考古研究所，译. 桂林：广西师范大学出版社，1998.

件长至膝盖以下的长甲衣,甲衣表面雕刻着精致的甲片。腰部以上的甲片呈鱼鳞形状,圆弧朝上排列以竖排方式相互重叠,腰带由多个圆盘组成,在龟兹石窟壁画的世俗人物腰部常见此类腰带,相似的腰带也可见于粟特、贵霜壁画和萨珊银盘中,此类饰物应参照了当时的贵族服饰,在阿富汗蒂拉丘地(Tillya-tepe)墓地的第4号坟墓中有相关实物出土(图3-11)。在腰带之下有一块方形的鹘尾,鹘尾表面为朝下的鳞甲,与上身鳞甲方向相反。而腰部以下的甲片呈"ε"形水平排列编织,塑像明确地展示了一块甲片通过双铆钉(或绑带)的连接方式叠压另一块甲片。甲衣的门襟和下摆有连续的立体圆形装饰物,或为珠宝饰品。甲衣末端拼接一截褶皱底摆,或底摆下露出一截褶皱的内袍。天王的右臂似乎穿着贴身的袖子,但大部分灰泥表面的涂层已经剥落。右手放在腰上,手里拿着一个袋状物,有学者认为该物为钱袋,继承了古印度俱毗罗的持物❶。天王脚穿一双浅红棕色的靴子,站立于一个倒地且面目狰狞的小鬼身上。

综上分析可知,集中出土于七个星、于阗的西域对襟型长甲在戎装廓型、折角领型、手肘袖子袪口、鹘尾、甲裙褶皱底摆、靴型、足尖朝外的站姿等诸多细节上均与敦煌对襟型长甲毗沙门天王呈现较高的一致性。

图3-11 贵霜圆盘腰带
(摘自《亚洲游牧民族的腰带》图版XVI)

六、中亚、西亚6—9世纪戎装的交融

(一)吐蕃长甲

谢继胜曾指出莫高窟中唐出现的毗沙门天王像是吐蕃武士的现实写照。此类甲衣在大昭寺壁画、西藏出土文物中可观察到❷。拉萨大昭寺存吐蕃时期壁画武士像一铺,可一窥吐蕃长甲的风貌[图3-12(a)]。上半身甲衣被绘制成对襟样式,腰部用以腰带束缚,甲裙较长,甲裙底摆与披膊边缘均为装饰宝相花纹样的织锦。

由于自然环境、朝代更迭、战乱等因素,使大量的甲胄未能存留至今,而西藏地区尚存诸多15—17世纪保存尚好的对襟型长甲实例。鉴于此类甲胄在广泛的地理区域内被长期使用,分析15—17世纪的西藏甲胄实物对于理解中唐吐蕃时期的长甲有重要的借鉴意义。

15—17世纪西藏遗存的长甲衣有几个明显的特点。头盔通常由8个拱形的铁板通过皮带连接组成(也存在16块铁板的例子)。头盔顶部有根凸起的小柱子,此特征与波斯耳翼头盔相似。甲衣的主体为对襟无袖长袍的形式(有少数长袖与带披膊的案例)。甲衣由一排排重叠的长条片状甲片用皮绳编缀而成。在藏语中,这些片状甲片被称为"byang bu",泛指小标签、卡片或长方

---

❶ 张聪. 中国佛教二十诸天图像研究[D]. 南京:南京艺术学院, 2018: 144.
❷ 谢继胜. 榆林窟15窟天王像与吐蕃天王图像演变分析[J]. 装饰, 2008(6): 54-59.

形的扁平物体。片状的甲片或鳞甲，在东亚至欧洲的广泛地区有着极其悠久的历史。甲片由铁制成，有些甲片保留着天然的银色光泽，而有些则呈赤褐色，甲片通常在顶部呈拱形，编缀排列时拱形端朝上。每个甲片上有6~13个不等数量的系带孔，其数量取决于甲片的大小、类型，有时还取决于它所在的位置。长甲衣通常由12~14行甲片编缀的横排单位组成，从衣领往下5~6行的位置通常是甲衣的腰部，腰部有收腰的效果，通常再配以腰带用于束缚。甲裙由腰至底摆的围度随逐行横向甲片的增加而加宽。甲裙的底摆或披膊的边缘由丝织锦缎或皮料制成，大多数现存的甲衣在裙底由两层皮革拼接。内层是由整条皮革制成，而外层则覆盖被切割成一块块矩形的皮料。

苏格兰国家博物馆藏的此款长甲为少见的长袖西藏甲胄案例，根据C-14以及类型对比，此套长甲衣应制作于15—17世纪［图3-12（b）］。头盔由8块弯曲的铁板重叠拼装而成，头盔的左右和后侧悬挂脸颊与颈部的防御。长甲衣为对襟式，因破损而没有明显的领子，有完整的肩部和长袖，袖子延伸到手背和指尖的位置，手部的袖子内部有指环的遗迹。甲片较小，前片有31行横排单位（后背30行）。❶多数甲片有9个系带孔，但孔的数量和片状物的大小根据衣服的位置略有不同。每行横排单位的甲片从前门襟处向左、向右叠压，在后片中心处连接。甲裙从腰部至下摆逐渐加宽。围绕裙子底部的底摆由两层皮革制成，上层为被分割成一块块矩形的形状。

大英博物馆藏有一套15—16世纪的西藏甲胄案例［图3-12（c）］。头盔由16块弯曲的铁板重叠拼装而成。长甲衣为对襟圆领样式，领部由皮革条或布条翻卷堆积而成。长甲衣前片有14

（a）拉萨大昭寺吐蕃时期武士壁画像（陈宗烈 摄）　　（b）西藏长甲，15—17世纪，苏格兰国家博物馆藏（摘自《喜马拉雅勇士：重新发现西藏的武器和盔甲》p55）　　（c）西藏长甲，15—16世纪，大英博物馆藏（源自大英博物馆网站）

图3-12　西域长甲壁画与出土实物

---

❶ 拉罗卡.喜马拉雅勇士：重新发现西藏的武器和盔甲[M].纽约：大都会艺术博物馆，2006：54-56.

行横排单位,后部有15行。腰部位于第6行,腰部以下的甲裙摆围逐渐增加。上半身的甲片较腰部以下的甲片稍大,多数甲片表面有12个系带孔。肩部的披膊由14行横排单位组成,甲片尺寸较小,圆头朝上排列,有9个系带孔。披膊底排有一块皮革制成的长方形缘边,用绿色布条镶边,以皮革或亚麻布为底。同样材质的面料也被连接在甲裙下摆处,再往下则拼接被分割成矩形的皮革条。

在诸多西藏出土的文物中,大都会艺术博物馆收藏了一件制作于15—17世纪由"ε"形甲片组成的护具。根据护具的形状,被认为用于膝盖部位的防护❶。在维多利亚和阿尔伯特博物馆也存有一件在材料、结构和甲片构造等方面与其相似的护具,这两件护具可能产自相近的时间和地区。此件大都会博物馆护具的甲片无论是形状还是排列方式,均与前文所提及的壁画和塑像中的"ε"形甲片极为相似,很可能在中唐时期的军用装备中就已存在此形状的甲片,被画匠借鉴并用于艺术创作。若仔细观察此件护具甲片的形状,可发现由于皮条穿过系带孔遮挡甲片两端,中间裸露的部分呈"ε"形,而完整的甲片面积则更大,每个甲片有2个系带孔,整体形状如图3-13所示。

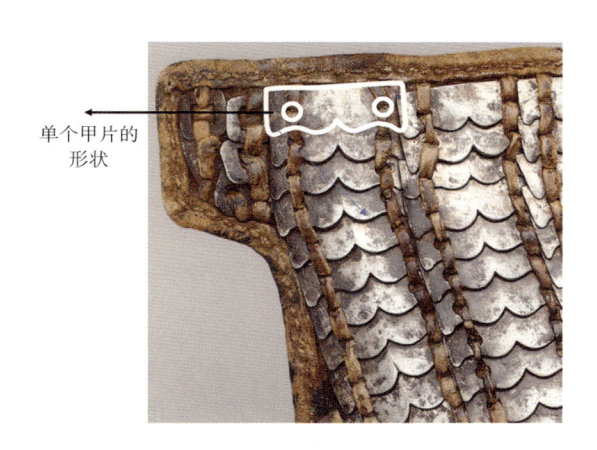

图3-13 西藏膝部防护案例与"ε"形甲片(源自大都会艺术博物馆网站)

吐蕃时期拉萨大昭寺的壁画武士与15—17世纪出土的长甲,从服饰形制上较为相似,具体表现在头盔、甲衣甲片、袖口裙摆镶边等处。这说明此类长甲衣在很长一段时间内保持了相对固定的廓型并在西藏及周边地区广为流行。而敦煌及西域艺术中多有表现的"ε"形曲边甲片,在西藏地区出现出土实物,则可肯定西藏和西域之间在军事服饰上的交流与互动。

(二)中亚粟特长甲

片治肯特地区壁画所描绘的粟特武士常身穿长甲,第六号遗址55室北墙的武士头盔后垂坠环链状的链甲,披盖至肩部位置,壁画清楚地交代了环状物的交织结构,每个环形结构都与相邻的4个环形结构相连,环状物一个接一个,几乎不留缝隙,密集的编织是粟特人链甲环形结构的特

---

❶ 拉罗卡.喜马拉雅勇士:重新发现西藏的武器和盔甲[M].纽约:大都会艺术博物馆,2006:139.

点［图3-14（a）(b)］。链甲除了垂坠在头盔后部防护颈部外，还出现在粟特武士铠甲的前胸、手臂、小腿等处，如第六号遗址1室南墙壁画的武士［图3-14（c）］。在片治肯特的挖掘过程中，在8世纪的地层中发现了17处完整交错在一起和零散的铁链环，出土的铁链环实物也证实了壁画链甲的真实性。相似的链状物编织方式在突厥人的墓葬中和萨珊王朝皇室的浮雕上也被反复描绘，甚至在莫高窟晚唐时期天王身上可见，但运用的面积不大，诸如晚唐第12窟毗沙门天王的鹘尾处。

（a）片治肯特第六号遗址55室北墙的武士

（b）粟特银盘（约7世纪）

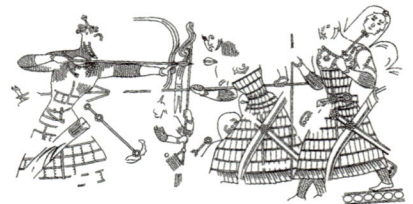

（c）片治肯特第六号遗址1室南墙壁画（源自塔吉克斯坦国家古文物博物馆藏）

图3-14　粟特武士长甲

由甲片制成的长甲衣是粟特武士重要的保护性盔甲。从第六号遗址55室北墙的武士可观察到甲衣的胸部位置覆盖团卷草纹图案，颈间挂有一串珠宝项链。武士左肩有黄色火焰，肩膀防护为兽首含臂（兽首为黄色），根据程雅娟的研究，认为此兽首为犬，起源于中亚祆教犬神的崇拜❶。长甲衣胸部图案位置之下均覆盖甲片，粟特长甲衣的甲片较长且一侧有两个半圆形的突起，如前文提及的"ε"形，一片压过一片，由带子穿过甲片的系带孔绑扎形成一个横排单位。甲衣由蓝色和黄色的横排单位交替排列组成，部分武士的盔甲左右衣片的蓝色和黄色横排单位的位置不重合［图3-14（c）］。腰带为小圆盘串联样式，甲裙长且宽大。

7世纪末至8世纪初片治肯特壁画所反映的粟特甲胄，头盔顶部凸起，部分头盔后部编缀链甲。保护性铠甲包括片状或编织密集的链状盔甲，甲衣长至小腿中部。胸部和肩部通常由链甲保护，或覆盖皮革，皮革上常有丰富的装饰纹样，粟特武士的腿和胳膊由护胫和护腕保护。粟特武器装备的发展得益于城市手工业精湛的铸造工艺，而丝绸之路上的粟特商人与亚欧民族之间的商贸和文化联系，也促进其军戎装备的发展。

根据对西域、吐蕃、中亚等地对襟型长甲的分析，主要出土于七个星、于阗的西域对襟型长甲，在诸多细节上与敦煌对襟型长甲毗沙门天王呈现较高的相似性，西域对襟型长甲很可能

---

❶ 程雅娟. 从中亚"犬神"至中原"狻猊"：古代天王造像之"兽首吞臂"溯源与东传演变考[J]. 南京艺术学院学报（美术与设计），2017（5）：6-14，189.

是莫高窟对襟型长甲毗沙门天王造像的直接参考粉本之一。

此外，在6—9世纪的中亚、西亚大陆传播着相似的甚至是相同类型的戎装、装饰品和武器，特别是由长札甲编缀而成的具有收腰、宽裙摆廓型的长甲。这些服装和饰品的相似性、关联性以及传播方式至今仍吸引着专家学者的关注。不可否认莫高窟对襟型长甲与吐蕃长甲存在着相似性，对襟型长甲应杂糅了来自吐蕃、西域乃至中亚等多方面的因素，正如德国学者勒克科所言，这些相似的戎装可能由古代亚述长甲衣演变而来[1]。使这些戎装服饰产生相似性的主要原因可归于游牧部落的迁移、民族国家之间的战争、宗教文化的传播等。因此，这些物质文化并不是单一民族的标志，而是具有多元文化属性的结合体，并且是征战过程中优胜劣汰的产物，可以说对襟型长甲毗沙门天王是融合多元文化因子的综合产物。

第二节　W胸甲型长甲

W胸甲型长甲戎装是一类将长甲和"W"形胸甲相结合的样式。本节归纳整理了W胸甲型长甲毗沙门天王戎装的特征，发现W胸甲与莫高窟早期天王的胸甲、部分女性形象的胸衣在形制和艺术表达上十分相似，是莫高窟中唐时期当地工匠在外来画稿粉本的基础上，将长甲与前朝W胸甲融合的结果，并对此类胸甲、胸衣做了溯源探究。

一、W胸甲型长甲的特征

W胸甲型长甲是中唐时期将长甲与W胸甲相结合而形成的一类新的戎装（图3-15）。

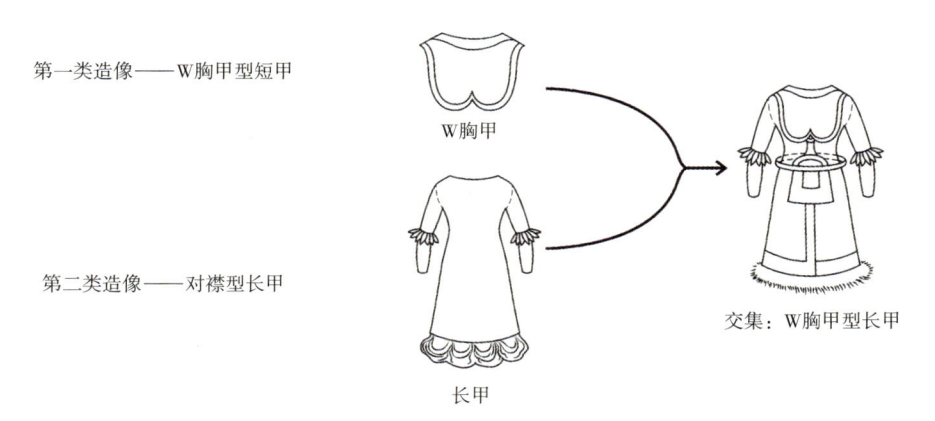

图3-15　两大天王造像体系演变成W胸甲型长甲图示

穿着W胸甲型长甲且单独成铺的毗沙门天王像在中唐数量较少，现存完好的仅有第384窟主室东壁门北侧一铺，为中唐时期绘制。以"W"形坎肩式胸甲为显著的特征，甲裙与对襟型长甲戎装相似，不见X型圆护胸带和尖角状肩饰。结合实地考察其形制和造型特点可参阅表3-7。

---

[1] 阿尔伯特·冯·勒克科. 中亚艺术与文化史图鉴[M]. 赵崇民，巫新华，译. 北京：中国人民大学出版社，2005：105.

表3-7　W胸甲型长甲特征整理表

序号	W胸甲型长甲特征
1	头戴三面宝冠
2	高髻披发，戴耳环
3	"W"形坎肩式胸甲
4	佩戴弯钩形顿项
5	腹部有圆形护腹
6	腰束革带
7	穿长甲裙，甲裙摆缘之下露出一截内袍底摆
8	穿长靴
9	甲片以鱼鳞甲和"如意云头"形长札甲为主
10	其造型特点为：站立式，左手托塔、右手执戟，第384窟脚下有小鬼双手托举

莫高窟中唐时期单独成铺的W胸甲型长甲毗沙门天王像位于第384窟内，第384窟为覆斗顶型，盛唐开始营建，至中唐完成，五代重修前室。在前室西壁门南北两侧存中唐绘制的南方和东方天王，主室东壁门北绘W胸甲型长甲毗沙门天王像，东壁门南存菩萨二身。该铺毗沙门天王像从整体上看与对襟型长甲较为相似，均穿着长甲裙，头戴宝冠、持戟托塔、双足被托举，但其胸甲样式及装身具发生了改变，胸甲的廓线呈圆滑的"W"形，如坎肩披挂在前胸，左右两片胸甲形如两水滴。此铺胸甲的缘边排列联珠纹，并在形如"两水滴"的胸甲内填充精美的卷草花卉纹样（图3-16）。

（a）戎装结构图以第384窟东壁门北侧毗沙门天王为例绘制

（b）盛唐第384窟主室东壁门北侧中唐绘毗沙门天王（左图摘自《敦煌石窟全集24·服饰画卷》图48/右图自绘）

图3-16　中唐W胸甲型长甲形制图

二、W胸甲型长甲与莫高窟早期天王戎装

根据莫高窟北魏至宋时期的天王戎装形制的梳理分析可知，W胸甲在莫高窟北魏时期已被运用于壁画类和彩塑类天王造像上，主要与短甲搭配出现，并且W胸甲为莫高窟现存最早的天王戎装胸甲样式（图3-17）。在莫高窟天王戎装的演变进程中，W胸甲相较于其他胸甲样式造像数量较少，隋代出现在第313窟主室东壁门北侧天王身上，盛唐在第45窟西龛内南侧彩塑天王的身上演绎，至中晚唐时期，多以小型天王出现在经变画中，如中唐第358窟主室东壁门南不空罥索观音经变中小型毗沙门天王，第148窟主室北壁龛内西披小型毗沙门天王，中唐第238主室北壁药师经变中一众天王，晚唐第14窟主室北壁千手钵文殊变中小型毗沙门天王等。晚唐第198窟主室西壁龛外两侧各绘二身天王，其中北侧二天王均穿着W胸甲型短甲戎装，南侧二天王则穿着明光胸甲型短甲，四天王胡跪向西龛内佛陀礼拜。

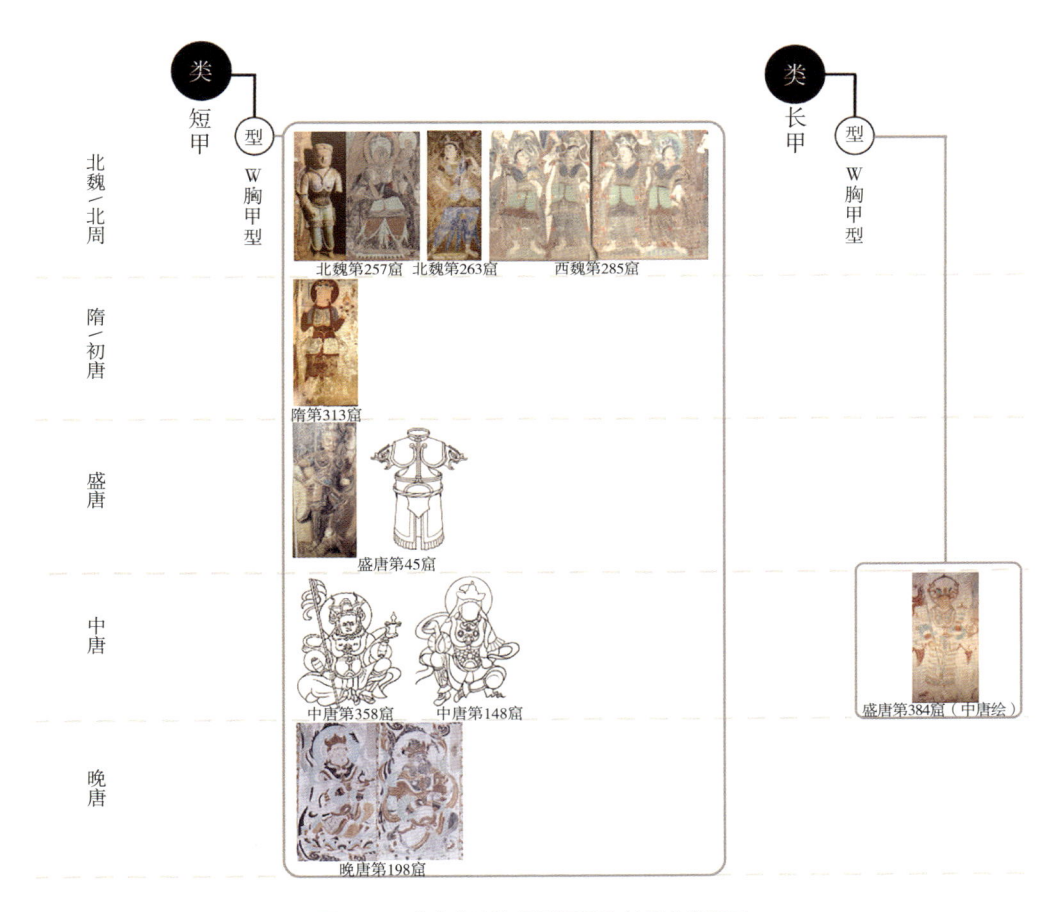

图3-17 莫高窟W胸甲型短甲和长甲分类图示

敦煌莫高窟天王造像始于北魏时期，可将北魏第257窟中心塔柱东向面龛外北侧的一尊视为莫高窟现存最早的彩塑天王（图3-18）。天王塑像体态接近犍陀罗风格，其冠饰顶部残缺，内着深色（或为变色所致）短袖紧身上衣，从塑像侧面观察，胸甲前片与后片未在侧缝处缝合，如坎肩一般披挂在身上，前胸处由一环扣系合，与盆领相连，胸甲单片呈水滴形，两片胸甲整体

来看形如"W"。天王手臂处环绕披帛，双手均残。下身着甲裙，甲裙下露出深色波浪打褶衬裙，衬裙内穿着长及脚踝的腰布❶，跣足。同窟南壁毗卢舍那佛旁的天王穿着相同形制的戎装，其头部冠饰绘白色的鸟，口缘处衔三角形物体。

　　西魏第285窟西壁绘制的四天王服饰在北魏戎装形制的基础上增添了更多细节。此窟根据题记，营建于西魏大统四年（538年），于主室西壁佛龛外南北两侧各绘制二天王。四天王均头戴菩萨冠饰，佩戴金色项饰，身环披帛，跣足，立于莲花座上。四天王旁各绘榜题，但文字漫漶，无法从文字上辨析身份。佛龛北侧南向北第一尊天王右手托一覆钵式塔，而其余三位天王手持长矛或长戟，根据图像志可基本判断托塔者为北方毗沙门天王。这应为敦煌莫高窟现存最早的可辨析毗沙门天王身份且有明确纪年的壁画四天王像。此窟四身天王均穿着W胸甲，整体戎装形制与第257窟彩塑天王相似。胸甲底色为石青色，在底色上用深色颜料绘有连续的圆圈，圆圈内有白点，似在表现圆形甲片。胸甲的"W"下缘由金色颜料作勾边处理，胸甲下穿着用交叉条纹表现的菱形格纹甲衣。天王穿着半袖，可见白色祛口。石绿色甲裙表面可观察到上端拱形的长条甲片。莫高窟早期天王戎装的甲裙较短，甲裙下摆位置处于膝盖之上，甲裙内层穿着腰布，此甲裙加腰布的搭配是受到犍陀罗艺术的影响，在犍陀罗时期的诸多片岩雕刻中，古印度式武士的下装表现为缠裹腰布外加甲裙且跣足的形象。

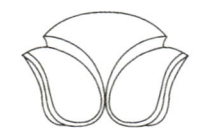

（a）莫高窟早期天王W胸甲

（b）莫高窟北魏第257窟彩塑天王 　（c）莫高窟北魏第257窟南壁天王 　（d）莫高窟北魏第263窟北壁  　（e）莫高窟西魏第285窟西壁四天王

图3-18　敦煌莫高窟北朝时期天王戎装形制

　　进入隋唐后，莫高窟天王造像增添中原流行的明光甲、裲裆甲等甲胄元素，该类W胸甲的数量便相继减少，但该胸甲并未被敦煌地区天王造像系统弃之，而是在演进的过程中更加精致华丽。如莫高窟盛唐时期第45窟西龛内南侧的彩塑天王，其胸甲的"W"形缘边被雕饰成植物藤

---

❶ 宁强. 敦煌石窟寺研究[M]. 兰州：甘肃人民美术出版社，2012：57.

蔓，胸甲内装饰精美的花卉。又如唐初（696年）沙州刺史李无亏墓的石门线雕，已有学者从胡人样貌、小弯刀、三叉戟的角度，提出该石墓门涉及丰富的中西文化交融的观点（图3-19）❶。其石墓门上左右各绘脚踩小鬼的天王像，左侧天王的戎装属明光胸甲型短甲，披膊为兽首含臂。右侧天王身着短甲裙，其胸甲为"W"形坎肩式，"W"形缘边与卷草纹样融合，对称地滋长出一些小藤芽，胸甲表面也装饰精美的植物花卉纹。至莫高窟中唐时期，该类胸甲与长甲结合，形成W胸甲型长甲。

三、西域地区的W胸甲型长甲

图3-19 沙州刺史李无亏石墓门

古龟兹国（库车）位于中国境内丝绸之路西段的中路上，多元的文化在龟兹交汇碰撞。佛教早在约1世纪经丝绸之路传入新疆龟兹并在此地生根发芽，《晋书·四夷传》有记载："龟兹国西去洛阳八千二百八十里，俗有城郭，其城三重，中有佛塔庙千所"❷，历代龟兹王室贵族对于开凿营建石窟及寺院极为重视，开凿了包括克孜尔、库木吐喇石窟在内的众多龟兹石窟。

西域W胸甲型长甲，集中出现在龟兹地区，常搭配宝冠或萨珊式耳翼头盔，其中佩戴耳翼头盔的人物以世俗武士为主，如泥塑武士、壁画《八王争舍利》中的国王等（图3-20）。西域W胸甲型长甲的领型结构高且形状似盆，盆领的边沿在锁骨的位置向前中靠拢，并向下成为甲衣的前门襟，通过带子穿过门襟上的孔来固定甲衣。胸甲位置前后布满菱形（或圆形）甲片，部分W胸甲在左右胸各有一个圆形胸护。甲裙长过膝盖，按甲片类型可分为横向排

图3-20 于阗出土的武士石膏范

布札甲的甲裙和菱形格纹甲裙两种。多数世俗人物的腰带由多个圆片组成，足穿长靴，佛国人物则由飘带束扎，跣足。

西域W胸甲的下轮廓线主要呈圆滑的"W"形，如出土于图木休克的武士像［图3-21（b）］、

---

❶ 尹夏清. 唐沙州刺史李无亏石墓门图像试析[J]. 敦煌学辑刊, 2006（1）: 63-68.
❷ 房玄龄, 等. 晋书[M]. 北京: 中华书局, 2003: 2543.

克孜尔石窟第189窟武士［图3-21（c）］、克孜尔石窟第14窟武士［图3-21（d）］、克孜尔石窟第224窟武士［图3-21（h）］等。

根据勒克科的考察著作❶，较为清晰地展现了克孜尔塑像窟出土的半身武士像胸甲的结构，此身武士像甲衣的前门襟处有七个洞眼，用于穿套皮条将甲衣束紧［图3-21（a）］。胸甲下轮廓线为一条模仿编织结构的宽缘，胸甲表面的甲片呈菱形，且在每个菱形甲片的左侧均绘一道白线，这道白线使甲片具有金属般反光的艺术效果，相似的甲片装饰效果在丰都基斯坦壁画日神身上亦可见。在左右胸甲和前中的位置，出现3个圆形装饰，无带状物将其相连，3个圆盘上装饰花型图案，花瓣为一圈联珠。此尊武士像的右臂在别处被发现，手臂并没有穿戴铠甲袖子，其前臂裸露且漆成白色，到肘部为止均表现为蓬松的红色织物，且有一道绿色装饰带。在末端突出了一块白色的"衬裙"，为半袖加祛口的结构，白色祛口呈精致的褶皱状。

克孜尔石窟第98窟，此窟营建年代约为5世纪❷，主室北壁因缘佛传图内一跪姿天王，虽然双手合十遮挡部分胸甲，仍可见其穿着W胸甲搭配盆领［图3-21（e）］。第175窟主室正壁的天王也表现了相似的胸甲，胸甲处绘有深色连续的圆圈甲片，圆圈内有白点，此细节与莫高窟西魏第285窟壁画四天王的胸甲甲片相似［图3-21（f）］。克孜尔画家窟第2号遗址，壁画绘于6—7世纪，展现了一群身穿西域W胸甲型长甲的骑兵［图3-21（g）］。部分骑兵以侧面像示人，从侧面可清晰地观察到盆领与甲衣的连接关系。壁画还展现了长甲甲片丰富的形状，如鱼鳞形、长条形、圆形、菱形等。克孜尔石窟第224窟左甬道内侧壁表现八王争夺佛陀舍利的情景，创作于6—7世纪［图3-21（h）］。画面中的八位国王穿戴一致，头戴萨珊式带耳翼头盔。胸甲部分似两个水滴形状拼接，胸甲表面绘制圆形的甲片，甲片为浅蓝色且由深蓝色颜料描边。整件长甲衣除胸甲和盆领外，由"ε"形曲边甲片编织而成，曲边甲片横向叠压组成一种颜色的横条，甲衣上共有黄、绿、蓝3种颜色的横条，各国王均佩戴由诸多大小一致的圆盘组成的腰带，如前文所述，该腰带应为当时流行的贵族配饰。

西域W胸甲型长甲，与莫高窟早期天王戎装以及中唐W胸甲型长甲有若干可比之处，在胸甲形制和艺术表达上有较高的相似度，其中莫高窟早期天王W胸甲与西域W胸甲相似度更高，都有高立的盆领。莫高窟的W胸甲在演变的过程中，愈加强调曲线美感和装饰性（图3-22）。

---

❶ 阿尔伯特·冯·勒克科.中亚艺术与文化史图鉴[M].赵崇民，巫新华，译.北京：中国人民大学出版社，2005：95.

❷ 关于克孜尔石窟的开凿年代和分期，一直是国内外学界研究和争论的问题。目前主要从洞窟形制、绘画题材、绘画风格、文字内容等方面考证归类。20世纪20年代德国学者阿尔伯特·格伦威德尔（A·Grünwedel）和阿尔伯特·冯·勒克科（Albert von Le Coq）均以绘画风格作为断代分期的依据，但两者对于画风所对应的年代有所分歧，勒克科认为第一种画风应迟至6—7世纪出现。1933年，恩斯特·瓦尔德施米特（Ernst Waldschmidt）通过克孜尔石窟古写文字体和绘画风格提出自己的分析观点。国内学者在20世纪20年代始也对克孜尔石窟做了全面的考察和研究，诸如60年代北京大学阎文儒先生、70年代末的宿白先生，通过考古学的方法，从历史背景、绘画风格、洞窟形制、壁画内容等方面提出分期判断。新疆龟兹石窟研究所依据多年的勘探、挖掘调研资料和集合国内外学者的学术研究成果，参考部分C-14测定数据，在断代分期问题上取得新的观点，本书主要依据新疆龟兹石窟研究所的分析标准。

(a) 克孜尔塑像窟，约700年（摘自《中亚与新疆古代晚期的佛教文物》）

(b) 发现于图木休克，6—7世纪（摘自《中亚艺术与文化史图鉴》图61）

(c) 克孜尔石窟第189窟，7—8世纪（摘自《中国新疆壁画全集3》图123）

(d) 克孜尔石窟第14窟，6—7世纪（摘自《中国新疆壁画全集2》图69）

(e) 克孜尔石窟第98窟主室北壁，约5世纪（摘自《中国石窟：克孜尔石窟》）

(f) 克孜尔石窟第175窟主室正壁，6—7世纪（摘自《中国石窟：克孜尔石窟》）

(g) 克孜尔画家窟第2号遗址，6—7世纪（摘自《中亚艺术与文化史图鉴》图50）

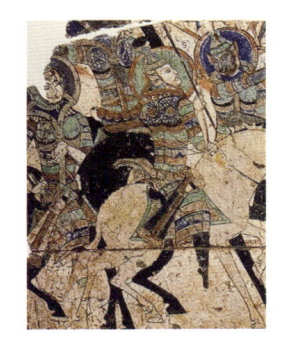

(h) 克孜尔石窟第224窟，6—7世纪（摘自《中国新疆壁画：龟兹》图85）

(i) 库木吐喇第34窟穹窿顶护法诸天，7—8世纪（摘自《库木吐喇石窟内容总录》图73）

(j) 库木吐喇第34窟穹窿顶护法诸天，7—8世纪（摘自《库木吐喇石窟内容总录》图73）

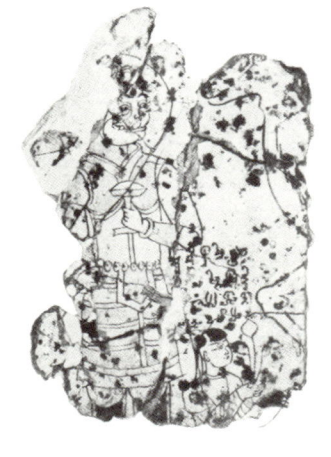

(k) 于阗喀达里克（Khadalik）遗址（摘自《西域考古图记》Ta.i.009）

图3-21 西域W胸甲型长甲

(a) 西域W胸甲（摘自《中国新疆壁画全集3》图123）　　(b) 莫高窟早期W胸甲（摘自《敦煌石窟全集8·塑像卷》图8）　　(c) 莫高窟中唐W胸甲（摘自《敦煌石窟全集24·服饰画卷》图48）

图3-22　西域与敦煌W胸甲对比图

需要指出的是，除莫高窟早期天王戎装外，在描绘九色鹿王本生（北魏第257窟）的王后、尸毗王本生（北魏第254窟）的外道魔女等女性形象时，其上衣形制与天王的W胸甲形制相似，有学者将此服饰称为"紧身胸衣"[1]。该类胸衣未排布甲片，而是在前胸两侧绘制对称的螺旋纹样。尔后随着佛教本土化的进程，这些女性形象的服饰逐渐转换成汉地的大袖裙襦。而中唐时期该类胸衣再次出现在莫高窟的艺术创作中，除W胸甲型长甲的天王外，在托举毗沙门天王的地神身上也多有表现[2]，还展现在晚唐五代时于阗瑞像、天女、菩萨的身上。陈粟裕在其专著中，将两铺千手千眼观音经变中的功德天服饰进行对比，一铺为盛唐第148窟，首次出现千手千眼观音经变，经变画中功德天服饰为菩萨装；另一铺为中唐第144窟，功德天变装为头冠盖巾，身穿"W"形胸衣，陈粟裕由此认为"W"形胸衣体现着于阗女性的服饰特征[3]。虽然该形制胸衣再次出现的时间和穿戴人物多与于阗有关，似乎暗示着此类胸衣可能为于阗的一类服饰，但是相似的胸衣在3—4世纪的克孜尔石窟已显现，并在6—8世纪的龟兹石窟壁画中普遍运用，如克孜尔尕哈石窟第14窟中龟兹王供养像脚下的地神，也穿着相似的胸衣。又如斯坦因在焉耆明屋寺发现的泥塑人像，立体地展现了该胸衣的轮廓和细节，胸衣表面布满纵向条纹，似在表现衣纹，由此推测莫高窟早期女性人物胸衣的螺旋纹理可能为风格化、装饰化的衣纹（图3-23）。

从上述内容梳理可发现，敦煌莫高窟早期天王戎装以及中唐W胸甲型长甲的胸甲，均有借鉴西域W胸甲的可能性。在中原接触佛教艺术的初期，人们对于佛教的认识仍处于被动吸收的初级阶段。一方面，借助外来传教者的解读才能理解佛教深奥的义理；另一方面，通过西域的佛教图像逐步形成对佛教的认知。形制相似的天王胸甲和女性胸衣在莫高窟北朝之后消沉了一段时

---

[1] 陈粟裕. 从于阗到敦煌：以唐宋时期图像的东传为中心[M]. 北京：方志出版社，2014：146.

[2] 如中唐第188窟主室东门北毗沙门天王足下、中唐第158窟西壁坛外北侧毗沙门天王足下、中唐第222窟主室西龛外南侧毗沙门天王足下等。

[3] 同[1]。

间，于中唐又出现在部分天王和女性人物身上，其中的缘由与该时期频繁的文化交流不无关系。中唐时期敦煌壁画中出现深目高鼻的天王形象以及凹凸晕染的绘画手法，应是出自西域画师之手，或者是出自以西域画师为主导的画匠团队❶。

（a）莫高窟北魏第257窟西壁九色鹿王本生中国王与王后（摘自《敦煌石窟全集》图39）

（b）莫高窟北魏第254窟北壁尸毗王本生中女眷（摘自《敦煌石窟全集》图32）

（c）莫高窟北魏第254窟南壁降魔成道、魔女诱惑（摘自《中国敦煌壁画全集1》图123）

（d）饰于焉耆明屋寺院墙上的人物泥塑残片（摘自斯坦因《西域考古记》CXXIII）

（e）莫高窟中唐第222窟毗沙门天王脚下地神

（f）莫高窟盛唐第123窟五代绘前室南壁菩萨

（g）莫高窟五代第98窟甬道南披于阗瑞像

（h）EO.1162天女（法国吉美博物馆藏）

（i）克孜尔石窟第48窟飞天，3—4世纪（摘自《中国新疆壁画全集1》图46）

（j）克孜尔尕哈石窟第14窟龟兹王供养像与地神，6—7世纪（摘自《中国新疆壁画全集5》图125）

（k）克孜尔石窟第80窟降伏六师外道的王后，6—7世纪（摘自《中国新疆壁画全集2》图161）

（l）库木吐喇石窟第34窟顶护法，7—8世纪（摘自《中国新疆壁画艺术：第四卷》图143）

图3-23 与天王胸甲相似的女性形象胸衣

---

❶ 马德. 敦煌古代工匠研究[M]. 北京：文物出版社，2018：188.

有学者曾提出地中海"肌肉胸甲"对汉地的铠甲有较为深刻的影响[1]。本文认为西域和莫高窟的W胸甲，可能借鉴地中海肌肉胸甲的形制，在其向东传播的过程中经过中亚、西亚工匠改良而成。肌肉胸甲（Muscle cuirass）是古希腊铠甲中典型的甲胄形式之一，最早可追溯至前7世纪[2]，它由两块仿照男性躯干肌肉结构的胸甲和背甲组成，通过链条和环扣的方式使前后相接。早期肌肉胸甲的刻绘并不写实，因底部边缘向外翻开，也被称为钟型胸甲（Bell cuirass）。肌肉的表现手法具有高度风格化的艺术特征，胸部肌肉由两条对称弯曲的线条表示。图3-24所示为出土于意大利武尔奇（Vulci）的一个陶器，陶器展现了特洛伊战争的场面[3]，古希腊英雄阿基里斯正用长矛刺向彭忒西勒亚的肩膀。阿基里斯所穿着的铠甲正是钟型胸甲，两组对称螺旋的曲线表现胸部，腹部的肌肉则由向上凸起的线条示意。前5世纪初，具有逼真解剖结构的肌肉胸甲在古希腊出现，学者哈格曼（Hagemann）明确了古希腊胸甲的发展过程，即从古风时期的钟型胸甲向古典时期和希腊化时期的写实肌肉胸甲演变，并用雕塑中解剖学的发展来解释雕刻肌肉结构手法的进步。前4世纪，亚历山大和军队对波斯等国进行征伐，客观上促进了东西方文化的交流与融合，其中古希腊肌肉胸甲所展现的健美身材，为中亚人喜爱。然而，出于制

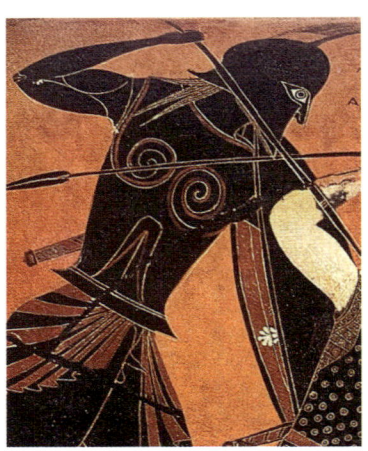

图3-24　出土于意大利武尔奇的陶器
（前6世纪，摘自《希腊艺术》图20）

作工艺的复杂，维护修理难度大，不便于调节尺寸等原因，中亚工匠更倾向于效仿钟型胸甲极具风格化的肌肉轮廓，模仿制作相似的平面胸甲，这类形式的胸甲随着战争、商贸又有不同的发展路径，也渐次影响了新疆、敦煌等地的相关壁画造像。

第三节　明光胸甲型长甲

中唐时期明光胸甲型长甲与W胸甲型长甲，都是莫高窟工匠在外来长甲的基础上与前朝流行的胸甲相结合的产物。这两类样式的演变与佛教东传的其他物证相似，同样具有本土化、世俗化发展的规律性。本节首先阐述莫高窟隋至盛唐戎装样式的发展情况，对明光胸甲形制的戎装进行详细的分类，发现明光胸甲型长甲是长甲与明光胸甲型Ⅲ式短甲融合的产物，并对明光胸

---

[1] 凯风. 中国甲胄[M]. 上海：上海古籍出版社，2006：94-95.
[2] 贾夫. 古希腊人体盔甲考古学 [M]. 罗瓦涅米：北芬兰历史学会，1995：17-19.
[3] 村田洁. 希腊之美[M]. 东京：学协研究社，1974：147.

甲型长甲在晚唐及唐后的发展加以阐述。

一、隋至盛唐的明光胸甲

根据"类—型—式"的分类方式，可观察到莫高窟北魏至盛唐的天王戎装以短甲为主，在短甲大类中，依据胸甲形制的区别，又可分为三型：W胸甲型、明光胸甲型和裲裆胸甲型（图3-25）。

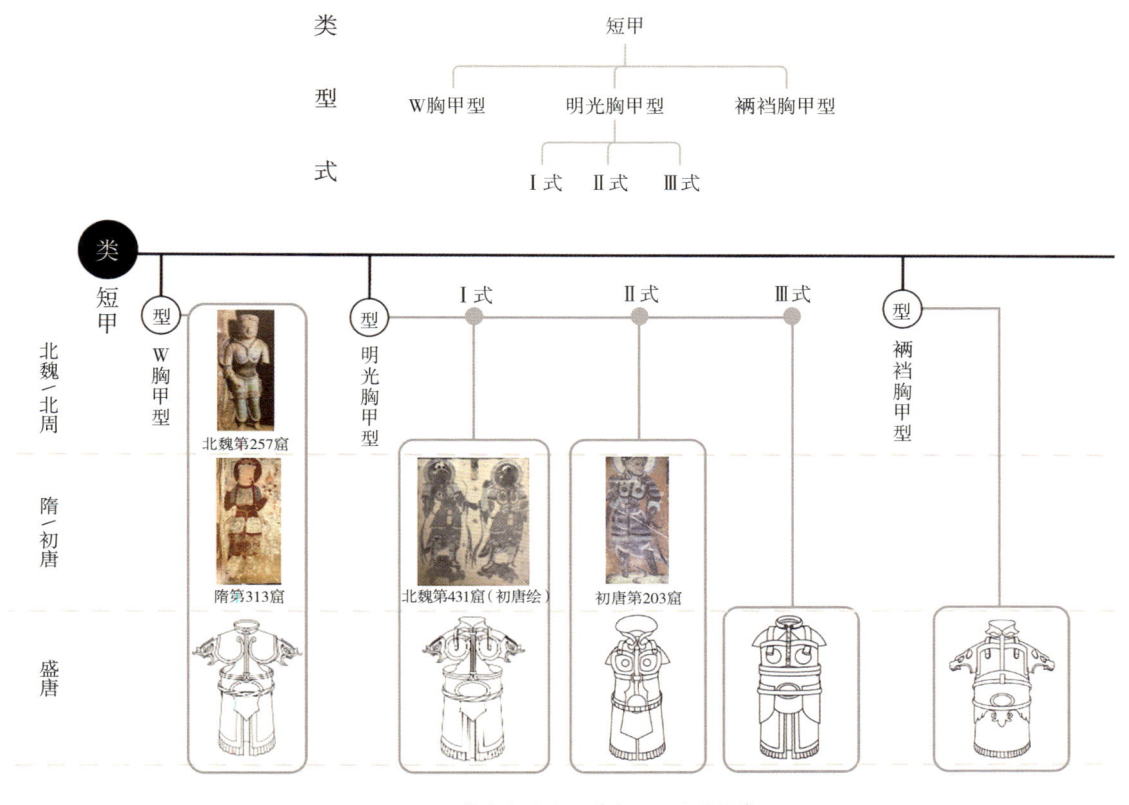

图3-25 莫高窟北魏至盛唐天王戎装分类

从时间来看，中原地区早在魏晋南北朝时期已流行裲裆甲和明光甲，而莫高窟穿着明光胸甲型短甲的天王像从隋朝才开始逐渐出现，而裲裆胸甲型短甲虽然曾在西魏第285窟世俗武士身上表现，但天王流行穿着裲裆胸甲的时间则迟至盛唐。

在短甲细分的三型中，前文已探讨了W胸甲型短甲的相关内容，因本文的需要，在此稍做关于裲裆胸甲型短甲的介绍。

裲裆甲与裲（两）裆有关，《释名·释衣服》："裲裆，其一当胸，其一当背，因以名之也。"❶ "裲裆"在文献中亦作"两裆"。南朝梁王筠《行路难》中的诗句："裲裆双心共一袜，袙腹两边作八襵。襻带虽安不忍缝，开孔裁穿犹未达。"其形制为前后各一片布帛，腰间用带系

---

❶ 刘熙. 释名疏证补. [M]. 毕沅, 疏证. 王先谦, 补. 北京：中华书局, 2008: 172.

扎，双肩由两条襻带连接前后片。襻带在松散或分离的物体间起到缀连、拼接的作用，一般为皮革或布帛质地。裲裆初为内衣，至西晋末年，出现外穿的情形，亦称裲裆衫。至南北朝时期，裲裆衫不仅成为不限男女和等级的一种日常服饰，也可作为正装和朝服穿着，形制与"假两"相同，南朝齐末年《南史·齐本纪下》记载："先是百姓及朝士，皆以方帛填胸，名曰'假两'"，朝臣使用布帛缝制，武官则使用铁片或皮革制作。《释名疏证补》卷五中："曰当以丹韦为之"❶，"韦"意为牛皮，裆用丹色的牛皮制作而成。又有"聂氏引旧图楅长二尺有足，置韦当于背，韦当长二尺，广一尺"❷，通过用楅丈量"韦当"，可知汉代的"韦当"长二尺，广一尺。这种可防御前胸和后背的"裲裆"也应用在军事服装之中。早在三国时期，曹植的《先帝赐臣铠表》就记录有"裲裆铠"，至南北朝时期为武官的主要戎装形制，在表现武士形象的陶俑或石刻上，裲裆甲所占比例不在少数。诸如河北曲阳嘉峪村出土北魏正光五年（524年）韩贿妻高氏墓陶俑，河南洛阳元熙墓出土孝昌元年（525年）武士俑，元肥（"昭"的异体字）墓出土建义元年（528年）陶俑等。在莫高窟开凿于西魏大统年间的第285窟主室南壁的《五百强盗成佛图》中，可见骑兵头戴兜鍪穿戴裲裆甲，前后两片铠甲呈倒梯形状，腋下不相连，带束腰（图3-26）。至隋、唐、宋仍有文武官员沿用裲裆衫，王先谦于《释名疏证补》中补曰："案，即唐宋时之半背，今俗谓之背心。当背当心，亦两当之义也。"❸如莫高窟盛唐第194窟、晚唐第12窟等《维摩诘经变图》国王问疾情景中的官员和仪仗，亦穿着此类服饰（表3-8）。

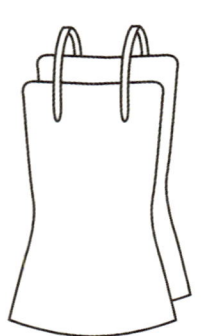

图3-26 莫高窟第285窟主室南壁《五百强盗成佛图》中的裲裆甲

---

❶ 刘熙. 释名疏证补.[M]. 毕沅，疏证，王先谦，补. 北京：中华书局，2008：172.
❷ 同❶。
❸ 同❶。

表3-8　唐代裲裆胸甲型短甲及假想穿戴方式

盛唐第113窟西壁龛外南侧	假想穿戴方式：前后片包裹	盛唐第194窟西壁龛内南侧	假想穿戴方式：前后片相连	盛唐第194窟西壁龛内北侧	假想穿戴方式：前后片相连

除裲裆甲外，明光甲为南北朝时期中原地带流行的另一种著名铠甲。孝昌元年（525年）洛阳元熙墓出土的陶俑，胸甲部分由两个半椭圆形组成，两个半椭圆内部有几个不规则的同心圆来表示圆护，虽陶俑的材质并不能表现明光甲"铁铠"❶的质地，但其形制已与裲裆甲有显著区别。根据汉代出土日光镜上的铭文："见日之光，天下大明"，杨泓先生将胸前有两片板状护胸，在阳光下能折射光明的铠甲形制称为明光甲❷。北朝末年穿着明光甲的陶俑被大量发掘，诸如陕西咸阳出土北周（572年）陶俑，崔昂墓出土北齐（566年）陶俑，范粹墓出土北齐（575年）陶俑等。另外，大业七年（611年），东征辽东高句丽，炀帝驾车至临朔宫，亲授节度，《隋书·志三·卷三》中记载了将领和骑兵的穿着："第一团，皆青丝连明光甲、铁具装、青缨拂，建狻猊旗。第二团，绛丝连硃犀甲、兽文具装、赤缨拂，建貔貅旗。第三团，白丝连明光甲、铁具装、素缨拂，建辟邪旗。第四团，乌丝连玄犀甲、兽文具装、建缨拂，建六驳旗。"❸可见隋炀帝时期出战将领主要穿着明光甲和犀甲❹。由此可见，中原地区的明光甲于南北朝末期逐渐成为主要的戎装形制。而敦煌莫高窟穿着明光甲的天王直至隋朝才普遍展现，尔后明光甲在莫高窟发展快速，在数量和变化类型方面远超于其他类型甲制。

根据莫高窟历代天王戎装的分类，依据胸甲形制的区别，可将明光胸甲型短甲再细分为三式（表3-9）。

表3-9　明光胸甲型短甲各式胸甲对比

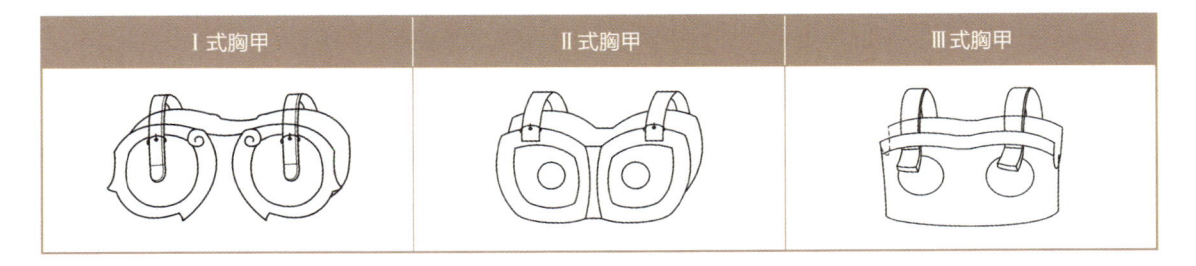

Ⅰ式胸甲	Ⅱ式胸甲	Ⅲ式胸甲

❶ 出自《周书·蔡祐传》："祐时着明光铁铠，所向无前。敌人咸曰'此是铁猛兽也'，皆遽避之。"
❷ 杨泓. 中国古代的甲胄：下篇[J]. 考古学报，1976（2）：59-96，199-206.
❸ 魏征. 隋书[M]. 北京：中华书局，1973：161.
❹《汉语大词典》：犀甲为由犀牛皮制成的铠甲，因犀牛皮稀有，或用牛皮替代。

（一）明光胸甲型Ⅰ式短甲

明光胸甲型Ⅰ式短甲以圆形或花朵形状的胸护为典型特征。隋至初唐时期Ⅰ式胸甲以壁画形式居多，发展至盛唐时期以彩塑的表现形式为主，并且演变得更为精致，胸甲的缘边常与植物藤蔓形态互借，圆护中心或布满团花纹样，或模仿金属、皮革材质。盛唐时期与Ⅰ式胸甲搭配的腹甲、披膊样式相较隋和初唐时期变化多样，如多样形状的腹甲、兽首含臂式披膊等（表3-10）。

表3-10　隋至盛唐明光胸甲型Ⅰ式短甲比较及假想穿戴方式

项目	隋至初唐	盛唐
整体甲制		❶
胸甲		
顿项		
披膊		
甲裙	❷	

---

❶ 左侧后背款式图根据第55窟主室中心佛坛的天王绘制（可清晰观察后背形态），右侧根据法国吉美博物馆天王俑编号MG.15142和编号MG.15143绘制。

❷ 隋代天王的腿裙样式较前朝有明显的变化。隋至初唐壁画和彩塑天王主要穿着护腰式腿裙，腰部围绕一圈护腰，与腿裙连接，此类护腰式腿裙为隋至初唐时期莫高窟壁画常见的样式，诸如初唐第203窟东壁门南北四天王中的三尊（除门南侧内），初唐第375窟东壁门南北四天王，初唐第209窟南壁东侧《说法图》中一天王，初唐第322窟主室西壁龛内彩塑二天王等。

盛唐时期的明光胸甲型Ⅰ式短甲天王以彩塑形式造像为主。其发型除残损无法辨认外，其余均束发高髻，发色有黑色和红棕色两种，部分洞窟内的彩塑二天王发色呈现一黑一红棕色的现象，如盛唐第66窟、盛唐第384窟等。盛唐该类短甲的束甲绊多为两股绳，两股束甲绊在顿项的圆钩处套结向下，于胸口处系结。横向两股束甲绊穿过系结处，环绕下侧胸围并包裹住甲衣。Ⅰ式胸甲由襻带连接前后甲片，胸甲呈现丰富多样的材质，有的表现为金属圆形胸护，如盛唐第66窟西壁龛内北侧彩塑天王、盛唐第113窟西壁龛外北侧彩塑天王、盛唐第384窟西壁龛外南侧彩塑天王等；有的在胸护表面描绘宝相花纹、团花纹样，或为绢布材质，如盛唐第46窟西壁龛内彩塑二天王、盛唐第444窟西壁龛内南侧彩塑天王等；有的胸甲呈凹凸起伏状，或为皮革材质，如盛唐第384窟西壁龛外北侧彩塑天王、盛唐第319窟西壁龛内北侧彩塑天王等。

在胸甲与圆形腹甲之间由一片护甲相连，即《中国兵器甲胄图典》中提及的胸甲与腹甲间衬一护甲❶，此护甲在盛唐明光胸甲型Ⅰ式短甲天王造像中呈现多种形状（表3-11）。假想此片护甲的结构，上与胸甲相连，下与腹甲、鹘尾相连，通过束甲绊和腰带包覆于身体上。甲裙可分为三层，于前中开缝，长至膝上，由外至内第一层覆盖甲片，部分彩塑在甲片上覆盖描绘花卉的装饰，第二层也有华丽的装饰图案，第三层为褶皱衬裙，较前两层稍长。甲裙之下露出襦裙的衣摆，常表现成前短后长、随风飘扬的状态。小腿位置配置胫甲，足蹬战靴。

表3-11 胸甲与腹甲间护甲各形态整理表

图例						
位置	盛唐第66窟/盛唐第264窟彩塑天王	盛唐第45窟/盛唐第46窟/盛唐第444窟/盛唐第445窟彩塑天王	盛唐第113窟西壁龛外北侧/盛唐第446西壁龛内南侧彩塑天王	盛唐第125窟南壁《说法图》壁画二天王	盛唐第384窟彩塑天王	盛唐第319窟西壁龛内北侧彩塑天王

盛唐明光胸甲型Ⅰ式短甲的披膊以兽首含臂样式为主，也称为兽首吞臂❷。程雅娟认为兽首含臂形式不是随佛教东传的古印度艺术，而是起源于中亚祆教的犬神、象神文明，由粟特商人传入内地。从初唐开始，中原吸纳了兽首含臂的形式，用中原的"狻猊"替代了"犬"的母题，并且大量出现在天王造像中❸。然而，李静杰则对兽首含臂的来源提出不同的观点，认为兽首含臂与戴兽首帽的形式源于同一母题，即古希腊的赫拉克勒斯（Heracles）信仰，赫拉克勒斯将狮皮或头戴、或身披、或搭于手臂、或手夹的图像，经亚历山大东征在文化传播的过程中不经意

---

❶ 魏兵. 中国兵器甲胄图典[M]. 北京：中华书局，2011：141.
❷ 程雅娟. 从中亚"犬神"至中原"狻猊"：古代天王造像之"兽首吞臂"溯源与东传演变考[J]. 南京艺术学院学报（美术与设计），2017（5）：6-14，189.
❸ 同❷.

地形成狮首横向搭在肩头的狮首含臂造型。此类有设计意图的兽首含臂造像也通过佛教的交流进入汉地，在魏晋南北朝时期出现兽首含臂的二臂或四臂的镇墓守门神。入唐后，兽首含臂式披膊使用频繁、制作精美，兽首的种类得到拓展，在莫高窟盛唐时期的天王造像上常出现龙首含臂、摩羯鱼含臂等样式。

（二）明光胸甲型Ⅱ式短甲

胸甲由圆形转变为两端尖角，是明光胸甲型Ⅱ式短甲区别于Ⅰ式的主要特征。明光胸甲型Ⅱ式短甲以盛唐第125窟主室南壁西侧毗沙门天王为代表，多搭配盆领式顿项、大袖裙襦，部分天王足穿草履（图3-27）。

盆领式顿项连接十字束甲绊（盆领和束甲绊的连接方式，壁画多以圆形装饰图案来表达），于胸口处由圆环十字交错固定，环绕下侧胸围并包裹住甲衣，盛唐第120窟主室东壁门南侧天王的束甲绊可见一串清晰的扣眼，连接前后两片甲衣的襻带也可见活舌带扣。束甲绊的圆环下附一片不规则长条鹖尾，纵向束甲绊末尾连接一个金属或皮革材质的圆形护腹，圆形护腹可能镶于后片鹖尾上，也有可能单独悬垂。假想明光胸甲附于前后两片衣料之上，通过前后包覆加之束甲绊以达到固定的效果。披膊为单独结构披挂于肩膀上，腿裙长度不过膝，多以一片式围裹至前中开缝。甲裙第一层覆盖甲片，第二层为褶皱衬裙，衬裙长于甲片层，在底端露出一截。

明光胸甲型Ⅱ式短甲以搭配宽袖袍服最为常见，大袖多绘制成悬垂、飘扬或系结等形式。诸如盛唐第125窟主室南壁《说法图》西侧毗沙门天王的左手呈下垂状，从颜色、纹样可辨析披膊下面袖子的结构，袖子整体由两部分组成，上臂接近肘部位置为一截袖子，底缘勒束出现褶皱的祛口，下部为袖口宽大的大袖。

（a）假想穿戴方式 　（b）莫高窟盛唐第39窟 　（c）莫高窟盛唐第120窟 　（d）莫高窟盛唐第125窟

图3-27　明光胸甲型Ⅱ式短甲假想穿戴方式及图示

（三）明光胸甲型Ⅲ式短甲

明光胸甲型Ⅲ式短甲出现在盛唐晚期，主要以壁画形式展现。其胸甲在裲裆形制的基础上增加明光甲圆形胸护（图3-28）。此类短甲在盛唐时期大量且集中地出现在第31窟主室内，中唐

洞窟少量存在，晚唐五代时期大量流行。

敦煌莫高窟盛唐第31窟主室的壁画中绘制了众多明光胸甲型Ⅲ式短甲。此窟主室壁画含穿着戎装的佛国人物（包含天王、天龙八部等）共22身，穿戴戎装的人物数量较多，这在莫高窟实属罕见。在22身穿着戎装的佛国人物中，穿着Ⅲ式甲衣的人物有14身，占63.6%，其余主要穿着裲裆胸甲型短甲，共7身，占31.8%（表3-12）。第31窟始建于盛唐，前室由五代重修，前室西壁门北五代绘毗沙门天王一铺❶，主室除西壁龛内七身彩塑和龛壁背光两侧八位弟子为清代重修外，其余均为盛唐原作。经专家学者推断此窟开凿年代应在大历十一年（776年）至建中二年（781年）❷，即盛唐晚期至中唐之前。绘于主室北壁的报恩经变是盛唐新出现的题材，该题材在莫高窟盛唐时期仅存有两铺（位于第31窟和第148窟）。结合此时期吐蕃已占领河西大部分地区的历史背景，借以报恩经变中须阇提割肉侍亲、借兵复国的故事，可知该窟壁画试图表达敦煌人民不甘沦亡、为国捐躯的思想❸，同窟内绘制大量能武善战、一身戎装的天王等佛国人物，一方面是在祈福保护国土、福佑人民，另一方面也在企图激发民众不畏牺牲报效唐王朝的斗志。

明光胸甲型Ⅲ式短甲，甲衣由肩部襻带连接，部分壁画和彩塑所表现的襻带与前片甲衣的连接方式十分独特，襻带是从面料中穿出，并不是通过带扣（唐代称之为珙❹）相连，此连接方式也常见于晚唐、五代天王的戎装上。该类型短甲的前中处多数采用襻带代替绳状束甲绊，腹甲左右两侧增添两片抱肚，由腰带一并束缚。腿裙前襟开衩，长度未及膝盖，胫甲与靴的形制与Ⅰ式、Ⅱ式相似。

（a）假想穿戴方式　　（b）莫高窟盛唐第31窟　　（c）莫高窟盛唐第31窟前室（五代绘）

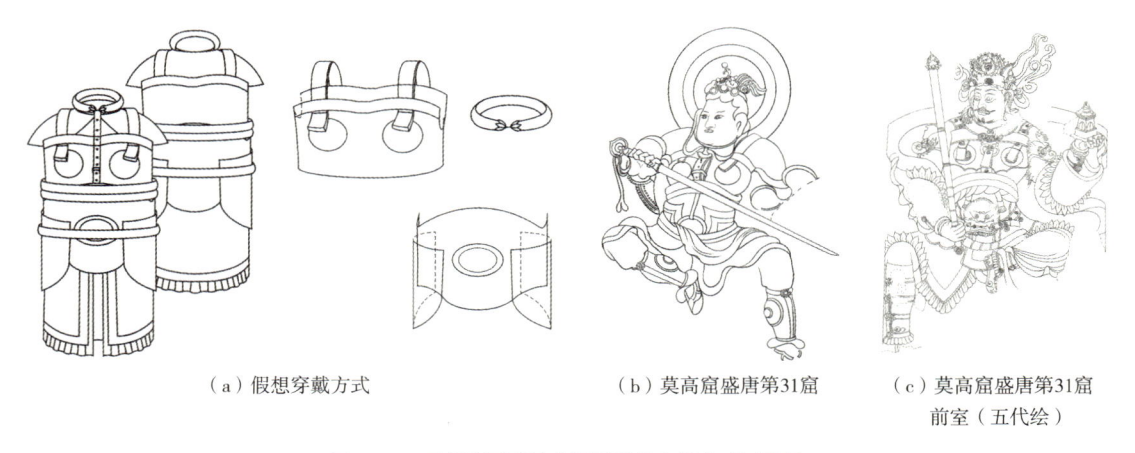

图3-28　明光胸甲型Ⅲ式短甲假想穿戴方式及图示

---

❶ 此戎装形制可归为明光胸甲型Ⅲ式短甲。如前文所述，Ⅲ式戎装于晚唐、五代时期大量流行并且逐渐程式化，并遗留部分中唐毗沙门天王戎装的元素，整体装饰趋于华丽繁复。
❷ 武海龙. 敦煌莫高窟第31窟金刚经变说法图主尊探微[J]. 敦煌学辑刊，2013（2）：90-97.
❸ 敦煌研究院，殷光明. 敦煌石窟全集9：报恩经画卷[M]. 香港：商务印书馆（香港）有限公司，2001：96-101.
❹ 刘永华. 中国古代军戎服饰[M]. 北京：清华大学出版社，2013：147-148.

表3-12　莫高窟盛唐第31窟穿戴明光胸甲型Ⅲ式短甲数量统计

位置	主室东壁门 南侧	主室东壁门 北侧	主室北壁	主室南壁	主室北披	主室南披	主室西披
内容	帝释天及随从	帝释天及随从	报恩经变一铺	卢舍那佛一铺	文殊赴会	普贤赴会	法华经变见宝塔品
穿戴戎装人物数量	3	3	5	2	4	3	2
各戎装类型/数量	Ⅲ式1身/裲裆胸甲型短甲2身	Ⅲ式2身/裲裆胸甲型短甲1身	Ⅲ式3身/裲裆胸甲型短甲1身/长身甲1身	Ⅲ式2身	Ⅲ式2身/裲裆胸甲型短甲2身	Ⅲ式2身/裲裆胸甲型短甲1身	Ⅲ式2身
总计	22身 明光胸甲型Ⅲ式短甲占比14/22；裲裆胸甲型短甲占比7/22						

二、明光胸甲型长甲的特征

明光胸甲型长甲是中唐时期莫高窟将长甲与明光胸甲型Ⅲ式结合而成的一类新的戎装（图3-29）。

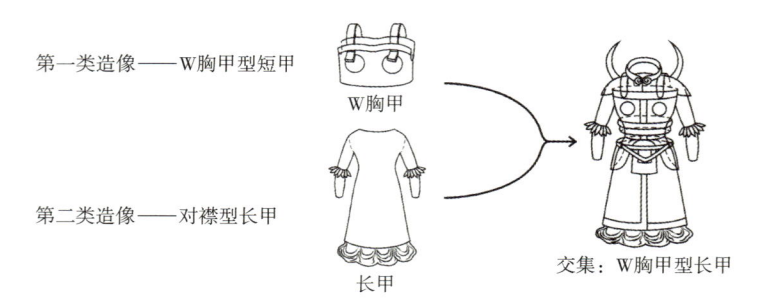

图3-29　两大天王造像体系演变成明光胸甲型长甲图示

第一类造像——W胸甲型短甲
W胸甲
第二类造像——对襟型长甲
长甲
交集：W胸甲型长甲

中唐洞窟中表现明光胸甲型长甲毗沙门天王的有：第154窟主室南壁西端上、第158窟主室金光明最胜王经变中、第202窟主室东壁门北、第205窟主室西壁弥勒经变中。此外，在隋代第310窟主室东壁门北侧（可能为中唐晚期重修）、晚唐第140窟主室东壁门北侧、五代第261窟西北角、宋代第152窟西北角、盛唐第118窟主室东壁门北侧（宋绘）、盛唐第170窟主室东壁门北侧（宋绘）、晚唐第178窟主室西龛外西侧（宋绘）等。

明光胸甲型长甲的形制和造型特点结合笔者实地考察可归纳为：

与对襟型长甲相同之处：三面宝冠；高髻披发；耳珰（有时为耳环）；有肩饰；革带；配刀；鹘尾、抱肚；长甲裙和如意云头形长札甲；长靴；站立式；左手托塔，右手执戟；脚下有地神双手托举。不同之处：穿戴圆钩型顿项；有披膊；胸甲实则借鉴了明光胸甲型Ⅲ式短甲的胸甲，襻带连接前后衣片，胸部的二圆护为四瓣花朵或人面纹样；腹部多数有圆形护腹（图3-30）。

（a）假想穿戴方式　　（b）莫高窟盛唐第118窟（宋绘）　　（c）佛教题材的雕版印刷品，开运四年（947年）（摘自《西域考古图记》编号Ch.00158）　　（d）编号P.t.2222（源自法国国家图书馆）

图3-30　明光胸甲型长甲形制整理

明光胸甲型长甲戎装具体分析如下。

（一）顿项/披膊

明光胸甲型长甲毗沙门天王脖颈处戴顿项，该顿项款式为莫高窟隋至盛唐天王造像流行的圆钩型顿项，顿项于领口处外翻成两个圆钩，顿项的纹理与对襟型长甲的门襟和领子的镶边纹理一致，为一道道排列的"ε"。顿项不与披膊相连，披膊未见兽首吞臂式，为传统样式，披膊以覆盖札甲居多，也有绘卷草纹，如榆林窟第25窟前室东壁北侧毗沙门天王。

（二）甲衣

上身甲衣吸收了明光胸甲型Ⅲ式短甲的诸多特征，肩部襻带连接前后甲衣，胸甲在裲裆形制的基础上在前胸位置增加明光甲的两个圆形胸护。圆形胸护或呈素面，或由花卉纹、人面纹装饰。束甲绊在下侧胸围位置环绕包裹住甲衣。在腹部护甲处露出大半个圆形护腹。明光胸甲型长甲的长甲裙、靴以及腰部的革带、鹘尾和抱肚与对襟型长甲相似。

（三）圆形护腹

圆形护腹以素面为主，也有装饰人面纹，如榆林窟第25窟前室东壁北侧毗沙门天王的护腹，此人面眉弓突出，鼻梁高耸，面部线条凹凸具有胡人的容貌特征。

三、明光胸甲型长甲的形成

在中唐时期的洞窟中，不仅可以观察到具有异域风格戎装样式的毗沙门天王像大量流行，也可发现盛唐的艺术传统依旧是中唐继承和发展的主流风格。

前文对莫高窟北魏至北周、隋至初唐、盛唐各分期的天王戎装进行了分类与分析，发现莫高窟早期天王戎装中的胸甲结构承袭了西域W胸甲型长甲的诸多特点，而下身的装束则保留了犍

陀罗武士甲裙加腰布的服饰特征❶。进入隋朝后，已流行于中原的裲裆甲和明光甲逐步在莫高窟天王造像中出现，其中明光甲形制胸甲在数量和变化类型方面远超于其他类型的甲制。隋至盛唐，莫高窟天王造像无论从服装形制，还是从艺术表达的角度，均由异域风格武士向中原武士形象过渡，凸显了不断走向汉化的天王造像趋势。

明光胸甲型长甲保留了对襟型长甲戎装的整体廓型和长甲裙，借鉴了明光胸甲型Ⅲ式短甲的胸甲、圆钩型顿项、肩部襻带、披膊、束甲绊、护腹等，明光胸甲型长甲以及W胸甲型长甲均是异域长甲融合前朝胸甲的产物，是莫高窟画匠在外来图像画稿基础上"再创作"的结果。

佛教艺术自西汉末年传扬至中土后，为求得快速的传播与发展，来自异域的宗教文化由直接承袭西域样式转变为积极地汲取汉文化的精髓，使用符合汉地的审美情趣、审美习惯来表达佛教的义理和思想。敦煌莫高窟所处地理位置显要，位于河西走廊最西端，为中原通往西域的门户。这里汇聚着多元民族的文化艺术，莫高窟佛教艺术以传统汉文化为主导，在兼收并蓄地吸纳外来文化的同时，逐步赋予其本土文化的艺术特质，直至成为中华传统文化中不可或缺的一部分。源自古印度的四大天王在中土发展的过程可视为佛教东渐本土化的一例缩影，四天王一方面在佛教东传的过程中不断受到汉文化的影响，形成趋于汉化的第一类天王造像体系；另一方面，四天王之一的毗沙门天王，其信仰神格逐步被单独崇信，在于阗成为著名的兜跋毗沙门天王，这套西域风格的图像传入敦煌后，经过继承与发展形成敦煌的对襟型长甲毗沙门天王像，但中唐时期毗沙门天王造像的本土化进程也并未停止，明光胸甲型长甲、W胸甲型长甲毗沙门天王造像即是外来文化本土化的体现，并且深刻影响了晚唐以及五代宋时期的毗沙门天王造像。

四、明光胸甲型长甲在晚唐及其以后的演变

（一）坐姿天王经变画群像

大中二年（848年）张议潮发动起义，光复沙州，陷落吐蕃势力60余年的莫高窟也重新回归大唐。晚唐时期，现留存的彩塑类天王仅有2铺，而壁画类天王的数量则是唐朝四个分期中占比最多的，晚唐壁画类天王编号铺数占比41.8%，实际数量占比39.3%，在晚唐的近60个❷洞窟中有23个绘有天王壁画，约占38%。晚唐、五代时期，大量前朝洞窟的前室被重修，盛行在前室门南北两侧绘大型天王像，以一对南天王和北天王居多，具有威慑的功能❸。莫高窟晚唐天王造像最为突出的改变是由中唐时期立像单尊的造像形式向坐姿经变画群像的形式转变❹。最早显露此游

---

❶ 在犍陀罗时期的诸多片岩雕刻中，古印度武士的下装表现为缠裹腰布外加甲裙且跣足的形象。
❷ 敦煌文物研究所. 敦煌莫高窟内容总录[M]. 北京：文物出版社，1982：181.
❸ 米德昉. 敦煌曹氏归义军时期石窟四角天王图像研究[J]. 敦煌学辑刊，2012（2）：83-92.
❹ 沙武田. 敦煌画稿研究[M]. 北京：民族出版社，2005：197.

戏坐姿的天王像，出现在中唐时期榆林窟的第15窟前室北壁，有学者认为此坐姿形象影响了后世的天王造像[1]。

以第12窟为代表，晚唐至宋前室西壁毗沙门天王的标准样式基本确定，具体表现在单尊立式转变为游戏坐姿，常坐于低床或小鬼形象之上。其左手托塔，右手持宝棒而非长戟。少量出现双手握棒杵地的姿势，如第331窟前室西壁门北侧、第338窟前室西壁门北侧等。毗沙门天王双肩肩饰逐步与圆形背光相融合，表现为向内弯曲的火焰或火苗，也有案例为双焰肩随背光迎风倾倒，如第31窟前室西壁门北侧毗沙门天王。毗沙门天王的服饰愈加精致华美，极具装饰韵味，所穿戎装表现为明光胸甲型Ⅲ式短甲，弯钩形顿项饰有"ε"纹或团花纹理。此时的圆形胸甲常绘制精致的纹样，部分装饰龙纹，如第12窟前室西壁门北侧、第292窟甬道北壁、第438窟前室北壁的毗沙门天王在圆护内绘龙纹。其披膊回归盛唐时期流行的兽首含臂样式，以鼻头上翘的摩羯鱼兽首最为常见。甲衣之下搭配大袖裙襦，宽大的袖子常在手肘位置描绘成绽放的花朵形状。腹甲由束甲绊在胸下系紧，护腹主要表现为张嘴龇牙的虎头（或狮头），张嘴处正好衔住腰间的革带，有些案例会悬挂中唐毗沙门天王流行佩戴的弯刀。腰部接鹘尾，双侧腰处护以抱肚。晚唐毗沙门天王胸部基本不佩戴X型圆护胸带（除第9窟外），在五代时期少数毗沙门天王腹部位置可见X型璎珞连接一个圆形或方形装饰物，如第120窟前室西壁门北侧、第258窟前室西壁门北侧、第292窟甬道北侧、第428窟前室北壁等毗沙门天王。其甲裙长度不及膝，可见小腿的胫甲，双腿间悬饰璎珞。

晚唐时期毗沙门天王的服装样式与明光胸甲型长甲、明光胸甲型Ⅲ式短甲十分接近，可以说晚唐的毗沙门天王的服装样式是以明光胸甲型Ⅲ式短甲为主，搭配中唐毗沙门天王的部分饰物，具体服饰特点为短甲裙、Ⅲ式明光胸甲、搭配大袖裙襦、穿胫甲、着兽首含臂的披膊，而不再保留中唐的长甲裙、地神托举，仅留有尖角状肩饰，时而出现X型璎珞装饰（图3-31）。

此演变过程在中唐洞窟第202窟有所体现。东壁门北侧毗沙门天王虽为单尊立像，但其服饰特点已和晚唐时期毗沙门天王盛行的服饰趋同。第202窟始建于初唐，此窟共有两对天王，分别位于主室西壁开外两侧和东壁门南北两侧。根据《敦煌莫高窟内容总录》记载，这两对天王均为中唐所制，前文已从造型特征、壁画设色、服装形制等方面推测主室西壁龛外两侧的天王像应为盛唐所绘。东壁门北侧的毗沙门天王像，位于如屏风画一般的土红色板块内，背后有圆形背光，肩部有肩饰，足下未见地神托举，穿着的铠甲为典型明光胸甲型Ⅲ式短甲，甲衣搭配大袖裙襦，甲裙底摆位于膝盖之上，双腿之间悬坠璎珞，整体服饰配色以土红和石绿为主。此尊毗沙门天王虽然含有中唐时期毗沙门天王典型的特质，如肩饰、双脚站立式，但铠甲形制已全然回归盛唐样式，不见西域长甲衣的踪迹。

---

[1] 张聪. 中国佛教二十诸天图像研究[D]. 南京：南京艺术学院，2018：143.

(a) 明光胸甲型Ⅲ式短甲/明光胸甲型长甲

(b) 莫高窟初唐第202窟东壁门北侧（中唐绘）

(c) 莫高窟晚唐第12窟前室西壁门北侧

(d) 莫高窟晚唐第9窟主室中心柱西顶南

(e) 莫高窟盛唐第120窟前室西壁门北侧（五代绘）

(f) 莫高窟盛唐第31窟前室西壁门北侧（五代绘）

(g) 莫高窟中唐第258窟前室西壁门北侧（五代绘）

(h) 莫高窟晚唐第107窟主室西壁帐门南北两侧对襟型长甲

(i) 莫高窟晚唐第140窟主室东壁门北侧明光胸甲型长甲

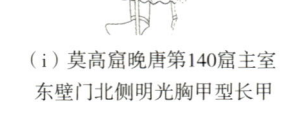

图3-31 明光胸甲型长甲在中唐、晚唐及其以后的演变

除上述晚唐时期毗沙门天王普遍盛行的样式外，吐蕃因素对莫高窟的影响并未随着张议潮收复沙州而迅速褪去，相反吐蕃艺术以及吐蕃时期盛行的样式持续在晚唐的洞窟中展现。在众多晚唐洞窟中，最具代表性的洞窟为张议潮的功德窟——第156窟。其功德窟中所传达的信息，并非与"去吐蕃化"的政治斗争一致，而是在洞窟内延续了诸多吐蕃的文化因素。对此，沙武田有专文对第156窟的吐蕃因素进行了探究，认为张议潮的个人经历与时代背景是导致该窟含有浓厚吐蕃情结的主要原因，因而对吐蕃文化秉持继承与发展的态度❶。第156窟作为回归大唐后引领新时代风尚的重要洞窟，释放了包容吐蕃文化而不是"去吐蕃化"的信息，进而影响了部分晚唐新建洞窟的风格，因此在晚唐的洞窟中依然可见吐蕃遗存的风格和样式。例如，在一些晚唐的洞窟中遗存了吐蕃时期盛行的毗沙门天王样式，如晚唐第107窟在主室西壁帐门南北两侧绘制两尊相似的对襟型长甲毗沙门天王，晚唐第140窟在主室东壁门北侧绘制明光胸甲型长甲毗沙门天王等。

　　在这些案例中，晚唐第9窟属较为特殊的一例。晚唐第9窟内有多处与毗沙门天王相关的壁画。前室西壁门上绘一铺小型毗沙门天王赴哪吒会，根据内容总录提示门北位置原有毗沙门天王一身，现已模糊不清。甬道顶的佛教史迹画中出现毗沙门天王决海的画面。另外，在主室中心柱与西壁相接处的南北面各绘天王一铺，两铺画面内容相似，此铺与同时代毗沙门天王画像相比体现出一定特殊性，虽然画面布局已改为经变画形式，但其服饰仍然保留浓郁的异域风格（图3-32）。毗沙门天王左手托塔、右手扶腿，双肩饰有两颗蓝色宝珠，伸出两道向内弯曲靠拢的火焰肩饰。天王游戏坐于画面中心，双脚下各有一小鬼，画面正中下侧有供奉桌台，两侧侍立众多人物（共有17位），有吉祥天女、武士、世俗男子、众夜叉等。毗沙门天王身穿对襟型长甲❷，甲裙上绘有鹘尾和抱肚的结构。上下甲衣未见甲片覆盖，却装饰多种纹样，以联珠纹为主，如双袖位置点缀多层白色联珠纹饰。天王胸前佩挂璎珞圆护，腰间由双带扣双鉈尾革带束腰，下悬一把弯刀。晚唐第9窟在柱顶衔接处绘制两铺北方天王，且两铺天王均穿着

（a）主室中心柱西顶南侧　　　（b）主室中心柱西顶北侧

图3-32　莫高窟晚唐第9窟主室中心柱毗沙门天王像
[摘自《敦煌石窟艺术·莫高窟第九十二窟（晚唐）》图19、图20]

---

❶ 沙武田. 吐蕃对敦煌石窟影响再探：吐蕃因素影响下的归义军首任节度使张议潮功德窟[J]. 藏学学刊，2013（1）：37-57，314.
❷ 虽然天王呈坐姿，但依然可以观察到甲裙长及脚踝，为长甲裙款式。

中唐戎装样式，以坐姿天王、经变画的形式展现，实属特别。有学者在研究第9窟维摩诘经变时发现微型维摩诘经变中仅绘吐蕃赞普及其侍从的独特之处，通过对供养人以及窟主身份的探究，推测在第9窟营建的供养人中存在吐蕃或胡蕃联姻遗民的可能性[1]。此观点也能够为窟内保留吐蕃统治时期盛行的对襟型长甲毗沙门天王提供依据，吐蕃遗民对于吐蕃情结的怀念使得在营建洞窟时，用较为隐晦的方式在造像中表现吐蕃时期的艺术遗存，这也是晚唐洞窟中吐蕃因素依然存在的原因之一。

（二）窟顶四角天王——曹氏归义军之创举

继张氏之后，以曹议金为领导的归义军政权掌管瓜州、沙洲，敦煌随即进入曹氏归义军时代（914—1036年）。崇尚佛教的热度在归义军时代依旧高涨，曹氏积极开凿建窟，诸多大型洞窟在此时段内被开凿，如第61窟、第98窟、第100窟、第454窟等。莫高窟曹氏归义军时期，除在前室西壁门绘制天王外，首次将四大天王像绘制于窟顶四角的券进式结构中，属于天王造像位置的重大突破（表3-13）。窟顶四角出现四天王的形式随曹氏政权而兴盛，又因曹氏政权失去势力而渐次退出莫高窟。莫高窟首例窟顶四角出现天王位于五代第98窟，现只存东北角的北方毗沙门天王和东南角的东方提头赖吒天王。第98窟是曹议金掌握瓜沙归义军政权后开凿的第一个功德窟，基于宏伟的洞窟规模、庞大的供养人队伍、精致华美的壁画等因素成为曹氏政权时代标志性的家族大窟。学界普遍认同，曹氏族属之后开凿的洞窟，窟内四角出现四天王是受到第98窟窟顶形制的影响[2][3][4][5][6]（后文简称"四角天王"）。

表3-13 曹氏族属新建、重修及四角绘天王洞窟统计

曹氏归义军族属	新建洞窟	重修洞窟	其中四角绘天王的洞窟
曹议金 （914—935年）	第98窟	第36窟、第84窟、第166窟、第220窟、第329窟、第387窟	第98窟
曹元德 （935—939年）	第100窟	第244窟	第100窟
曹元深 （939—944年）	第22窟	第205窟	—
曹元忠 （944—974年）	第25窟、第55窟、第61窟	扩建第53窟、重修第96窟	第55窟、第61窟

---

[1] 魏健鹏. 新发现晚唐敦煌赞普听法图研究：兼谈莫高窟第9功德主之族属[J]. 藏学学刊, 2016（1）：14-29, 275-276.
[2] 米德昉. 敦煌曹氏归义军时期石窟四角天王图像研究[J]. 敦煌学辑刊, 2012（2）：83-92.
[3] 郑炳林, 郭俊叶. 敦煌莫高窟第454窟研究[M]. 兰州：甘肃教育出版社, 2016：223-232.
[4] 郑炳林, 米德昉. 敦煌莫高窟第100窟研究[M]. 兰州：甘肃教育出版社, 2016：121-130.
[5] 马德. 曹氏三大窟营建的社会背景[J]. 敦煌研究, 1991（1）：19-24, 114-116.
[6] 沙武田. 敦煌莫高窟第98窟及其对曹氏归义军时期大窟营建之影响[C]. //敦煌佛教文化与艺术国际研讨会论文集. 兰州：兰州大学出版社, 2002：165-185.

续表

曹氏归义军族属	新建洞窟	重修洞窟	其中四角绘天王的洞窟
曹延恭 （974—976年）	第454窟	第444窟	第454窟
曹延禄 （976—1002年）	第449窟	第311窟、第342窟、第431窟	—
曹宗寿 （1002—1014年）	—	第130窟、第256窟	—
其他子孙族属	不详	不详	第108窟、第146窟、 第261窟、第152窟

前文中已详述中唐至五代宋时期敦煌天王信仰盛行的状况，如在城内各地兴建天王堂、举行祈赛天王的祭祀活动、组织写经发愿等，敦煌地区毗沙门天王甚至取代城隍神作为百姓祈福的对象。天王信仰的空前风靡在新时期的造像中体现为打破传统，以第98窟为代表的"四角天王"俨然成为一种新的天王造像趋势，并于五代宋时期盛行。

米德昉认为在晚唐时期敦煌已出现相似的先例，如第9窟主室中心柱与西壁相接处的南北面各绘天王一铺，但那时仍未普及。该学者将敦煌四角天王和于阗安迪尔遗址四墙角矗立天王塑像的形式相联系，认为二者均在反映四天王各守一方，与中央佛坛形成结护的思想[1]。另外，赖鹏举觉察到吐峪沟第44窟可能为最早出现"四角天王"形式的一处佛窟[2]。但吐峪沟与敦煌曹氏洞窟的"四角天王"存在一些差异，前者是绘制在窟顶四角的平面位置中，但外框的形状与敦煌曹氏洞窟的相似，上半圈为扇形，下半部分为折角框。吐峪沟的四角仅绘单一天王，双手合十呈胡跪姿势，与窟内主尊十方三世佛组成密法坛场，显露四天王结界护坛的思想。《关中创立戒坛图经·戒坛形重相状》载："四角大神，所谓四天王也，常护佛法及以众生……故须造立仪像，依方隅而列之。"在《广大宝楼阁善住秘密陀罗尼经卷中·结坛场法品》也有相关记载："尔时世尊说坛场法……四角各画四天大王，身着衣甲手执器杖，种种璎珞而严饰之，作嗔怒相。"另有学者提出S.P.172"坛样图"画稿为莫高窟曹氏归义军时期窟顶绘制时参照的底稿，其中"坛样图"所标注的关于绘制天王的录文与第98窟天王实际方位和名称一致[3]。

以上所述，可认为莫高窟石窟中心设主尊、四天王分置窟顶四隅的形式与诸多经典的"佛法坛场"一致，此格局在吐峪沟第44窟已显露，体现的是"密法结坛"作法的修行思想。而五代曹氏洞窟顶部出现四天王的形式，不仅反映了天王信仰的持续高涨，同时企图通过"密法结坛"的方式，祈福国泰民安、护佑城土不受侵犯[4]。事实上，第98窟诸多的设置均显露出曹议金

---

[1] 米德昉.敦煌曹氏归义军时期石窟四角天王图像研究[J].敦煌学辑刊，2012（2）：83-92.
[2] 赖鹏举.敦煌石窟造像思想研究[M].北京：文物出版社，2009：55-64.
[3] 沙武田.S.P.172与莫高窟五代宋窟顶壁画关系试论：敦煌壁画底稿研究之三[J].敦煌研究，2000（3）：37-42.
[4] 邵强军.敦煌曹议金第98窟研究[D].兰州：兰州大学，2017：179-185.

在面对未稳固的政局时，试图通过宗教手段缓和矛盾、拉拢大族势力、祈福统治安定的举措，如绘制大量世族官僚及归义军节度押衙像，以及"神格化"的于阗国王像、张氏家族像、回鹘公主像，不仅强调了联姻的姻亲关系，还凸显稳固政治基础、笼络大族势力和周边政权的意义。此现象从侧面也体现了曹氏归义军时期的宗教愈加世俗化和为政治服务的特征。

"四角天王"的基本规格：主室窟顶四角处各建造一个券进式结构，此类四隅扇形弧面的券进式结构于吐鲁番、巴米扬等地常见。在此四个扇形弧面内绘制天王及其侍从眷属。需要注意的是，北天王的分布位置并不唯一，如第61窟、第98窟、第108窟，毗沙门天王出现在东北角位置，而在第55窟、第100窟、第146窟、第152窟、第261窟、第454窟则出现在西北角。"四角天王"的画面格局基本沿袭晚唐天王经变画群像的形式，四位天王分别游戏坐于矮台座之上，前方放置供台，周围环绕众多侍从眷属（表3-14）。唯毗沙门天王的题榜名称前被冠以"大圣"的称号——北方大圣毗沙门天王。除北方毗沙门天王外，其余三位天王的甲胄形制变化未几，基本以明光胸甲型Ⅲ式短甲搭配兜鍪或宝冠为主（图3-33）。

表3-14　五代宋时期窟顶毗沙门天王样式整理表

曹氏归义军族属	窟顶四角绘天王的洞窟	毗沙门天王位置	毗沙门天王样式	备注
曹议金（914—935年）	第98窟	东北角	明光胸甲型Ⅰ式短甲	多处贴金；塔中有坐佛；发式有改绘痕迹❶
曹元德（935—939年）	第100窟	西北角	不详	P.5018（1）A《毗沙门天王赴哪吒会图》可能为其粉本画稿
曹元忠（944—974年）	第55窟	西北角	明光胸甲型Ⅲ式短甲	胸前佩戴X型璎珞；塔中有坐佛；东方天王手拿曲颈四线琵琶，周围侍从持各类乐器
	第61窟	东北角	对襟型长甲	多处贴金
曹延恭（974—976年）	第454窟	西北角	明光胸甲型Ⅲ式短甲	—
其他子孙族属	第108窟	东北角	对襟型长甲	佩戴X型璎珞串联三圆护，其中胸前二圆护为三眼小鬼面
	第146窟	西北角	不详	P.5018（1）A《毗沙门天王赴哪吒会图》可能为其粉本画稿
	第152窟	西北角	明光胸甲型长甲	东方天王与北方天王形象相似，均穿着明光胸甲型长甲（其中毗沙门天王前胸二圆护与腹护有人面纹饰），东方天王左手握宝鼠、右手执棒，宝鼠实为毗沙门天王的手持之物，此铺东方天王具有"毗沙门天王化"的倾向
	第261窟	西北角	明光胸甲型长甲	熏毁严重；西方天王手握绳索

---

❶ 经实地考察发现第98窟东北角的毗沙门天王存在改绘痕迹，关于此铺改绘原因以及设计意图的探讨，可参阅笔者《敦煌莫高窟第98窟毗沙门天王重绘服饰形制与意图探究》一文。

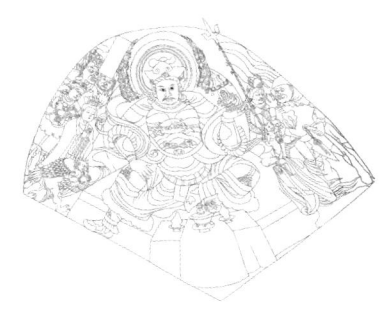

（a）莫高窟五代第98窟东北角毗沙门天王

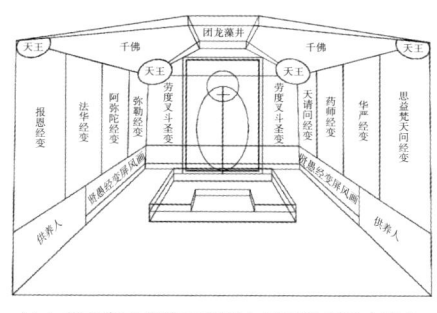

（b）莫高窟五代第98窟内壁画分布图（摘自邵强军博士论文《敦煌曹议金第98窟研究》）

（c）莫高窟五代第98窟东北角沙门天王

（d）莫高窟五代第61窟窟顶东北角毗沙门天王

（e）莫高窟五代第100窟西北角毗沙门天王

（f）莫高窟五代第261窟西北角毗沙门天王

（g）莫高窟宋第454窟西北角毗沙门天王

（h）莫高窟宋第55窟西北角毗沙门天王

图3-33

（i）莫高窟宋第152窟西北角毗沙门天王　　（j）莫高窟宋第152窟东北角东方提头赖吒天王

图3-33　五代宋时期窟顶毗沙门天王样式线描图整理

第四节　其他短甲

一种器物或一类样式的变化序列一般是渐进式的，当新的形态产生时，旧的形态并不会马上被更替，新和旧的形态总会出现一定的并存时间，甚至在并存时段内可能存在交错、前后颠倒或各自演化的状况❶。中唐时期除对襟型长甲、W胸甲型长甲、明光胸甲型长甲之外，中唐洞窟中仍然描绘盛唐天王的经典短甲样式，有些天王造像在盛唐短甲样式的基础上增添新时期的文化因素。

一、盛唐样式在中唐的延续

中唐时期出现的盛唐戎装样式主要为W胸甲型短甲、明光胸甲型Ⅲ式短甲和裲裆胸甲型短甲（图3-34）。

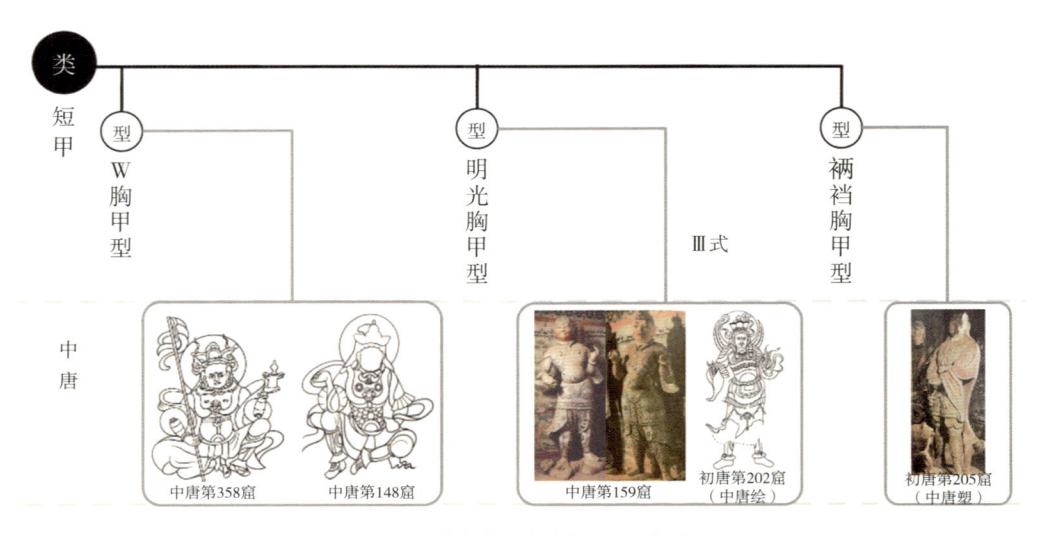

图3-34　莫高窟中唐时期的短甲样式

---

❶ 俞伟超. 考古类型学的理论与实践[M]. 北京：文物出版社，1989：25-28.

中唐时期，吐蕃的文化无疑影响着敦煌人民生活的方方面面，其中也包括建窟造像。如《吐蕃赞普礼佛图》等一类新的画样画稿出现在莫高窟，反映了新的时代（中唐吐蕃统治时期）新的思想与内容的进入[1]。在中唐第159窟中，虽然主室东壁门南维摩诘帐下出现了《吐蕃赞普礼佛图》的新画样，但西龛内的二身彩塑天王全然属盛唐样式，并没有采用对襟型长甲、W胸甲型长甲或明光胸甲型长甲的图像粉本，均穿戴明光胸甲型Ⅲ式短甲，脚踏横卧的小鬼形象。

若要解答中唐时期仍然存在盛唐天王样式的问题，除器物或样式新旧的演化形态有着并存的时间外，还需考虑敦煌当时的历史背景。中唐时期，敦煌虽然被吐蕃统治，但居民仍以本地汉人为主，建窟造像的礼佛活动依旧以汉人的世家大族为主导展开，营建洞窟的文化背景无法脱离唐前期的影响，虽然有新的文化和思想进入，但唐风依然感染着敦煌莫高窟的艺术创作。因此，在中唐洞窟能够发现新的变革，但仍然会存在唐前期的艺术风格。

二、中唐大虫皮披挂的流行

莫高窟第205窟始建于初唐，为覆斗顶窟，主室中心设佛坛，佛坛上初唐塑跌坐佛、菩萨、供养菩萨和弟子，中唐时期在佛坛前方南北两侧补塑二身天王。二天王头部、手部残毁，其余保存尚好，其色彩、服饰结构和装饰纹样清晰可见。南侧天王穿戴明光胸甲型Ⅲ式短甲，圆形胸护由宝相花纹装饰，束甲绊呈倒"T"字形包裹胸甲与腹甲。天王肩披长披风，土红底色上装饰多色团花纹样，兽首含臂，半袖之下搭配大袖，大袖袖口底端系结。甲裙长度较短，底摆位置不超过膝盖，甲裙覆盖如意云头型长甲片，小腿装配胫甲，足蹬靴。北侧天王穿着典型裲裆胸甲型短甲，搭配大袖裙襦，胸甲外包覆茛苕叶纹腹甲，配兽首含臂，下装与南侧天王相似。北侧天王在戎装之外身披整张虎皮，为其独特之处。虎皮亦称"大虫皮"，此铺为莫高窟现存唯一一尊身披大虫皮的天王彩塑，虎的前爪搭于天王手肘内侧，尾巴和后腿垂于天王身后，虎皮的纹理清晰可见。因天王头部损毁，虎皮的头部亦不存。联想到克孜尔石窟、莫高窟、榆林窟出现头戴兽头帽的金刚力士、天龙八部的形象[2]，结合虎皮颈部向上延续的趋势与天王后脑残存的虎牙，推测此尊天王彩塑未损坏前应头戴虎头。

原始社会人类就已掌握用虎皮等兽皮装饰身体或器物的方法。自汉代以来，虎皮常作为车舆、武器、礼器的装饰，其地位贵于豹皮、熊皮、麋皮等兽皮，是常被用于装饰与天子等级相当之物。皮轩即一类用虎皮装饰的车，"皮轩，以虎皮饰车。天子出，道车五乘，游车九乘，在乘舆车前，赋颂为偶辞耳"[3]。虎韔（韔），用虎皮制的弓袋，"虎，虎皮也，韔，弓室也"[4]。箭靶饰以不同兽皮以区分等级，其中虎皮箭靶供帝王与侯王使用，"王大射也。则共虎侯、熊侯、豹

---

[1] 沙武田. 敦煌石窟彩塑艺术试论：对莫高窟第159窟彩塑造像的几点认识[J]. 石窟寺研究，2010（1）：137-151.
[2] 头戴狮（虎）头帽的案例：克孜尔石窟第175窟主室正壁金刚力士；榆林窟中唐第15窟北壁力士；榆林窟中唐第25窟前室东壁北侧力士；莫高窟盛唐第445窟天龙八部，莫高窟五代第261窟南壁天龙八部。狮（虎）头帽的渊源可追溯至西方大力神赫拉克勒斯。
[3] 班固. 汉书·卷五十七上·司马相如传第二十七上[M]. 北京：中华书局，1962：2564.
[4] 毛亨，郑玄. 毛诗传笺·卷六·秦车邻诂训传第十一·小戎[M]. 北京：中华书局，2018：63.

侯者，虎侯者，谓以虎皮饰其侧。九十步之侯，王自射之也"❶。"皮帛"为古代朝会、结盟等重大礼会时需持的礼器，"皮帛者，束帛而表之以皮为饰"❷，其中"天子之孤，饰贽以皮皮。公之孤，饰贽以豹皮欤"，天子的束帛饰以虎皮，"虎皮又贵，天子孤尊，故知义然也"❸。

松赞干布时期（约7世纪），虎皮开始作为服饰被纳入制度体系。《新唐书·吐蕃传》记载长庆二年（822年），刘元鼎赴吐蕃与伦纳罗结盟，途经藏河时描述所见风景："山多柏，坡皆丘墓，旁作屋，赪涂之，绘白虎，皆房贵人有战功者，生衣其皮，死以旌勇，徇死者瘗其旁。"❹立有战功的吐蕃勇士生前披虎皮，死后埋葬的地方涂成赤褐色画白虎，可见吐蕃视虎为英勇、胜利的象征。根据《贤者喜宴》记载，松赞干布在建立吐蕃王朝初期，颁布《六大法典》，法典明确指出虎皮袍为吐蕃英雄的标志，"对作战勇敢者奖以六种勇饰，对逃兵冠以狐尾帽以示贬谪"❺。其中关于六种勇饰的记载，《贤者喜宴》和《弟吴宗教源流》中稍有不同，差异在于（虎皮）围巾与豹皮袍，根据两部文献成书时间顺序以及两部文献提及的"奖赐虎豹皮袍"，陆离认为"六种勇饰"为"虎皮上衣、虎皮裙、虎皮大鞍鞯、虎皮小鞍鞯、虎皮袍、豹皮袍"更为确切，其中虎皮袍的等级规格最高❻，身披整张虎皮是六种勇饰最高规格的嘉奖，代表吐蕃对立下汗马功劳的勇士的肯定与表彰。

另外，在赏赐虎皮袍的同时，立功者还将获得相对应的吐蕃官职。敦煌博物馆现存一件吐蕃文书，根据林冠群的翻译与解读，此文书讲述了吐蕃宰相大尚论赏赐吐蕃河陇地方官吏虎皮制品以及相应官职❼。莫高窟中唐第144窟东壁门南，一身女供养人题记："夫人蕃任瓜州都□（督）□仓□曹参军金银间告身大虫皮康公之女修行顿悟优婆姨如祥□（弟）一心供养"❽。吐蕃王朝分阶层等级赐授告身，其中题记中记载的"金银间告身大虫皮"即为吐蕃对于效忠立功者授予的一类告身。

在吐蕃统治的中唐时期，莫高窟恰巧出现身披虎皮袍的天王，与吐蕃的军事文化有着密切的关系，吐蕃统治者在莫高窟进行佛事活动的过程中也将自身的文化永久地镌刻在敦煌莫高窟之中。身披虎皮的天王，意在彰显吐蕃将士的骁勇善战，若结合天王护国、护城的职能，从宗教层面亦象征护佑领土安稳。

---

❶ 阮元校刻. 十三经注疏·清嘉庆刊本·周礼注疏·卷第七·司裘[M]. 北京：中华书局，2009：1471.
❷ 杜佑. 通典·卷七十五·天子上公及诸侯卿大夫士等贽[M]. 北京：中华书局，1988：2048.
❸ 阮元校刻. 十三经注疏·清嘉庆刊本·周礼注疏·卷第四十一·玉人[M]. 北京：中华书局，2009：1994.
❹ 罗广武. 两唐书吐蕃传译注[M]. 北京：中国藏学出版社，2014：238.
❺ 黄布凡，马德. 敦煌藏文吐蕃史文献译注[M]. 兰州：甘肃教育出版社，2000.
❻ 陆离. 再论吐蕃告身制度和大虫皮制度的两个问题[J]. 西藏研究，2020（4）：8-15.
❼ 林冠群. 重读四件河西吐蕃文书：解读吐蕃文献之商榷[J]. 中央民族大学学报（哲学社会科学版），2015，42（2）：55-69.
❽ 敦煌研究院. 敦煌莫高窟供养人题记[M]. 北京：文物出版社，1986：65.

第四章

敦煌莫高窟中唐时期毗沙门天王代表性饰物

中唐时期毗沙门天王饰物主要可分为：第一，宗教法器，如毗沙门天王的手持物或装备的武器，如三叉戟、宝塔、宝棒、弯刀、长剑等；第二，服装类的装饰物，如冠饰、帛带、耳饰、璎珞、肩部披膊、X型圆护胸带、尖角型肩饰、叶片状袪口等。根据以往学界的研究可知，目前研究成果主要集中于天王宗教法器的考释，"兽首含臂"披膊样式以及天王鸟翼宝冠等相关问题的探讨。至于莫高窟中唐时期毗沙门天王佩戴的几个较为特殊且具有代表性的装饰物，如前胸的X型圆护胸带、双肩的尖角状肩饰、手肘的叶片状装饰等，这些饰物在相关研究中多被描述性地一笔带过，至于它们的形成与发展、实用意义、宗教意涵等问题均需要进一步考察。

第一节　X型圆护胸带

本节梳理了X型圆护胸带相关的国内外研究现状，提出尚待探讨的内容。通过对意大利、亚述、萨珊波斯、犍陀罗、龟兹（中国）、西藏（中国）、敦煌（中国）等地域相关护具的研究，阐释其发展演变的路径以及文化内涵。

一、X型圆护胸带相关研究

目前国内外学界对此装身具鲜有研究，其研究程度仅限于形制叙述等初步认识。相关的研究成果则较为地域化，主要集中于对各国或各地域军事实用性圆盘护具的研究，目前尚未出现从宗教饰物角度将军用装备与佛教护具相关联的探讨。

鲁滨逊（H. Russell Robinson）的著作《东方盔甲》[1]为一部研究东方盔甲的基础性专著，收录诸多珍贵的样本与资料，本书的研究范围包括波斯、土耳其、中东、古印度、锡兰（斯里兰卡）、菲律宾群岛、朝鲜、中国、不丹、日本等地区的戎装与军事装备。然而此著作未关注到早期X型圆护胸带或相关的护具，仅概括性地介绍受X型圆护胸带影响的14—17世纪的四镜甲。

关于意大利单圆盘式、三圆盘式胸护的研究，学者康诺利（Connolly）1986年出版的《意大利南部胸甲发展札记》[2]，是第一部专门研究意大利地区圆盘式胸护的著作。这是一项类型学的研究，根据对胸甲形制和风格差异的比较分析，确定了三种类型的三圆盘式胸甲，但该研究只考察了7个胸甲的样本。在此之后，2006年，伦敦大学伯恩斯（Burns M.）的一篇博士论文《公元前5世纪至公元前3世纪南意大利武士服饰的文化和军事意义》[3]增加了胸甲的样本数量，推测了三圆盘式胸甲的发展图谱，以及它与其他意大利胸护类型的关系，对意大利地区三圆盘式胸甲

---

[1] 鲁滨逊. 东方盔甲[M]. 纽约：多佛出版社，2013.
[2] 康诺利. 意大利南部胸甲发展札记[M]. 伦敦：大英博物馆意大利铁器时代文物，1986：117-125.
[3] 伯恩斯. 公元前5世纪至公元前3世纪南意大利武士服饰的文化和军事意义[D]. 伦敦：伦敦大学，2006.

和肌肉胸甲有较为全面的考察。

亚述的相关研究主要集中于浮雕艺术中军戎装备的辨析。2000年《扎穆阿的亚述军队》是学者波斯特盖特（J. N. Postgate）根据亚述铭文和浮雕艺术作品，对其军事发展展开的研究。2010年，由巴伦（Barron A. E.）撰写的博士论文《亚述晚期的武器和盔甲：艺术与人工制品》[1]通过借助亚述宫殿浮雕艺术来研究亚述的武器和盔甲，对剑、矛、盾牌、盔甲、头盔进行了深入考察。2016年由亓佩成编著的《古代西亚文明》[2]较为系统地介绍了亚述历代国王的统治制度，该专著对军事政策的梳理对本书具有参考价值。

萨珊波斯因传世的狩猎银盘数量较多，诸多学者观察到银盘上国王佩戴X型圆护胸带。1981年由哥伦比亚大学博士哈珀（Prudence Oliver Harper）编著的《萨珊王朝时期的银器：皇家意象》一书[3]，对萨珊时期的银器从工艺、技术、图像组成、样式等方面进行详尽且深入的研究，为辨析狩猎银盘上的X型圆护胸带提供基础资料，该专著中认为频繁出现的X型圆护胸带可能是阿尔达希尔一世（Ardashir I）萨珊胜利浮雕所描绘的胸背带的衍生物。1993年《后伊斯兰时代以前的骑马服装》[4]一文旨在研究帕提亚王朝之后伊朗高原及周边地区萨珊人的骑马服饰，文章中诸多白描图稿清晰地展现了萨珊骑马服饰的演变，该作者也观察到国王胸前佩戴的X型圆护胸带，并对其中部分X型圆护胸带进行了较为详细的分析。2015年《萨珊艺术中盔甲的图像功能》和2013年《杜拉—欧罗普斯的涂鸦：伊朗安息—萨珊王朝的混合盔甲》[5]则探究了萨珊艺术中的锁子甲、板甲、鳞甲等武器铠甲，后者提及与锁子甲搭配的呈水平勒束的护胸（应是本书讨论的圆护胸带），认为它们的出现是为了增强胸部的防御。

在犍陀罗造像艺术相关的研究中鲜见与X型圆护胸带相关的讨论。意大利法切那、菲利真齐编著的《犍陀罗石刻术语分类汇编》[6]，在犍陀罗武士服饰分类中以线描图表现了X型圆护胸带。

以阿尔伯特·冯·勒克科和阿尔伯特·格伦威德尔（Albert Grünwedel）为主的德国科考队，在我国西部地区以及中亚等地考察时收集了诸多宝贵图像资料，他们的专著《中亚艺术与文化史图鉴》[7]和《新疆古佛寺：1905—1907年考察成果》[8]包含对考察区内古代铠甲、武器的整理与讨论，为之后的研究者提供了可资借鉴的翔实资料。勒克科和格伦威德尔都曾观察到库木吐喇石窟武士胸前佩戴绘有人面纹的X型圆护胸带，勒克科对出现在龟兹石窟壁画的一处此类装身具作出描述性记录，赵崇民、巫新华将其翻译为"交叉形武装带，交叉处有圆护心牌，其上有个简

---

[1] 巴伦. 亚述晚期的武器和盔甲：艺术与人工制品[D]. 多伦多：多伦多大学，2010.
[2] 亓佩成. 古代西亚文明[M]. 济南：山东大学出版社，2016.
[3] 哈珀. 萨珊王朝时期的银器：皇家意象[M]. 纽约：大都会艺术博物馆，1981.
[4] 高盛. 后伊斯兰时代以前的骑马服装[J]. 伊朗古物，1993，28：201.
[5] 沃伊茨科夫斯基. 杜拉—欧罗普斯的涂鸦：伊朗安息—萨珊王朝的混合盔甲[J]. 古典与东方研究，2013，4：233-248.
[6] 法切那，菲利真齐. 犍陀罗石刻术语分类汇编[M]. 魏正中，王姝婧，王倩，译. 上海：上海古籍出版社，2021.
[7] 阿尔伯特·冯·勒克科. 中亚艺术与文化史图鉴[M]. 赵崇民，巫新华，译. 北京：中国人民大学出版社，2005.
[8] A. 格伦威德尔. 新疆古佛寺：1905—1907年考察成果[M]. 赵崇民，巫新华，译. 北京：中国人民大学出版社，2007.

化的面孔，包括一个鼻子，两撇胡子和三颗牙齿"❶。

1976年《中国古代的甲胄——上篇》和《中国古代的甲胄——下篇》❷、2006年《中国甲胄》❸、2009年《画说中国历代甲胄》❹、2011年《中国兵器甲胄图典》❺、2013年《中国古代军戎服饰》❻，这几本著作均按照朝代顺序对中国古代军戎甲胄有翔实、独到的考察，是研究中国甲胄的基础性资料。但这些专著均未涉及X型圆护胸带的研究。

至于圆护中人面纹的研究，则是剥离X型胸带进行的，诸如日本学者冈田健认为鬼面胸当是西域和中原要素相融合的现象❼。《神秘的联珠人面纹——法门寺地宫石灵帐人面图像初探》一文，将法门寺地宫出土的石灵帐人面纹作为研究对象，认为石灵帐须弥座束腰、佛座束腰、舍利塔束腰位置的人面纹代表着护法诸神，具有护持舍利的功能❽。另有学者提出敦煌毗沙门天王的人面纹与古希腊铠甲上的人面纹存在共性，指出汉地毗沙门天王胸前人面纹与西方铠甲前的美杜莎头像应源自同一母题❾，也有将古希腊战神玛尔斯、古罗马皇帝肌肉铠甲胸前镶嵌美杜莎头像与之类比❿。但此类推测仅将人面纹从防护用具中独立出来讨论，缺乏考虑人面纹和X型圆护胸带应当作为一个有联系的整体进行考察。因而本书将人面纹与X型圆护胸带结合考虑，试图追寻X型圆护胸带的产生、发展、流传的轨迹。

目前"X型圆护胸带"尚有几处疑点未解决：

第一，X型圆护胸带的由来演变及文化属性。

本书在前文西域地区的W胸甲型长甲中提及龟兹壁画的天王身上出现过类似的装身具，但早期敦煌石窟天王造像虽然借鉴了龟兹壁画中天王的服饰，但未采用该装身具，X型圆护胸带迟至中唐时期才大量出现在四天王之一的毗沙门天王身上。那么，此装身具是否由西域而来，是否有更遥远的文化源头？

第二，X型圆护胸带的实用意义和宗教意义。

X型圆护胸带是一种如同璎珞般的宗教装饰语言，还是具有实用意义的现实军用装备？其神秘的人面纹饰又具有什么内涵？这都是本章将具体探讨的内容。

---

❶ 阿尔伯特·冯·勒克科.中亚艺术与文化史图鉴[M].赵崇民，巫新华，译.北京：中国人民大学出版社，2005：128.
❷ 杨泓.中国古代的甲胄：下篇[J].考古学报，1976（2）：59-96，199-206.
❸ 凯风.中国甲胄[M].上海：上海古籍出版社，2006：94-95.
❹ 陈大威.画说中国历代甲胄[M].上海：上海书店出版社，2009.
❺ 魏兵.中国兵器甲胄图典[M].北京：中华书局，2011.
❻ 刘永华.中国古代军戎服饰[M].北京：清华大学出版社，2013：147-148.
❼ 冈田健.东寺毗沙门天像：关于罗城门安置说和造立年代的考察（下）[J].美术研究371号，1999：78.
❽ 王敏庆.神秘的联珠人面纹——法门寺地宫石灵帐人面图像初探[J].佛教文化，2010（2）：66-83.
❾ 谢明良.希腊美术的东渐？——从河北献县唐墓出土陶武士俑谈起[J].故宫文物月刊，1997，15（7）：32-53.
❿ 同❽。

二、莫高窟毗沙门天王的X型圆护胸带

中唐时期，对襟型长甲毗沙门天王的前胸位置常佩戴一类特殊的装身具——X型圆护胸带。胸带由数股白色串联的小联珠捻成，如同璎珞。两条胸带呈X状交错，在左右胸部位置各连接一个圆形胸护，前腹正中的交叉点处再接一个圆护，圆护上常饰有花卉纹、人面纹或鬼面纹（图4-1）。

学界对此装身具的称谓并不统一，日本学者大岛幸代在其文章中以"（天王）胸前有圆形和纽带形的装饰"来形容。另一位日本学者佐藤有希子在《敦煌吐蕃时期毗沙门天王像考察》中使用"X型圆护璎珞""X状璎珞""X状束带""用璎珞状绳索结成X形""璎珞状束带连成X状"等词句形容。本书将此装身具定名为"X型圆护胸带"，考虑到本书所收集的中外案例不全为璎珞束带，因而在佐藤有希子提出的"X型圆护璎珞"基础上，用"胸带"替换"璎珞"，将具有X状束带、佩戴在前胸和后背位置、连接圆形胸护等特征的装身具称为"X型圆护胸带"。

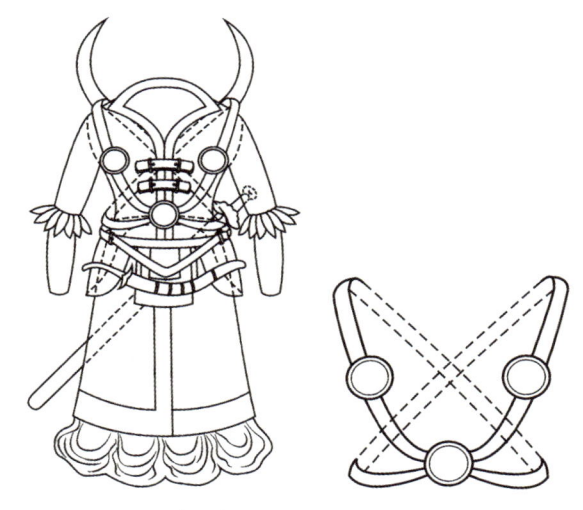

图4-1 莫高窟毗沙门天王X型圆护胸带图示

X型圆护胸带跟随着对襟型长甲毗沙门天王造像在敦煌莫高窟展露。其演变样式可归纳为三型（表4-1）。第Ⅰ型为"X型胸带配三圆护"[表4-2（a）~（h）]，第Ⅱ型为"多重胸带配三圆护"[表4-2（i）、（j）]，第Ⅲ型为"X型腹带连接一装饰物"[表4-2（k）~（n）]。

敦煌莫高窟中唐时期毗沙门天王主要佩戴Ⅰ型圆护胸带，而Ⅱ型"多重胸带配三圆护"最早出现在晚唐第9窟，前胸的左右圆护均出现交叉胸带。Ⅲ型出现于五代，佩戴位置从毗沙门天王的前胸移至腹部，带子交叉处连接花型、圆形或方盒状装饰物。

表4-1 莫高窟毗沙门天王X型圆护胸带各型示意

类型	盛唐 （705—780年）	中唐 （781—847年）	晚唐 （848—906年）	五代 （907—959年）
Ⅰ型				

续表

类型	盛唐 （705—780年）	中唐 （781—847年）	晚唐 （848—906年）	五代 （907—959年）
Ⅱ型	—	—		
Ⅲ型	—	—	—	

表4-2　莫高窟毗沙门天王X型圆护胸带白描图整理表

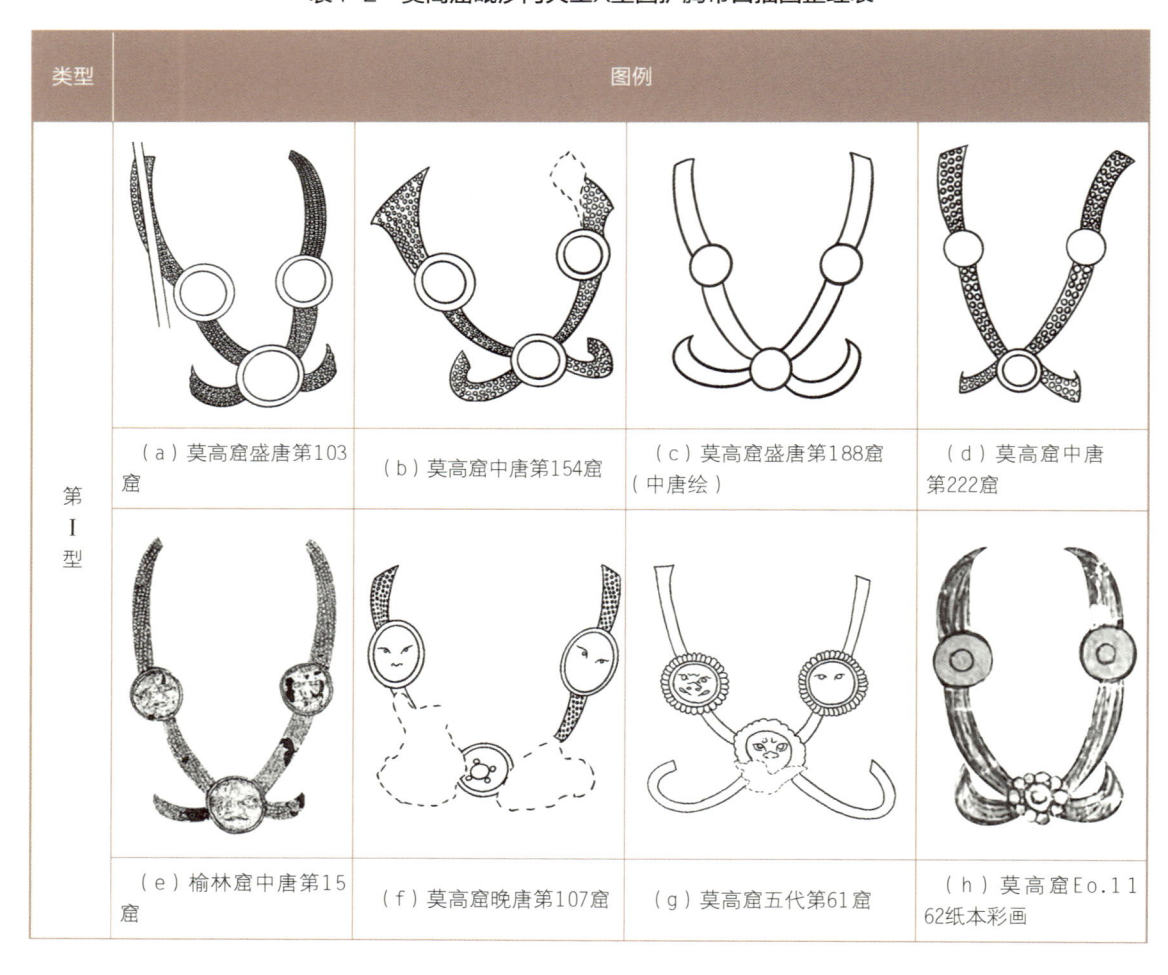

类型	图例
第Ⅰ型	（a）莫高窟盛唐第103窟　（b）莫高窟中唐第154窟　（c）莫高窟盛唐第188窟（中唐绘）　（d）莫高窟中唐第222窟 （e）榆林窟中唐第15窟　（f）莫高窟晚唐第107窟　（g）莫高窟五代第61窟　（h）莫高窟E o.1162纸本彩画

续表

类型	图例			
第Ⅱ型	（i）莫高窟晚唐第9窟	（j）莫高窟五代第108窟	—	—
第Ⅲ型	（k）莫高窟北周第428窟（五代绘）	（l）莫高窟盛唐第120窟（五代绘）	（m）莫高窟隋第292窟（五代绘）	（n）莫高窟五代第258窟

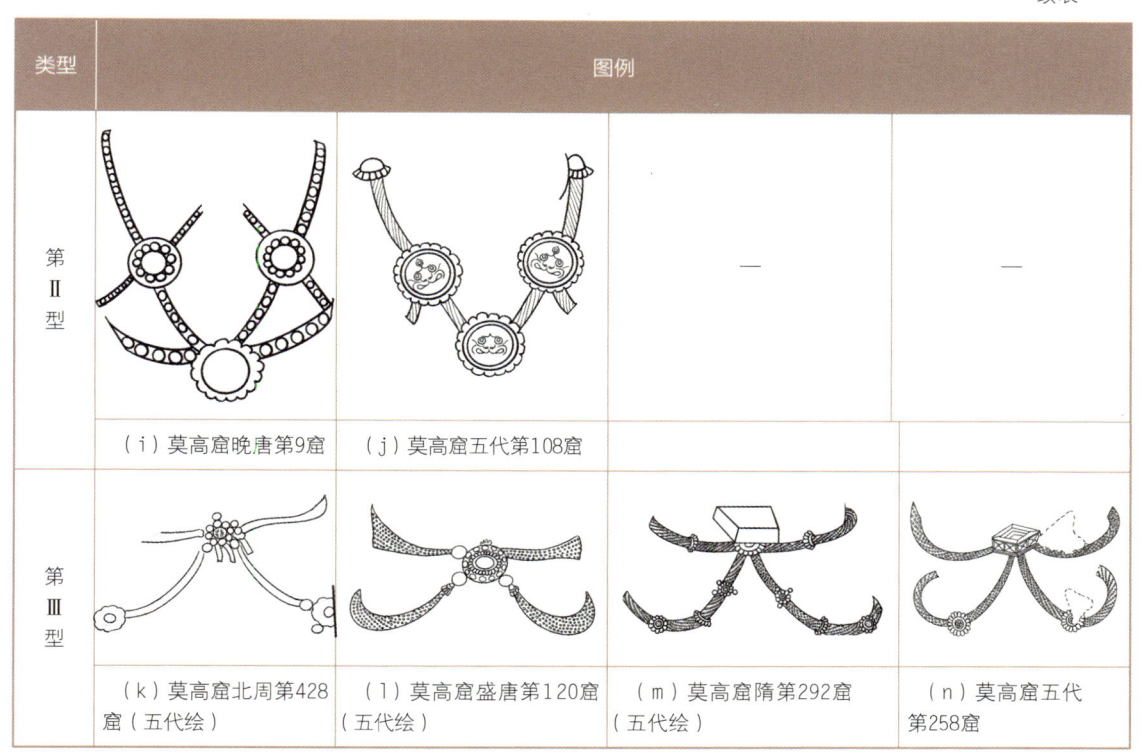

第Ⅰ型为"X型胸带配三圆护"，莫高窟毗沙门天王的X型圆护胸带以第Ⅰ型为主。X型圆护胸带与对襟型长甲的天王戎装在中唐之前已经少量存在于莫高窟，其中最早出现第Ⅰ型圆护胸带的洞窟为盛唐第103窟［表4-2（a）］。此身毗沙门天王绘于甬道北壁，甬道南壁绘地藏菩萨一身。毗沙门天王的面部、腹部以下等位置漫漶不清，根据残存的服饰形制可判断为对襟型长甲毗沙门天王像，其X型圆护胸带、双头皮襻及对襟式衣领清晰可见。第103窟毗沙门天王的X型圆护胸带表现为三个圆护由胸带连接，前胸左右两侧各一圆护，胸带交叉处又接一圆护。其胸带以数列纵向排列的白色小圆点表现多串白色的小联珠。

第Ⅱ型为"多重胸带配三圆护"，据实地考察，莫高窟现存两铺第Ⅱ型的案例，其中最早出现于晚唐时期的第9窟，在主室中心柱与西壁相接的南北面，各绘两铺画面内容相似的毗沙门天王，此两铺与同时代毗沙门天王偏向汉化的服饰相比颇为特殊，其服饰仍然保留浓郁的异域风格，其中南侧毗沙门天王的圆护胸带较之前发生了变化，圆护数量不变，胸带增多，前胸的左右圆护均出现交叉胸带。另外一铺案例位于五代第108窟窟顶东北角，此铺毗沙门天王胸带的双肩位置出现宝珠，圆护内描绘三眼小鬼纹样。

第Ⅰ型和第Ⅱ型圆形护具的纹样有素面、人面纹、小鬼纹、花卉纹等（图4-2）。中唐之前，莫高窟天王服饰和护具未曾装饰人面纹样，随着中唐第二类造像体系的流行，人面纹出现在X型胸带的圆护上，部分三个圆护均描绘人面纹，部分胸前二圆护为人面纹样，腹部圆护为素面或联珠花卉纹。值得注意的是，人面纹不仅描绘于对襟型长甲的X型圆护胸带上，还出现在明光胸

甲型长甲的二胸甲上，有时圆形护腹也表现为人面，甚至还显现在毗沙门天王叉式戟垂挂的幢幡上，如中唐榆林窟第25窟前室东壁毗沙门天王手持的幢幡。中唐第154窟彩塑上的人面纹，雕绘了一副蓝色的面孔，一对圆形的眼睛，眉毛上扬浓密，鼻梁高挺，嘴角向下，表现出一副凶神恶煞的神情。晚唐第107窟西壁龛外两侧绘制了一对相似的对襟型长甲毗沙门天王，均佩戴X型圆护胸带，前胸处的二圆护绘有人面。圆护的底色与天王肤色一致，绘有一对丹凤眼，眼角细长，微微上扬，窄鼻小嘴，与第154窟等窟的彩塑人面纹相比，第107窟的人面纹凸显了东方人的五官特征。五代宋时期人面纹向鬼面发展，常表现为三只眼睛的小鬼，如五代第108窟东北角毗沙门天王、五代第261窟西北角毗沙门天王、第171窟宋重修前室毗沙门天王等。

（a）莫高窟中唐第154窟西龛外北侧毗沙门天王彩塑圆护图案

（b）莫高窟中唐第258窟主室西壁龛内毗沙门天王彩塑圆护图案

（c）榆林窟中唐第15窟前室东壁南侧毗沙门天王壁画圆护图案

（d）榆林窟中唐第25窟前室东壁毗沙门天王壁画护腹图案

（e）莫高窟晚唐第459窟西龛内北侧毗沙门天王彩塑圆护图案

（f）莫高窟晚唐第107窟主室西龛外两侧毗沙门天王圆护图案

（g）莫高窟五代第61窟东北角毗沙门天王圆护图案

（h）莫高窟五代第108窟东北角毗沙门天王圆护图案

（i）莫高窟五代第261窟西北角毗沙门天王圆护图案

（j）莫高窟盛唐第171窟前室毗沙门天王圆护图案（宋重修）

图4-2 莫高窟毗沙门天王X型圆护胸带中的人面纹

第Ⅲ型为"X型腹带连接一装饰物"，晚唐五代时期天王造型由中唐时期立像单尊向坐姿经变画群像的形式转变，流行在前室西壁门南北两侧重修天王像，其中毗沙门天王像常位于西壁门北侧。坐姿毗沙门天王戎装的主要样式回归明光胸甲型Ⅲ式短甲，服饰愈加精致华美，极具装饰韵味，前胸基本不见X型圆护胸带（除第9窟外）。五代时期少数毗沙门天王的腹部位置可见交叉缠绕的璎珞，由表4-2第Ⅲ型X型圆护胸带白描图可见，此时的装身具已不见三个圆形护具，形制更接近菩萨身上的璎珞，联珠带交叉的中心连接一个圆或方形装饰物，圆形装饰物多表现为联珠组成的花型或宝珠，在佛教造像中称之为"严身轮"❶；方形装饰物则为一个立体且带纹样的方盒，如第120窟前室西壁门北侧、第258前室西壁门北侧、第428窟前室北壁、第292窟甬道北侧的毗沙门天王等。

---

❶ 李敏. 敦煌莫高窟唐代前期菩萨璎珞[J]. 敦煌研究，2006（1）：54-61.

璎珞，也为"缨络"，本是南亚次大陆贵族阶级佩戴的装饰物，后被佛教吸收，成为佛国人物的装身具。X型交错的璎珞在南北朝、隋代汉地的菩萨造像中已十分盛行，并为后世沿用。此时的璎珞较长，交错中心的严身轮常位于菩萨的腹部位置，而带子往往垂至膝际，如西安市北郊六村堡出土的北周时期的彩绘菩萨立像、广元皇泽寺第10号大佛窟南壁的大势至菩萨、莫高窟西魏第285窟东壁北侧的大势至菩萨、莫高窟隋代第314窟西龛外北侧的思维菩萨等（图4-3）。有学者指出，南北朝、隋代汉地菩萨造像中的X型长璎珞是汉化的结果，并以山西天马曲村出土的西周时期的一套玉佩作为参照，佐证X型长璎珞与中国早期配饰的渊源❶。唐末中原地区大足北山第5号龛毗沙门天王像，头戴三面宝冠，双肩有肩饰，身披对襟胸甲，穿长甲裙，足下有地神托举，其胸前的X型圆护胸带已演变成璎珞化的长款华丽装饰。由敦煌晚唐五代时期第Ⅲ型X型圆护胸带和大足北山第5号龛的毗沙门天王案例可知，X型圆护胸带呈现出逐渐向佛教传统璎珞样式演变的趋势。

（a）彩绘菩萨立像，北周
（摘自《长安佛韵——西安碑林佛教造像艺术》）

（b）广元皇泽寺第10号大佛窟南壁大势至菩萨，初唐（摘自《中国美术全集34·雕塑编·四川石窟雕塑》图21）

（c）莫高窟西魏第285窟东壁北侧大势至菩萨（摘自《敦煌石窟全集2·尊像画卷》图42）

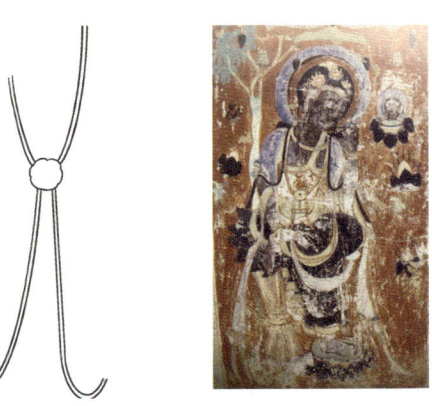

（d）莫高窟隋代第314窟西龛外北侧思维菩萨（摘自《敦煌石窟全集2·尊像画卷》图99）

图4-3

---

❶ 李敏. 敦煌莫高窟唐代前期菩萨璎珞[J]. 敦煌研究，2006（1）：54-61.

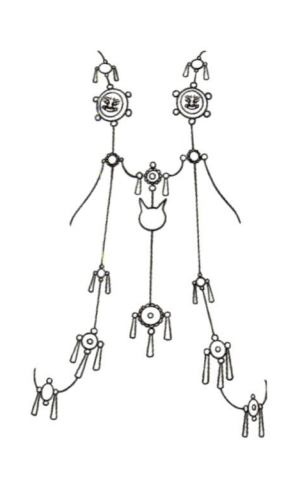

(e) 泥塑菩萨，七个星出土（摘自《丝绸之路·新疆佛教艺术》p107）　　(f) 大足北山第5号龛毗沙门天王，唐末（摘自《中国美术全集34·雕塑编·四川石窟雕塑》图111）

图4-3　汉地X型长璎珞案例

三、X型圆护胸带的形成与发展

（一）意大利——单盘式胸带、三盘式胸带、多盘式勋章

1. 单盘式胸带

卡佩斯特拉诺武士（Capestrano warrior）出土于意大利的阿布鲁佐（Abruzzo），现藏于基耶蒂阿布鲁佐国家考古博物馆，从风格、铭文以及武器装备的风格上看，这座雕像的历史可以追溯至前6世纪后半叶。1943年，它偶然被当地的农民发现，整体高度约209厘米，立于约50厘米的石头底座上，肩宽超过135厘米。武士头戴夸张的盘状头盔，其面孔或为真实的面容呈现风格化的特征，也可能为提供保护或丧葬时的面具。武士的双臂交叉在胸前，前臂上装饰臂钏，右手扶一把斧头（或权杖）。武士的前胸偏心脏位置和后背各配有一个圆形的胸护，被称为卡留菲迪艾斯甲（Kardiophylax），意为对心脏的保护。前、后胸护由多根束带连接。武士双肩一共出现三根束带，左肩固定一根束带，右肩固定两根束带，其中左肩与右肩内侧束带与两个圆形护甲形成一个X型交叉闭环的套圈结构，而右肩外侧的束带则用于固定佩剑（图4-4）。剑柄上雕刻有动物和人物的图案，重叠在佩剑之上还有一把短而小的匕首。武士腹部和臀部的防御各由一块类似鹞尾的部件组成（表面未附甲片），并由腰带连接。该部件从腰部到腿部呈桃心形，并以锯齿形纹样作为边饰，而后臀的防御则缩小许多，形状与前片相同，尾部落在尾骨的位置。

卡留菲迪艾斯甲类型的单圆盘式X型护具，在阿布鲁佐地区出土诸多，另外在意大利的维图洛尼亚（Vetulonia）、帕莱斯特里纳（Palestrina）、努马纳（Numana）和比萨（Pisa）等地都有发现，该类护具以青铜或铁材质为主，圆盘直径在20~25厘米。至前6世纪，由两个圆盘组成的可防御前胸和后背的单圆盘式X型护具则被更广泛地运用于地中海地区。此时的圆盘已由阿布鲁佐武士

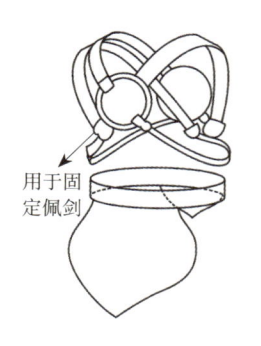

图4-4 卡佩斯特拉诺武士X型圆护胸带（摘自《大系世界的美术4·古代地中海美术》图72）

基于两个或三个锚点的连接系统，发展至由四个锚点组成的连接系统，即通过两条带子连接到圆盘四处相应的锚点上［图4-5（a）］。穿戴图可参考［图4-5（e）］和［图4-5（f）］。出土于基耶蒂（Chieti）的圆盘胸护［图4-5（b）］和出土于皮塞嫩郡（Picenum）［图4-5（c）］的相似，圆盘外围由联珠装饰，中心位置刻绘一个双头四足的动物形象，在动物左右各有一个由联珠组成的花朵纹样。另一件藏于大英博物馆的胸护，为青铜质地，外缘附近共有四对小孔，用于连接胸带［图4-5（d）］。圆盘略带凸面，装饰丰富，由多重同心的联珠纹组成。中间一圈装饰兽纹和"卍"字纹。中心联珠纹内刻有细密的装饰带，有锯齿状、三角形、圆形等，正中心为五瓣的花朵（或星）。

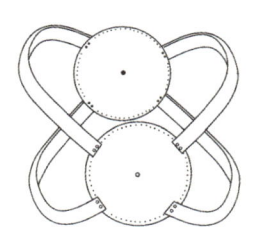

（a）卡留菲迪艾斯甲线描图（摘自《伊比利亚半岛装甲圆盘》图3）

（b）出土于基耶蒂，前7世纪，基耶蒂阿布鲁佐国家考古博物馆藏

（c）出土于皮塞嫩郡，质地为青铜，前700—前600年，大英博物馆藏（源自：大英博物馆网站）

（d）出土于意大利，质地为青铜，前675年—前625年，大英博物馆藏（源自：大英博物馆网站）

（e）出土于帕埃斯图姆（意大利）58号墓，前340—前320年，帕埃斯图姆博物馆藏（摘自《希腊艺术与希腊精神》）

（f）维也纳艺术史博物馆藏，编号N. Inv. 918（摘自《伊比利亚半岛装甲圆盘》图47）

图4-5 卡留菲迪艾斯单圆盘式X型护具

2. 三盘式胸带

卡留菲迪艾斯单圆盘式X型护具在意大利前5世纪以后逐渐消失❶，而后在意大利南部开始出现其他类型的金属板胸甲，其中最具代表性的为三圆盘结构的胸护（图4-6）。

由于该胸护大量出土于意大利南部的萨姆尼特（Samnite）或与之相关的民族占领区，因而三圆盘式胸护也被称为"萨姆尼特胸盾"（Samnite cuirass）❷。三圆盘式胸护的胸甲和背甲形状相同，压印有三个圆盘，上面两个，下面一个，构成一组倒三角结构。需要指出的是，三圆盘式胸护束带的连接形状已经不再是X型，而是通过两个肩带和侧面的钩环固定。三圆盘式胸护的设计相比单盘式更为先进，普遍认为三盘式是由单盘式演变而来的，在形式和功能上显示出一种连续性，三盘式通过增加圆盘的数量，增加了防护面积，从而提供额外的保护❸。在一些坎帕尼亚（Campania）花瓶中，描绘了佩戴三圆盘式胸护的战士［图4-6（b）］。画面展示了战士们作战或举行仪式等日常活动场景，胸护多由三个圆圈表示，其肩部、侧面的细节则被简化。三圆盘式胸护在演变的过程中受到古希腊文化的影响，在圆盘中出现了古希腊神话人物的头像，以雅典娜、美杜莎、赫拉克勒斯为主。在突尼斯的例子中，胸前和背板的下部圆盘中雕刻着雅典娜的脸庞［图4-6（c）］。

（a）出土于意大利南部的三圆盘胸护，前400—前300年

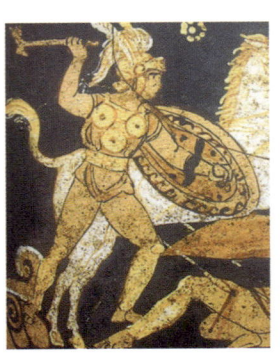

（b）坎帕尼亚花瓶中的战士，三圆盘胸护，前350—前320年

（c）出土于突尼斯的三圆盘胸护，前3世纪，突尼斯巴尔多国家博物馆藏

（d）波士顿美术馆藏（摘自《公元前5世纪至公元前3世纪南意大利武士服饰的文化和军事意义》图T32）

图4-6 意大利地区的三圆盘胸护

3. 多盘式勋章

此外，在凯撒时代（前100—前44年），古罗马战士习惯在战斗中佩戴勋章，被称为"Phalerae"，是一类雕刻的圆盘勋章。该雕刻圆盘是由金属或玻璃以浮雕形式制成的军事奖章或军事勋章，战士将其串连在编织成框格的皮革带上，套于铠甲之外［图4-7（a）］。如图4-7（b）

---

❶ 科隆纳. 关于一类中心斜体装甲圆盘[J]. 伊特鲁里亚，1974：193-205.
❷ 萨尔蒙. 萨姆尼特胸盾[M]. 剑桥：剑桥大学出版社，1967：109.
❸ 同❷。

所示，在框格的顶部有一条半圆形的带子，用于将连接的雕刻圆盘挂于颈部。随着中亚游牧民族与古罗马帝国的交流，一些游牧民族极有可能接受了古罗马人的时尚，并将此类用于彰显功勋的佩戴装饰借鉴于自身的军事装备系统中。

（a）克劳迪安军团十一世石刻，约1世纪，马菲亚诺博物馆藏 　　（b）昆图斯·塞多利斯·费斯图斯（Quintus Sertorius Festus）的葬礼纪念碑，约1世纪

图4-7　古罗马雕刻圆盘勋章

（二）亚述浮雕中的X型圆护胸带

亚述（Assyria）是一个古老的王国，在如今伊拉克的北部，前25世纪兴起于美索不达米亚。亚述帝国崇尚武力，历代诸王无不使用武力扩张和建立殖民地的方式开疆扩土，亚述文明中先进完备的军事学是其对人类文明卓越的贡献。❶

亚述帝国出土了诸多新亚述帝国时期（Neo-Assyrian Empire）（前935—前612年）的浮雕作品，翔实地展现了场面宏大的战争场景。在一幅幅战争场景中，生动地描绘出浴血奋战的亚述战士形象以及当时亚述的军戎装备。

从新亚述帝国时期浮雕所反映的甲胄来看，总体可以归纳为两类样式（其中也存在未穿着甲胄的兵种，他们穿短袖上衣配裙，束腰带，胸肩斜挎箭囊，多为弓箭手的常见穿着）（图4-8、图4-9）。

第一类为身披铠甲的战士，均佩戴标准的尖头锥形亚述头盔；上身穿着短袖札甲，札甲为长条形，形制类似筒袖甲；下装穿着围裹式的裙，于前中下垂呈长条的布角，小腿部位配备胫甲，脚蹬靴。第一类甲胄的穿着者以弓箭手、战车士兵为主，部分骑兵、步兵也穿戴该款式。

第二类为穿戴X型圆护胸带的战士，此类X型护具常出现在持长矛和盾牌的矛兵身上，搭配顶部向前弯曲的马鬃头盔（冠状头盔），穿着短袖和及膝裙，腰部束

图4-8　新亚述浮雕中的甲胄样式一 　　图4-9　新亚述浮雕中的甲胄样式二

---

❶ 亓佩成. 古代西亚文明[M]. 济南：山东大学出版社，2016：122-126.

有宽腰带，小腿部位配备胫甲，足穿靴［图4-10（a）］。

图4-10（b）的浮雕属于提格拉·帕拉萨三世（Tiglath-PileserⅢ，前745—前727年在位）统治时期，画面描绘了一群亚述战士对敌方城镇的进攻。亚述战士手持圆盾和长矛，横穿沟渠，位于梯子上下的四位战士装束相同，均佩戴圆形胸护，带子交叉呈X型包裹胸膛。图4-10（c）记录的是亚述王亚述巴尼拔（Ashurbanipal，前669—前627年在位）所派遣的亚述军队与伊朗西南部埃兰人的乌莱河战役。画面中亚述军队从左侧进攻，他们的装备相对更加精良，多数士兵佩戴头盔，携带长矛、弓箭、盾牌等武器。埃兰人被亚述强劲的进攻逼退至乌莱河边，连同他们的战马、武器都纷纷跌入乌莱河中。场景中能够清晰地观察到，一位亚述战士，右手握盾，左手执长矛，正刺向敌人，其后背佩戴圆护，该圆护直径与革带的宽度相当，位于后背正中的位置。相同的装束在亚述人围剿埃兰要塞的战争场景中也有表现［图4-10（d）］。从整体上说，亚述浮雕清晰地记录了当时战士所配备的一类护具——由革带交叉连接两块圆形护甲，为前胸和后背提供防护。

根据学者波斯特盖特（Postgate）对于亚述碑文的翻译与研究❶，可推测穿戴有顶饰的冠状头盔和X型圆盘护具的新型长矛兵的族裔接近安纳托利亚（Anatolian）的文化因素（安纳托利亚，现土耳其大部分疆土，位于黑海和地中海之间，是亚洲西南部的半岛）。推测此类X型圆盘胸护已经在地中海西岸的族群中被广泛使用，随着亚述招募外国族裔士兵，这类护具得以进入亚述。

（a）亚述战士佩戴的X型圆护胸带示意图

（b）提格拉·帕拉萨三世统治时期的进攻，前730—前727年，大英博物馆藏（源自：大英博物馆网站）

（c）乌莱河之战，前660—前650年，大英博物馆藏（源自：大英博物馆网站）

（d）亚述人围剿埃兰要塞，前645—前635年，大英博物馆藏（源自：大英博物馆网站）

图4-10 亚述浮雕艺术中佩戴X型圆护胸带的战士

---

❶ 波斯特盖特. 扎穆阿的亚述军队[J]. 伊拉克，2000，62：89-108.

（三）波斯萨珊艺术中的X型圆护胸带

波斯萨珊王朝时期（224—651年）的艺术借鉴了乌拉尔图（Urartu）、米底（Medes）、亚述、吕底亚（Lydia）、古埃及、新巴比伦（Neo-Babylonian）、古希腊、古罗马的古老传统❶，以表达新的伊朗文化在与皇家相关的文物古迹中表现得尤为明显。在长达四个世纪的统治过程中，萨珊王朝通过贸易、征服和外交等方式使萨珊艺术在东、西方都得到了传播。

阿尔达希尔一世（Ardashir Ⅰ）建立波斯萨珊王朝，在菲鲁扎巴德（Firuzabad）平原垂直的岩石上雕刻了一幅纪念萨珊胜利的浮雕，此图描绘了阿尔达希尔一世在224年战胜帕提亚最后一位国王阿尔塔邦五世（Artabanus Ⅴ）的一幕，其中阿尔达希尔一世在战斗中穿着一类新型的战斗服饰，其前胸出现X型胸带，胸带交叉的中心连接一个圆形护具（图4-11）。

在4世纪末至6世纪末的较长时间内，萨珊王朝极少雕刻彰显战争胜利的皇家大型岩石浮雕，这可能与王朝统治稳固等政治因素有关❷。而另一种极具萨珊王朝艺术特征的工艺品——国王狩猎银盘，开始大量流行。这些银盘的画面通常由狩猎方和被狩猎方组成，狩猎方以表现萨珊统治者英勇无畏的形象为主，被狩猎方则为被驯服的猛兽。这类银盘作为皇室官方的产品，通常作为外交、贸易等手段传播至周边地区。从目前出土的银盘来看，在格鲁吉亚（Georgia）、阿塞拜疆（Azerbaijan）、阿富汗等地均有发现，也被用作贸易的重要物品传入汉地，如山西大同市小站村花圪塔台墓葬出土的萨珊鎏金银盘❸。诸多萨珊银盘的国王服饰上都出现了X型圆护胸带，并且其形制逐渐发生演变。研究波斯服饰文化的学者通常将带有圆护的胸带称为"Chest harness""Chest halter"，有联珠装饰或由联珠组成的称为"The beaded halter""Beaded chest harness""A beaded chest halter"；将中心的圆形装饰称为"Center clasp"或"Central boss"。

图4-11 阿尔达希尔一世胜利战役浮雕，3世纪（摘自《西亚古代艺术》图147）

---

❶ 周尚仪. 丝绸之路上的艺术奇葩：古代伊朗金属艺术[J]. 装饰，2007（5）：74-77.
❷ 哈珀. 萨珊王朝时期的银器：皇家意象[M]. 纽约：大都会艺术博物馆，1981.
❸ 夏鼐. 北魏封和突墓出土萨珊银盘考[J]. 文物，1983（8）：5-7.

根据对现存波斯银盘和浮雕等艺术作品的整理与分析，可将其中所展现的圆护胸带类型分为3类：

第一类，表4-3中（a）~（c），胸带末端均与圆护相连，胸带呈现近乎 X 交叉的形状。

第二类，表4-3中（d）~（i），胸围位置的带子呈水平围裹并与圆护相连，肩部带子不与圆护相连，但靠近相接处。

第三类，表4-3中（j）~（n），与第二类的区别在于肩带与横向胸带相接的位置远离圆护。

表4-3　波斯萨珊艺术作品中圆护胸带类型整理表

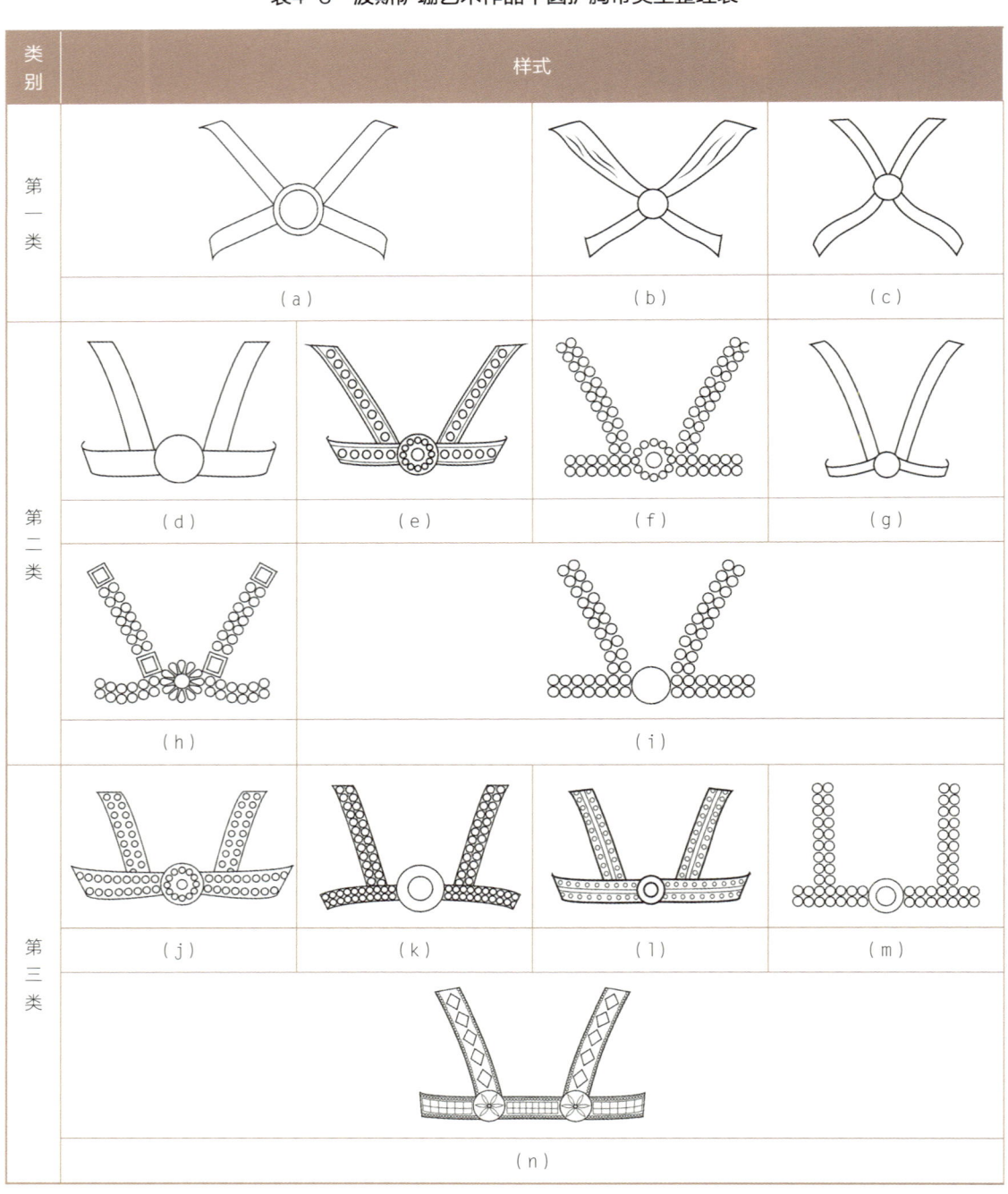

类别	样式			
第一类	(a)	(b)	(c)	
第二类	(d)	(e)	(f)	(g)
第二类	(h)	(i)		
第三类	(j)	(k)	(l)	(m)
第三类	(n)			

尽管在研究古迹时，一般可将服饰类型与文物的纪年相对应，如将服饰的细节信息（王冠、服饰等）与带有明确日期的图像（浮雕、硬币、印章等）相参照，可为识别银盘的国王身份以及按时间顺序排列银盘提供一些指导。然而，在梳理波斯萨珊王朝时期圆护胸带的样式时，存在同一国王穿戴不同样式圆护胸带的情况，也存在纪年靠后的银盘表现为早期圆护胸带样式的情况。针对此类现象，一方面，应充分考虑银盘作为纪念性艺术品的特性，即纪念性作品所描绘的着装不一定是当前的着装风格❶。服饰所描绘的一些细节可以看作一个时段的特征，而实际上，它们可能是作为纪念性作品效仿前期作品的产物，也可能是在一段时间内受到根深蒂固模式影响或习惯性创作的结果。另一方面，在萨珊王朝灭亡之后，伊朗高原以及周边地区很长时间内承袭萨珊艺术的风格，诸如粟特国虽然不属于萨珊的文化中心区，但受到萨珊美术的影响，其服饰及手工艺品与萨珊王朝艺术有相似之处❷。尽管如此，依据银盘上国王圆护胸带的特征仍可以注意到一些总体趋势。

萨珊王朝早期的圆护胸带（第一类），形制近似于亚述，带子的末端均与圆护相连，带子交叉的角度接近X型，圆护表现为素面或双层同心圆盘。第二类和第三类整体拼接的形状发生改变，原本圆护下方的胸带倾斜的角度变小，下方带子接近于水平状态，圆护已不与两条肩带相连，而是连接在横向的胸带上。圆护出现更多的装饰形态，如联珠组成的花朵形态，带子有些表现为双股联珠串联的样子，多数则是在宽带的基础之上装饰联珠。

从萨珊圆护胸带装饰形态的演变可以看出，其作为军事防御的功能被逐渐弱化，更注重体现象征性或礼仪性的内涵。圆护胸带在彰显胜利的萨珊国王身上不断出现，可被认为是一种皇权与征服的象征。

（四）犍陀罗片岩雕塑中的X型圆护胸带

在众多犍陀罗片岩雕塑中，当叙述"降魔成道"、八王争舍利等战斗类故事题材时经常描绘穿着戎装的武士形象，其中存在穿戴X型圆护胸带的案例。尽管犍陀罗艺术属于宗教语言的艺术表达，但在表现形式上采用了诸多现实生活中的素材，如犍陀罗武士形象的表现——武士的服饰除了借鉴古印度的头巾、"Uttariya"（吠陀时期产生的缠裹上身的布）和"Paridhana"（下装，于前中打褶，与腰布相似）外，还描绘了古希腊、古罗马和中亚等地的军戎装备。由于犍陀罗地区曾被许多不同的势力统治，如波斯阿契美尼德王朝、古希腊亚历山大、巴克特里亚王国、塞种人、安息帕提亚王朝、贵霜王朝、波斯萨珊王朝等，因此不能忽视犍陀罗地区雇佣军的存在，不仅在那个时代，尔后的几个世纪里，外国的士兵都可能被雇佣为犍陀罗作战。

根据意大利亚非研究院考古队对犍陀罗石刻以及犍陀罗艺术品的编目❸，依据服饰特征可将犍陀罗时代出现的武士形象分为中亚式、贵霜式、古印度—古希腊式、古希腊—古罗马式（表4-4）。

---

❶ 高盛.后伊斯兰时代以前的骑马服装[J].伊朗古物，1993，28：201.
❷ 夏鼐.北魏封和突墓出土萨珊银盘考[J].文物，1983（8）：5-7.
❸ 法切那，菲利真齐.犍陀罗石刻术语分类汇编[M].魏正中，王姝婧，王倩，译.上海：上海古籍出版社，2021：153-154.

表4-4 犍陀罗时期武士服饰类型

（a）中亚式	（b）贵霜式	（c）古印度—古希腊式	（d）古希腊—古罗马式

　　X型圆护胸带最常出现在身着铠甲的古印度—古希腊式和古希腊—古罗马式武士身上。一块发现于布特卡拉2—3世纪的片岩雕塑，刻绘了释迦牟尼降魔成道的故事，画面基本呈现左右对称的布局（图4-12）。浮雕的左右两端磨损严重，各有一位女子正翩翩起舞。释迦牟尼周围围绕着一圈魔军，以魔王波旬拔剑和其子须摩提制止的情节为界，可将魔军分为上、中、下三层，上层为众兽形魔军，中层为魔王波旬与其子须摩提，下层为穿戴甲胄的人形众魔军。魔王波旬与其子须摩提身缠璎珞，穿着古印度贵族装束，下排11位武士形象的魔军均穿着菱形纹短袖甲衣❶，能够清晰地观察到有7位武士胸前佩戴X型圆护胸带（有4位被遮挡无法辨析），其中有2位魔军背部朝外旋转倒地，在其背部也能看到圆护。此犍陀罗片岩所描绘的X型圆护胸带和前文讨论的形制一致，即前后各一圆形护具，由交叉的胸带连接［图4-13（a）］。

　　除此之外，在犍陀罗艺术中仍有诸多佩戴X型圆护胸带的案例，如赛杜莎里夫一号出土的八王争舍利片岩残片，其中一位国王穿戴X型圆护胸带［图4-13（b）］。收藏于耶鲁大学美术馆的一块"玛拉的进攻"片岩中，一位古印度—古希腊式武士胸前也出现X型圆护胸带［图4-13（c）］。犍陀罗艺术X圆护胸带中圆护表面的装饰图案有素面、花纹和人面纹（或为小鬼面纹），值得注意的是，此类人面纹样在亚述和萨珊波斯王朝的圆护胸带上不曾见到。在一张私人收藏的犍陀罗片岩中，武士穿戴古印度—古希腊式的戎装，胸前佩戴X型圆护胸带［图4-13（d）］。胸带中心纵向由一排小联珠串联装饰，圆形护

图4-12　降魔成道片岩，2—3世纪，发现于巴基斯坦，斯瓦特博物馆藏

---

❶ 带有交错菱形纹的甲衣并不是犍陀罗艺术中描绘武士装甲的唯一方式，但却是最常见的方式，相似的菱形甲片甲衣也出现在6—7世纪丰都基斯坦佛龛内壁画太阳神的身上。

具内圈刻绘人面或鬼面纹，有一对圆眼珠，眉弓上扬，鼻头短而圆，嘴形呈上凸的弧线形，表现出一股凶怒的神情［图4-13（e）］。从五官比例和神态等方面来看，犍陀罗片岩刻画的人面纹与敦煌莫高窟中唐第154窟和晚唐第459窟对襟型长甲毗沙门天王彩塑上的圆护人面纹存在相似之处（图4-14）。

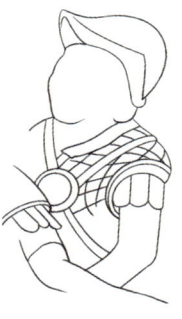

（a）片岩雕塑，2—3世纪，发现于巴基斯坦，斯瓦特博物馆藏（摘自《伊朗头饰历史》）

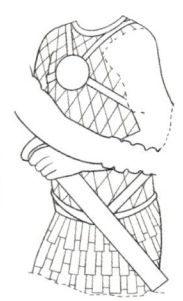

（b）八王争舍利片岩残片局部（摘自《犍陀罗艺术探源》图9）

（c）玛拉的进攻，2—3世纪，耶鲁大学美术馆藏

（d）片岩雕塑，私人收藏（摘自《浅论部分犍陀罗武士雕塑》图5）

（e）片岩雕塑，私人收藏（摘自《收藏杰作》(Collecting Masterpieces) P.28–29）

图4-13　犍陀罗艺术中佩戴X型圆护胸带案例

（a）犍陀罗片岩的圆护图案局部

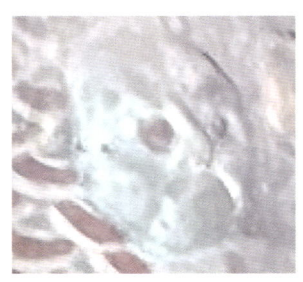

（b）敦煌莫高窟中唐第154窟西龛外北侧毗沙门天王彩塑圆护图案局部

（c）敦煌莫高窟晚唐第459窟西龛内北侧毗沙门天王彩塑圆护图案局部

图4-14　圆护人面纹样对比

（五）龟兹石窟壁画中的X型圆护胸带

龟兹自古就是东西方交流的中介纽带，在地理位置上，龟兹正处于佛教东传的路径上。佛教在前6世纪的古印度兴盛后，即向周围传播，率先影响了安息帕提亚王朝、康居等中亚国家，尔后经过帕米尔高原、喀喇昆仑山脉由丝绸之路北道至龟兹，后渐传至敦煌，由河西走廊进入中原❶。因此，佛教艺术到达龟兹之时已承载了来自古希腊、古罗马、波斯、古印度等地区的文化，同时这些外来文化又与汉文化相碰撞，多元文化交融的特质奠定了龟兹佛教艺术的独特风格，并对中原佛教艺术的发展产生了深远的影响。

德国探险家阿尔伯特·冯·勒克科在新疆地区科考时，观察到龟兹石窟壁画武士身上出现一类由交叉束带连接一个圆形装饰（或护具）的装身具，这类装身具常与戎装搭配出现在天王、武士、金刚、日神、月神等神祇的身上（图4-15）。勒克科还注意到，部分装身具中心的圆护带有人面纹饰，如库木吐喇石窟第19窟的两位武士像。

第19窟为一中心塔柱窟，在横向甬道G墙上，绘制了一座宏伟的城墙，城门两旁各有两棵长满花卉的树，城墙之上坐着一排天神，中心位置神祇图像漫漶，其两侧各绘手捧舍利盒的四位天神，应是在表现分舍利的故事。在G墙的左右两侧，描绘有两名身披铠甲、锦旗环绕的武士，他们正骑着战象向城墙走来（图4-16中箭头所指处）。武士的面部受损，但铠甲形制清晰，穿着高盆领W胸甲型甲衣。两位武士均一手拿弓、一手执长矛，收腿横坐在象背上。值得注意的是，两位骑象武士前胸佩戴的胸带，在交叉处连接一块圆形护具，圆护上描绘了一个简化的面孔。勒克科对此有如下描述："交叉形武装带，交叉处有圆护心牌，其上有简化的面孔，包括一个鼻子、两撇胡子和三颗牙齿"❷。

| (a)骑象和骑马武士，克孜尔石窟"壁炉窟"，约750年（摘自《中亚艺术与文化史图鉴》图53局部） | (b)龙王，克孜尔石窟"龙王窟"，8世纪（摘自《中亚艺术与文化史图鉴》图102局部） | (c)骑象武士，库木吐喇石窟第19窟，8—9世纪（摘自《中亚艺术与文化史图鉴》图103、图104局部） | (d)天王，克孜尔石窟第175窟，6—7世纪（摘自《中国石窟·克孜尔石窟》） | (e)护法神圆护胸带，森木塞姆石窟第30窟（摘自《西域壁画全集》图28局部） |

图4-15 新疆石窟壁画中X型圆护胸带案例

---

❶ 敦煌研究院，孙修身.敦煌石窟全集12·佛教东传故事画卷[M].香港：商务印书馆（香港）有限公司，1999：5.
❷ 阿尔伯特·冯·勒克科.中亚艺术与文化史图鉴[M].赵崇民，巫新华，译.北京：中国人民大学出版社，2005：128.

另外一位德国学者阿尔伯特·格伦威德尔指出，在X型胸带的双肩位置出现形如橡树果的装饰[1]。在其著作《新疆古佛寺：1905—1907年考察成果》中，将此装饰物翻译为"直立的高脚杯形且内部有毛质的流苏"[2]。根据格伦威德尔和勒克科现场勘查，均认为此装饰与胸带相连，笔者在整理新疆石窟X圆护胸带时也发现此橡树果状装饰与X圆护胸带往往一同出现，不穿戴X圆护胸带的壁画人物的肩部则不见此橡树果状装饰。由此说明龟兹石窟中的X型圆护胸带与橡树果状的装饰或为一体结构，或为一种固定搭配，并且此装饰具有毛质流苏、带底托、呈橡树果状等特征。

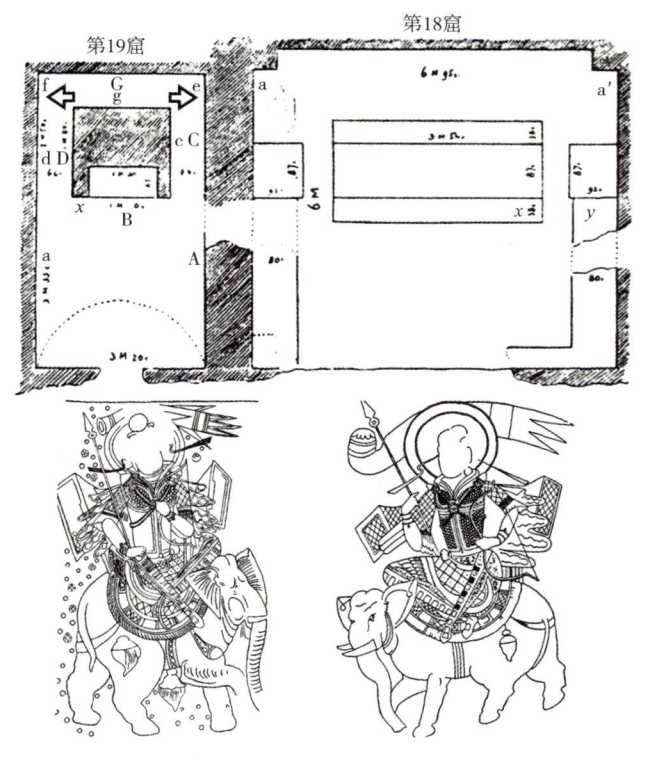

图4-16　库木吐喇石窟第19窟平面图和骑象武士
（摘自《新疆古佛寺：1905—1907年考察成果》p.45）

（六）西藏14—17世纪四镜甲

从中国西藏地区15—17世纪留存的甲胄实物分析，西藏武士在长身甲之外通常会穿戴圆形护具，多数中国西藏、尼泊尔及周边地区的护具由四个打磨光滑的圆形铁盘相互串联而成。圆盘直径18~22厘米，四个圆盘护具由皮制的交叉带连接固定，穿戴时胸前和后背各放置一个圆护，另外两个分别位于左右手臂下的腰部位置，旨在保护躯干的正面、背面和侧面。

美国大都会艺术博物馆收藏的一样四圆盘护具由四个抛光的圆盘组成，胸部和背部的圆盘比侧面的圆盘略大［图4-17（a）］。每个圆盘的中心都装饰有一对十字交叉的金刚杵，圆盘内衬由皮革垫以织物制成，连接的带子缝纫双股线迹，并通过铆钉固定在圆盘上，每个圆盘均有四个铆钉。两侧圆护向后延伸的带子末端各接一个小带扣，用于连接后背圆盘左右伸出的带子（该案例后背圆盘一侧带子缺失）。另外一件大都会艺术博物馆收藏的四镜圆盘护具的排列方式与前述不同，四个圆盘一字排列，但防护部位依然为前胸、后背和两侧腰部［图4-17（b）］。从左往右第三圆盘穿戴于前胸部，此圆盘上方通过铁环系两根带子，带子搭附左右肩膀，向后与左一圆盘上方的带扣连接，形成防御身体前后左右的完整护具。

---

[1] 阿尔伯特·冯·勒克科. 中亚艺术与文化史图鉴[M]. 赵崇民, 巫新华, 译. 北京：中国人民大学出版社, 2005: 99.
[2] A. 格伦威德尔. 新疆古佛寺：1905—1907年考察成果[M]. 赵崇民, 巫新华, 译. 北京：中国人民大学出版社, 2007: 44-47.

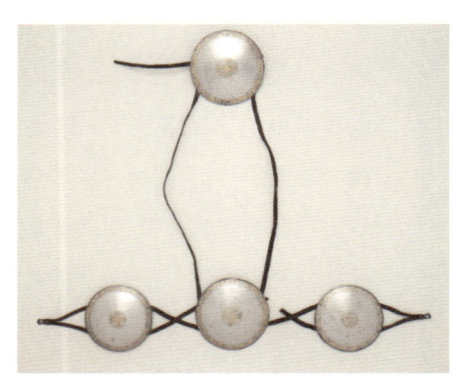

（a）四镜圆盘护具，大都会艺术博物馆藏，编号：36.25.26（源自大都会艺术博物馆网站）

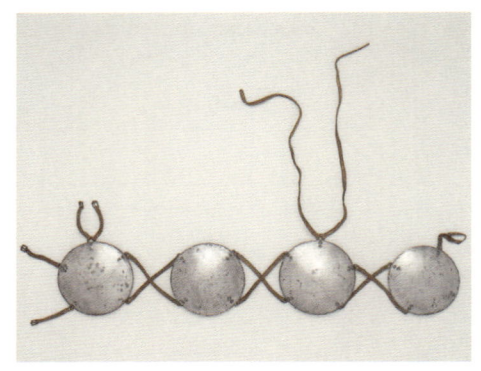

（b）四镜圆盘护具，大都会艺术博物馆藏，编号：36.25.351（源自大都会艺术博物馆网站）

图4-17　西藏四镜圆盘护具

在藏语中此护具被称为"Me long bzhi"，波斯语称"Char-aina"，英文常直译为"Four mirrors"——四镜甲。此护具为一类胸甲，于14—17世纪被广泛使用于亚洲、中东和东欧等地区，其中主要包括奥斯曼帝国、波斯、古印度、阿富汗、俄罗斯和中国西藏。有学者指出，14—17世纪的四镜甲与伊朗高原、意大利等欧洲国家用带子悬挂的防护性圆盘的X型圆护胸带之间存在关联[1]。从14—17世纪遗存的甲胄实物来看，圆护覆盖躯体的面积逐渐变大，如此时期波斯的四镜甲和奥斯曼帝国的圆盘甲（图4-18）。四镜甲的形状通常是圆盘形，也有演变为矩形或八角形的金属甲板，增大了对身体防护的面积。有的通过带子连接，穿戴在铠甲外，有的则与铠甲合为一体，此类有效防护躯体正面、背面、两侧的军用护具，随着装甲的形状和质量的改进，至17世纪末被逐渐废弃[2]。

（a）波斯四镜甲，17世纪至18世纪初，大都会博物馆藏，编号：36.25.18a-d

（b）奥斯曼帝国的圆盘甲，16世纪末至17世纪末，大都会博物馆藏，编号：36.25.345

（c）古印度或伊朗矩形四镜甲，18世纪末至19世纪初，大都会博物馆藏，编号：48.92.1

图4-18　14—17世纪四镜甲/圆盘甲

---

[1] 亚历山大. 悬挂防护性圆盘 [J]. 大都会博物馆杂志，1989，24：199-207.
[2] 博布罗夫，胡佳科夫. 中世纪晚期中亚武士的防护武器[J]. 北亚和中亚游牧民族的军事事务，2002：118.

（七）X型圆护胸带的演变

本书探讨的X型圆护胸带主要有两个特点：一是通过交叉呈X型的宽带穿戴在躯干上；二是在交叉的宽带上连接一至三个圆盘护具。

X型圆护胸带作为古老的防御装备，于前14—前7世纪已被人类发明并使用，并且在地中海、西亚、中亚等广袤地域中表现出强盛的生命力，经各国家、民族采用后，又有各自的发展演变轨迹，直到17世纪，其演变发展的胸甲仍然被部分民族使用。这漫长的演变经过实际上是一个复杂的、循序渐进的演变过程，也是一个接纳、适应、再创造的历程。探讨X型圆护胸带的由来、流变以及实用、宗教寓意，研究如此长盛不衰的防护用具，可以更为清晰地意识到该类装备不仅是一种功能性的实用工具，其中还可能附加战争变迁、文化交融、宗教传播等深刻含义。

由前文可知，单圆盘式的X型护具在前14—前7世纪已被人类发明并使用，目前学界对其起源提出意大利和西亚两种起源观点。据现有资料来看，前7—前6世纪，在地中海地区以及土耳其、亚述等区域内，单圆盘式的X型护具已广泛盛行。地中海地区的单圆盘式X型护具以卡佩斯特拉诺武士所佩戴的单圆盘式护具、意大利地区出土的青铜单圆盘式护具以及亚述浮雕刻绘的单圆盘式护具最为著名。在前5世纪前后的意大利南部，战士胸部的防御由单盘式演变为三盘式，通过增加圆盘的数量增加防护面积，并在演变的过程中受到古希腊文化的影响，在圆盘中出现了刻绘古希腊神话人物头像的艺术形式。需要指出的是，除X型圆护胸带外，古希腊的肌肉胸甲也对中亚、西亚的防护用具产生了相当的影响。然而，肌肉胸甲并未达到X型圆护胸带如此广泛的流通范围及时间，其中重要的原因是X型圆护胸带具有较为灵活的适用性。X型圆护胸带不必如肌肉胸甲般精确，也不需要覆盖整个躯干，可以便捷地调整胸带以适应不同尺寸的战士。另外，X型圆护胸带更容易与不同的铠甲搭配，不同的民族不必舍去原有的铠甲便可在本民族服饰的基础上增强防护。

亚述帝国以军事侵略为国策，战争是其获取资源、控制领土以及建立殖民地的主要途径。亚述人的浮雕艺术充满了军事叙事的场景，极少表现狩猎或神话象征的主题，因而亚述人的浮雕提供了诸多关于战争、军事装备的信息。经提格拉·帕拉萨三世的军事改革，大量外国族裔被纳入军队，其中的新型矛兵因穿戴该护具成为亚述军队中容易被辨识的兵种。此类型X型圆盘胸护可能在提格拉·帕拉萨三世之前就已在地中海西岸的族群中被大量使用，随着亚述招募外国族裔士兵而进入亚述。

前612年，米底、波斯、斯基泰、巴比伦和新梅里安人结成的反亚述同盟攻占尼尼微，推翻亚述统治，标志亚述帝国的终结。前558年，居鲁士二世（Cyrus Ⅱ）成为波斯的统治者，于前553—前550年征服米底，并将其统治的帕提亚、埃兰、亚美尼亚、基尔卡尼亚等国家一并纳入波斯的版图，增强了统治势力。后经过阿契美尼德王朝、亚历山大东征、安息帕提亚王朝，直至波斯萨珊王朝时期（224—651年），大量地再现了X型圆护胸带，在众多银质鎏金盘的国王狩猎场景中，国王胸前即佩戴X型圆护胸带。萨珊王朝时期X型圆护胸带的形态演变多样，其作为军事防御的功能被逐渐弱化，因银盘纪念、赏赐物品的性质，X型圆护胸带更加注重皇权的象征性与征服性。

印度半岛北部犍陀罗的地理位置相当于南亚次大陆的门户，所有的入侵、贸易和移民都由这条路进入，因此犍陀罗先于古印度其他地区受到外部文化的影响。长期受古希腊、古罗马艺术影响的安息帕提亚王朝于前25年占据犍陀罗，使偶像式的雕像艺术在犍陀罗迅速发展。X型圆护胸带在犍陀罗2—3世纪的佛教片岩雕刻的武士身上也有显现，具体出现在古印度—古希腊式和古希腊—古罗马式武士身上。X型圆护胸带在创造之初，更强调其防护功能和实用价值，自三盘式圆护胸带发明后，圆盘表面开始出现神祇头像，代替了传统的动物或植物纹样，如此在圆盘中描绘人面的装饰手法也影响了佛教的造像。需要指出的是，在犍陀罗的X型圆护胸带形象中再次出现了人面纹样，从五官比例和神态方面来看，其与敦煌莫高窟对襟型长甲毗沙门天王彩塑上的圆护人面纹存在相似之处。

自佛教于前6世纪的古印度兴盛后，即向周围传播，率先影响了安息帕提亚王朝、康具等中亚国家，尔后经过帕米尔高原、喀喇昆仑山脉由丝绸之路北道到达龟兹。在龟兹石窟壁画中，X型圆护胸带适用的人物范围与犍陀罗佛教造像相比更加广泛，常出现在天王、武士、金刚、日神、月神等神祇的身上。佛教继续沿丝绸之路东渐，传至敦煌，X型圆护胸带跟随对襟型长甲毗沙门天王造像在莫高窟显现。敦煌莫高窟中唐时期X型圆护胸带以连接三个圆盘护具为主，部分圆护上装饰人面纹。X型圆护胸带大量且集中地出现在中唐时期的莫高窟，推测与对襟型长甲在中唐突然盛行的原因相似。

通过对X型圆护胸带由来的探源，发现源自意大利或伊朗高原的单盘式胸护，其呈X型交叉连接的穿戴方式一直深刻地影响着欧亚大陆的胸甲佩戴系统。由单盘式发展而来的三圆盘式胸护，虽然是"背心式"的肩带连接形状，但三个圆盘呈倒三角排列，并且圆盘中装饰古希腊神话人物头像的形式，与莫高窟毗沙门天王人面纹三圆盘存在若干可比之处，二者的关联性是值得肯定的。其演变样式可归纳为三型，以第Ⅰ型"X型胸带配三圆护"为主要造像制式，晚唐五代时期出现第Ⅱ型"多重胸带配三圆护"。需要指出的是，人面纹不仅被描绘于对襟型长甲的X型圆护胸带上，还出现在明光胸甲型长甲的圆护上，有时圆形护腹也表现为人面，这应该是与明光胸甲型长甲、圆形腹护相适应的结果。此外，在晚唐五代时期，部分坐姿毗沙门天王的腹部位置可见第Ⅲ型"X型腹带连接—装饰物"，此类X型圆护胸带已向佛教传统璎珞演变，在中原地区也可见"璎珞化"的长款X型圆护胸带。

在研究戎装服饰和武器装备发展演变的过程中发现，服饰、装备和武器的变化是逐步发生的，这种变化的速度可能会受到战争、需求和贸易等方面的影响而加快。同时，士兵们对装备和武器的态度又往往是保守的，部分旧式的装备可延续很长的使用时间。在伯恩斯的研究中，觉察到大量的青铜带有被修复的迹象，有些类型的扣带在很长时间内仍然被使用，这可能是这种保守态度的结果❶。X型圆护胸带作为古老的防御装备，通过战争、贸易等途径在亚欧大陆频繁出现，经各国家、民族采用后又有各自的发展演变轨迹，还影响了14—17世纪的四镜甲——通过增大甲板面积和数量达到有效的防御，直至17世纪末才被逐步废弃。

四、X型圆护胸带人面纹的寓意

人面纹饰在中国和西方的传统艺术中均有着悠久的历史。中国古代有"人面纹方鼎""人面鱼纹盆"等青铜、彩陶器具，其中以圆盘形式呈现的为建筑装饰——人面纹瓦当，集中出现在东吴至西晋时期。中国古代人面纹饰的盛行与以人为本的思想有关，人格化的装饰纹样背后体现的是神本位向人本位的转变❷，也具有辟邪驱灾的内涵❸。人面纹瓦当中的面部五官以浅浮雕线条为主要表达形式，五官图案化，以形传神，注重丰富的情绪和内心世界的表达（图4-19）❹。若将人面纹瓦当与莫高窟彩塑毗沙门天王人面纹圆护进行比较，便可发现毗沙门天王圆护上的人面纹更注重面和体积感的塑造，两者之间有着明显的区别，因而这两种人面纹可能源自不同的文化❺。另外需要指出的是，在佛教文化不断渗入中原的同时，带有佛教意义的忍冬纹、莲花纹的瓦当盛行，至东晋以后，人面纹瓦当逐步被替代。据此也可说明佛教中的人面纹饰与中国传统瓦当的人面纹应不存在承袭关系。

学界普遍认同中古时期中国与地中海地区的文化艺术存在广泛的交流与互动，如古希腊、古罗马神话中身披狮皮的赫拉克勒斯形象，影响了敦煌壁画中天龙八部以及毗沙门天王身旁乾达婆的造像，表现为头戴狮头帽❻。另有学者提出，盛唐盛行的兽首含臂样式，与戴兽首帽源于同一母题，均来自赫拉克勒斯信仰❼。与X型圆护胸带关联紧密的古希腊、古罗马神话人物为美杜莎，谢明良曾提出，毗沙门天王身上佩戴的人面纹护具的渊源可能与美杜莎相关❽。

在前5世纪前后的意大利南部，单盘式圆护胸带演变为三盘式，在圆盘中出现了刻绘古希腊神话人物头像的艺术形式，其中最为著名的是

图4-19 中国古代人面纹瓦当
（摘自《六朝人面纹瓦当视觉审美与符号研究》）

---

❶ 伯恩斯. 公元前5世纪至公元前3世纪南意大利武士服饰的文化和军事意义[D]. 伦敦:伦敦大学. 2006：233.
❷ 左长缨. 青铜时代人面纹像比较研究[J]. 宁夏大学学报（人文社会科学版），2018，40（5）：149-157.
❸ 王志高，马涛. 论南京大行宫出土的孙吴云纹瓦当和人面纹瓦当[J]. 文物，2007（1）：78-93.
❹ 苏玮. 六朝人面纹瓦当视觉审美与符号研究[D]. 无锡：江南大学，2016：33.
❺ 王敏庆. 神秘的联珠人面纹：法门寺地宫石灵帐人面图像初探[J]. 佛教文化，2010（2）：66-83.
❻ 王文波. 唐代敦煌地区着狮（虎）皮形象再探讨：兼论吐蕃大虫皮制度的来源及影响[J]. 中国美术研究，2020（1）：150-157，169.
❼ 李静杰，李秋红. 兽首含臂守护神像系谱[J]. 艺术史研究，2016（18）：161.
❽ 谢明良. 希腊美术的东渐？——从河北献县唐墓出土陶武士俑谈起[J]. 故宫文物月刊，1997，15（7）：32-53.

美杜莎头像。在古希腊神话中，美杜莎作为雅典娜神庙的女祭司，因美貌被波塞冬亵渎。雅典娜为惩罚美杜莎，将其头发变成毒蛇，且凡是美杜莎目光所及者都会被石化。最终其头颅被佩尔修斯（Perseus）砍下，献给了雅典娜。战神雅典娜将美杜莎的头颅镶嵌在自己的神盾上。此外，美杜莎头像也作为战神玛尔斯铠甲的胸饰被古罗马国王模仿，在古罗马皇帝亚历山大大帝（Alexander the Great）、凯撒大帝（Gaius Julius Caesar）、图拉真（Traianus）皇帝的雕塑上均可见镶嵌在铠甲前中位置的美杜莎头像。因古希腊、古罗马神话的广泛流传性，众神的故事和形象从古至今被不断地演绎。纵览美杜莎的艺术形象，经历了从怪诞、恐怖到美丽女子形象的转变，19世纪末，考古学家阿道夫·富特文格勒（Adolf Furtwangler）基于类型学将美杜莎的艺术形象分为三类：古风时期型、过渡型、美丽型❶。古风时期的美杜莎常被表现为被割下的头颅或狰狞的面容，在后者的表现形式中，美杜莎拥有一双凶狠、硕大的眼睛，一个宽大的鼻子，一副龇牙咧嘴的表情，风格化的头发，以及一个突出的舌头。此类美杜莎面貌多被用于寺庙浮雕、建筑物的大门和房梁、酒具器皿，或作为珠宝首饰的装饰，在盾牌、头盔、胸甲和护胫等军事装备上也多有展现，如大都会艺术博物馆收藏的浮雕作品中，阿喀琉斯（Achilles）一手持长矛、一手握盾，盾的表面几乎被美杜莎狰狞的面目占据（图4-20）。有学者指出，古风时期美杜莎头像视觉表现的灵感来自尸体肿胀的脸❷。在军用装备上镶嵌美杜莎头颅的做法借鉴了古希腊神话的典故，通过恐怖的形象、死亡的象征，震慑敌人，具有保护和防御的作用❸。

（a）美杜莎头像陶架，古希腊古风时期，约前570年，佛罗伦萨考古博物馆藏，编号：31.11.4（源自大都会艺术博物馆网站）

（b）美杜莎头像陶器，约前6世纪，编号：17.230.45（源自大都会艺术博物馆网站）

（c）美杜莎头像浮雕，约前600年，编号：42.11.33（源自大都会艺术博物馆网站）

图4-20 古风时期美杜莎形象

在征战行军的过程中，整齐划一的装束与队列，一张张相似的面容，代表着军队不可被征服的力量。领军者将人面纹装饰在戎装上，表示领军者集千人一面于胸膛，象征着绝对的领导权力以及如战神雅典娜、玛尔斯一般的战斗神力，因而人面纹深受古希腊、古罗马人的喜爱。

---

❶ 富特文格勒. 希腊雕塑杰作：艺术史研究[M]. 慕尼黑：吉塞克与德夫里恩，1893.
❷ 史蒂芬·威尔克. 美杜莎：解开蛇发女妖之谜[M]. 牛津：牛津大学出版社，2000：186.
❸ 卡罗格鲁. 危险之美：古典艺术中的美杜莎[M]. 纽约：大都会艺术博物馆，2018：7-13.

人面纹的"神力"因古罗马人骁勇善战而被进一步夸大,进而被中亚、西亚民族学习借鉴,也被运用于佛教相关题材的造像中。有学者在辨析法门寺地宫出土的石灵帐人面纹时,通过佛教图谱的等级排位,认为石灵帐须弥座束腰、佛座束腰、舍利塔束腰位置的一个个相似的人面纹代表着众护法诸神,具有护持舍利的功能[1],毗沙门天王胸前圆护人面纹的功能也可能与之相似,但人面纹代表的人物应不是护法诸天,或为毗沙门天王的从属。在佛教语境中,人面纹圆护与武士、天王搭配,在其代表震慑、战争胜利的寓意之上又赋予了护世护法、消除祸殃等宗教内涵。

第二节 肩饰

本节探讨中唐时期毗沙门天王双肩的装饰,将莫高窟毗沙门天王肩饰的演变分为三型。基于学界关于该肩饰的推测,寻找宗教造像的相关案例,分析毗沙门天王配置该肩饰的缘由。

一、莫高窟毗沙门天王的肩饰

中唐时期对襟型长甲和明光胸甲型长甲毗沙门天王的双肩出现形如"新月""牛角"或"火焰"的肩饰。该肩饰由双侧肩膀位置伸出,对称向内弯曲,莫高窟中时间较早的肩饰轮廓光滑,顶端尖锐,尔后逐渐向火焰形状演变并与头光结合。

目前国内外学术界针对毗沙门天王的肩饰仅提出了些许推测,多数学者认为毗沙门天王的肩饰为背光或背靠,如谢继胜在《榆林窟15窟天王像与吐蕃天王图像演变分析》一文中提及毗沙门天王背后"有环状对角似头光"[2],谢静在《敦煌石窟中的少数民族服饰研究》一书中描述为"肩上有一对牛角形背靠",认为"可能是一种背靠,是用来保护肩部不被刀枪砍杀"[3]。朱刚则引《大正藏》第76册《行林》第六十五《毗沙门法》"兜跋事"中《大梵如意兜跋藏王趣》的经文,认为"牛头天王"为毗沙门天王的别称,而牛头则指代于阗的牛头山,因而毗沙门天王的肩饰可能与牛角相关[4]。另有日本学者大岛幸代在《关于敦煌、四川地区的毗沙门天王像并列、对置范例——公元9世纪吐蕃的毗沙门天王信仰初探》一文中对毗沙门天王有"肩负火焰""从两肩升起的三角形火焰"的描述。松本文三郎也提及兜跋毗沙门天王的背光,他不能确定为鸟羽或为火焰,若是火焰背光,"不外乎是背光的变形"[5]。

莫高窟中唐时期毗沙门天王的双肩出现两道肩饰,本书将此肩饰在莫高窟的演变过程分为

---

[1] 王敏庆. 神秘的联珠人面纹:法门寺地宫石灵帐人面图像初探[J]. 佛教文化,2010(2):66-83.
[2] 谢继胜. 榆林窟15窟天王像与吐蕃天王图像演变分析[J]. 装饰,2008(6):54-59.
[3] 谢静. 敦煌石窟中的少数民族服饰研究[M]. 兰州:甘肃教育出版社,2016:117.
[4] 朱刚. 毗沙门天王崇拜源流及其造像艺术[J]. 新国学,2006,6(1):68-88.
[5] 松本文三郎. 兜跋毗沙门天考[J]. 金申,译. 敦煌研究,2003(5):36-43,109.

三型：第一型为尖角状，第二型为尖角与火焰联结，第三型则是进一步与头光结合（表4-5）。

第一型肩饰在出现之初，形态如同一对向内弯曲的牛角。肩饰的具体位置并不是在双侧肩膀的正上方，画匠在肩头往往先绘制一层毗沙门天王的披发，披发遮挡肩饰的底部，在披发之上才描绘角状肩饰，因而肩饰与身体连接的位置应更靠后。在角状肩饰出现的同时，天王头后不再绘制传统的头光。肩饰顶部尖锐、轮廓光滑，整体呈现白色，在两侧有少许深色晕染，似乎想表现立体的效果，部分角状肩饰中心有一道黑色的曲线，如中唐第154窟、第212窟等。

第二型肩饰在尖角形状的基础上，逐步向火焰的形态靠拢。中唐时期榆林第25窟前室东壁的毗沙门天王壁画像，虽然画面部分漫漶斑驳，但华美的装饰和服饰细节尚存。此毗沙门天王深眉碧眼、红棕高髻披发，身穿明光胸甲型长甲，其腹部圆形护腹绘有人面纹，双侧抱肚和披膊点缀精美的卷草纹样。毗沙门天王头后无头光，双肩的肩饰形态仍保持向内弯曲的尖角状，中间有道黑色曲线，但两个尖角的轮廓不再光滑，呈现一个个卷曲的螺旋状。莫高窟晚唐第9窟主室中心柱西顶南侧的坐姿毗沙门天王像，其肩饰如同熊熊燃烧的火焰，在天王的肩膀可见两颗宝珠，整体表现为从宝珠中蹿出长条火焰的形态。此外，莫高窟出土的毗沙门天王的绢画也可见火焰状肩饰，在大英博物馆收藏的《天王行道图》中，毗沙门天王双肩的火焰不再向中心内弯，而是呈现向后飘拂之势，仿佛表现出以天王为首之众迎风前行时波澜磅礴的气魄。

第三型肩饰则是在第二型的基础上与头光进一步结合。第202窟主室东壁门的墙面北侧绘有一铺毗沙门天王像。此毗沙门天王的肩饰已向火焰状发展，在天王的头后方出现圆形头光，且头光和肩饰分离。至晚唐五代时期，火焰状肩饰环抱圆形头光成为毗沙门天王壁画造像的主要样式，部分火焰状肩饰与头光火焰燃烧方向趋同，如盛唐第30窟前室和五代第100窟窟顶西北角的毗沙门天王的肩饰头光。

表4-5　莫高窟毗沙门天王肩饰类型

类型	样式				
第一型	莫高窟中唐第154窟	莫高窟中唐第188窟/莫高窟晚唐第107窟			
第二型	榆林窟中唐第25窟	莫高窟晚唐第9窟	五代 Eo.1162 纸本彩画毗沙门天王（法国吉美博物馆藏）	五代《天王行道图》，编号：1919, 0101, 0.45（大英博物馆藏）	

续表

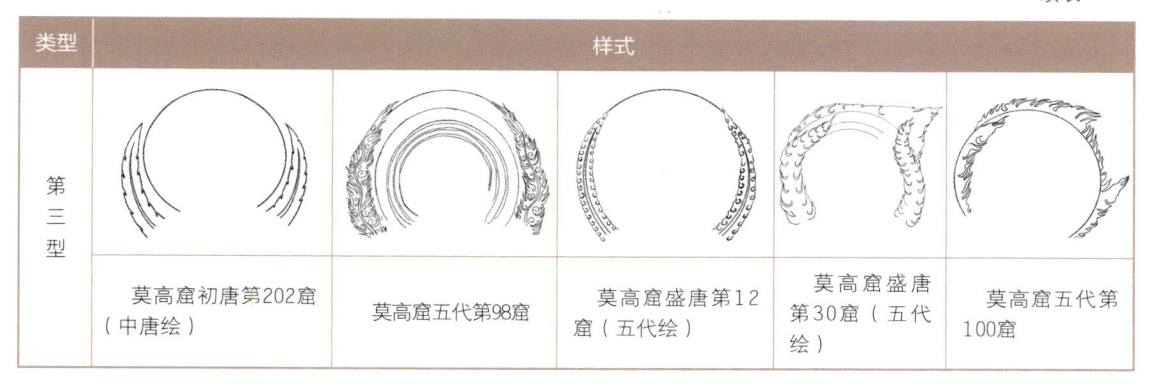

类型	样式				
第三型	莫高窟初唐第202窟（中唐绘）	莫高窟五代第98窟	莫高窟盛唐第12窟（五代绘）	莫高窟盛唐第30窟（五代绘）	莫高窟五代第100窟

二、肩饰的溯源及演变

（一）尖角状肩饰

虽然学界一般认为毗沙门天王的肩饰与牛角或背光的意涵较为契合，但在双肩增添尖角形状装饰的习惯并不属于汉地，此类装饰形式的来源可能与琐罗亚斯德教[1]神祇、犍陀罗佛陀、中西亚君主的双肩装饰传统相关。

前176—前161年，由于遭受侵扰，月氏人被迫西迁。前161年，月氏人又被西迁的乌孙人击败，继续向西迁移至索格底亚那（Sogdiana）（粟特）、费尔干纳（Fergana）（大宛）。前135年，月氏人和塞人联合攻打下巴克特里亚王国（大夏）。在控制兴都库什山以北地区后，月氏人在此定居百年，将领土分为五个部落，其中贵霜部落的翕侯丘就却（Kujūla Kadphises）在约1世纪时吞并其他四部落，统一大月氏，成立国家，史称贵霜王朝（30—375年）。

贵霜王朝在迦腻色伽（Kanishka）执政时期达到繁荣鼎盛，疆域辽阔，将贵霜王朝的统治中心从中亚改迁至犍陀罗，定都于布路沙布逻（今白沙瓦）。据《大唐西域记》记载："昔健驮逻国迦腻色伽王，威被邻国，化洽远方。治兵广地，至葱岭东。河西蕃维，畏威送质。"从文化层面可分为西部波斯文化、北部希腊化文化，以及中南部的古印度、斯基泰文化[2]。贵霜王朝的宗教信仰受月氏和占领地区的原始宗教及文化艺术的影响，从宗教层面可分为琐罗亚斯德教（北部巴克特里亚崇信）、中部佛教（犍陀罗崇信），以及印度教（南部马图拉崇信）[3]。

如前文所述，迦腻色伽支持佛教，然而，佛教并不是贵霜的国教，迦腻色伽对各地区不同的宗教采取了开放包容的态度。贵霜王朝的钱币继承了古希腊式铸币[4]的传统——正面铸造统治者肖像，背面为宗教神祇、铭文或动物。自迦腻色伽统治开始，多神信仰系统被体现在钱币铸

---

[1] 琐罗亚斯德教，为波斯国教，传至粟特后被称为祆教，在中国史籍中也被称为拜火教、火祆教等，在教义上，琐罗亚斯德教和祆教有所区别，因此本书在行文中加以区分（参见李刚，崔峰.丝绸之路与中西文化交流[M].西安：陕西人民出版社，2015：98.）。
[2] 孙武军.贵霜琐罗亚斯德教神祇研究的回顾与展望[J].西北民族论丛，2020（2）：349，365，382.
[3] 雅诺什·哈尔马塔.中亚文明史（第二卷）[M].徐文勘，等译.北京：中国对外翻译出版公司，2002：287.
[4] 古希腊式钱币，指因亚历山大东征而流传在希腊化世界的货币，或受此风格影响的统治者所发行的货币。

造上，虽然钱币的背面出现琐罗亚斯德教、印度教、佛教等多教神祇，但此时期的钱币以琐罗亚斯德教神祇为主。

从迦腻色伽至胡毗色伽时期，钱币背面出现诸多琐罗亚斯德教神祇，如娜娜（丰产神）、日神、战神、月神、火神、财神等[1]。其中一个神祇——月神马奥，身披披风，穿束腰战袍，左手叉腰、右手向前，或佩剑持戟，肩负新月，肩饰形如一对向内弯曲的尖角。从形状和装饰部位等方面看，此肩饰与莫高窟中唐时期毗沙门天王双肩肩饰存在若干可类比之处。部分月神马奥的新月肩饰中心有一道弯曲的线，如图4-21所示，迦腻色伽时期金币（b）和胡毗色伽时期铜币（c），此细节与莫高窟中唐时期部分天王肩饰中一道黑线十分相似，如中唐第154窟南壁上下两位毗沙门天王（图4-22）。同样的现象也出现在6—7世纪丰都基斯坦寺院壁画所描绘的人物双肩，据学者考证，壁画中的人物为穿着翻领长袍的月神（图4-23）[2]。

（a）迦腻色伽时期金币，正面国王，背面月神马奥，127—150年生产，编号：1894，0506.13（大英博物馆藏）

（b）迦腻色伽时期金币，正面国王，背面月神马奥，127—150年生产，编号：1860，1220.208（大英博物馆藏）

（c）胡毗色伽时期铜币，正面国王，背面月神马奥，155—190年生产，编号：1981，0324.4（大英博物馆藏）

（d）胡毗色伽时期铜币，正面国王，背面月神马奥，155—190年生产，编号：1956，0409.174（大英博物馆藏）

（e）胡毗色伽时期金币，正面国王，背面月神马奥，155—190年生产，编号：1894，0506.48（大英博物馆藏）

（f）胡毗色伽时期金币，正面国王，背面月神马奥，155—190年生产，编号：1894，0506.53（大英博物馆藏）

图4-21 贵霜时期表现月神马奥的钱币

---

[1] 查林杰，贾亚斯瓦尔. 贵霜人的荣耀：最新发现[M]. 新德里：雅利安国际图书，2012：203.
[2] 斯科特. 佛教的伊朗面貌[J]. 东方与西方，1990，40（1/4）：43-77.

图4-22　莫高窟中唐第154窟毗沙门天王

图4-23　6—7世纪阿富汗丰都基斯坦寺院壁画月神

除了在贵霜钱币的月神马奥双肩出现尖角状肩饰外，也可在嚈哒（Hephthalite）钱币国王的肩部发现，此类肩饰主要在矜羯罗一世（Khingila Ⅰ）和贾武卡（Javūkha）两位嚈哒君主的钱币上出现（图4-24）。

嚈哒，也称"挹阗""悒怛"等，在西方学界则被称为"白匈奴"，曾经是生活于蒙古高原的游牧部落。约4世纪70年代，嚈哒人翻越阿尔泰山向西南迁入中亚阿姆河流域，逐步建立起强大的政权。尔后大势南下征服包括犍陀罗在内的印度西北地域，并且屡次向西攻击波斯萨珊王朝，使嚈哒疆域扩大至波斯边境，迫使波斯称臣纳贡❶。5世纪末至6世纪初，北上拓展准格尔盆地及塔里木盆地西部，控制了丝绸之路南道的于阗，北道的疏勒、龟兹、焉耆等地，并频繁地与北魏至北周王朝展开交流。嚈哒后于6世纪国事渐衰，在波斯和突厥的夹攻下亡国。嚈哒信仰琐罗亚斯德教，在钱币的铸造方面具有效仿贵霜、笈多（Gupta）和萨珊货币的特征❷，钱币正面为国王像，国王像旁边铸有代表公牛或月牙的徽记❸，背面则为火坛和铭文。嚈哒国王崇尚"扁头"和"面部肉疙瘩"，该印记被认为是琐罗亚斯德教王权神授的独特生理神迹。在诸任嚈哒国王钱币中，矜羯罗一世和贾武卡的国王像头部装饰有月牙的头冠，肩膀出现尖角肩饰，嚈哒钱币中的尖角装饰与贵霜钱币的肩饰相比更为短小。

（a）嚈哒统治者矜羯罗一世钱币，430—490年在位（源自古印度硬币虚拟博物馆）

（b）嚈哒统治者矜羯罗一世钱币，430—490年在位（源自古印度硬币虚拟博物馆）

（c）嚈哒统治者贾武卡钱币，480—490年在位（源自古印度硬币虚拟博物馆）

（d）嚈哒统治者贾武卡钱币，480—490年在位（源自古印度硬币虚拟博物馆）

图4-24　嚈哒国王钱币上的肩饰

---

❶ 姚律. 公元4世纪后期至7世纪前期龟兹佛教概况[J]. 中国佛学, 2019（1）：38-63.
❷ 余太山. Aλχονο钱币和嚈哒的族属[J]. 中国史研究, 2011（1）：5-16.
❸ 坦登. 阿尔雄（Alchon）硬币演变札记[J]. 东方钱币学会学报, 2013, 216：24-34.

（二）火焰肩饰

在研究X型圆护胸带中发现，龟兹石窟天王的双肩位置绘有带毛质流苏、橡树果状的装饰物，该装饰与龟兹石窟的X型圆护胸带或为一体结构，或为一种固定搭配。

格伦威德尔认为这种独特的装饰与粟特统治者希尔科德斯发行的硬币图案有关，硬币背面描绘了手持长矛的武士，其肩部表现了"毛质流苏"的装饰，从钱币实物看，肩部的装饰更接近向上燃烧的火苗（图4-25）。跟随格伦威德尔的思路，发现在嚈哒古钱币的矜羯罗一世国王形象的双肩上，除前文提及的尖角状装饰之外，也出现了类似火苗的装饰。该火苗装饰底部多用两粒小圆珠表现与肩膀连接的柱托，火苗整体呈圆形，顶端有3~4股曲线表现火焰（图4-26）。

图4-25　格伦威德尔所指的粟特硬币

（a）粟特统治者希尔科德斯钱币（前120—前100年）

（b）嚈哒统治者矜羯罗一世钱币（430—490年在位）

图4-26　粟特、嚈哒统治者铸造的钱币

除此之外，在佛教人物的肩部也可见火焰肩饰。阿富汗的迦毕试地区，3—4世纪出土诸多造型独特的焰肩佛，表现为左右双肩各升腾一簇火焰。据《根本说一切有部毗奈耶杂事》卷二十六："尔时世尊……身上出水，身下出火；身上出火，身下出水。"如此身出水火的佛陀在迦毕试已成为普遍流行的造像式样[1]。至于焰肩佛造像盛行的原因，可考虑为崇尚火的祆教对佛

---

[1] 林志镐. 南北朝隋代佛像背光图样分析[D]. 北京：清华大学美术学院，2009：5.

教造像的影响❶。与此同时，焰肩也成为于阗、龟兹等丝绸之路沿线地域佛教造像的一种形式，这一造像传统渐次影响了汉地，因各地域不同的宗教传统，发展成差异化的表现形式及内涵意趣❷。十六国至南北朝时期的敦煌、麦积山、炳灵寺等石窟的佛教头光、背光造像中也经常出现焰肩，在克孜尔石窟中的焰肩常见呈三角形、锯齿边缘，如克孜尔石窟第118窟主室券顶天相图中的立佛（图4-27）。在莫高窟西魏第285窟主室窟顶东、南、西、北下段龛楣上共绘有34身山居禅僧，每个僧侣都绘有头光，由肩至腰的位置向上伸出向内弯曲的尖角状焰肩，部分焰肩描绘为一条条的曲线，表示蹿腾的火苗。这个时段莫高窟主尊佛像的焰肩造型逐渐演变为填充佛像头光与背光之间空隙的绘画手法，尔后随着头光、背光装饰面积增大，装饰纹样越来越丰富，火焰肩饰的使用逐渐减少。

（a）迦毕试风格焰肩佛立像，2—3世纪（摘自《佛像解说》图17）

（b）克孜尔石窟第118窟天相图，约3世纪（摘自《中国石窟艺术·克孜尔》图107）

（c）莫高窟西魏第285窟西披下段（自绘）

（d）莫高窟北魏第257窟主室南壁西侧释迦说法图（摘自《敦煌石窟全集2·尊像画卷》图5）

（e）莫高窟西魏第288窟主室南壁东侧说法图（摘自《敦煌石窟全集2·尊像画卷》图10）

图4-27　焰肩佛造像图示

在莫高窟的部分天王肩膀上可见另一种火苗状装饰物——火珠，表现为火焰包裹的一颗宝珠，此类"带有火焰外观的宝珠"在佛教语境中被称为"火珠"或"火焰宝珠"，是摩尼宝珠的一种❸（图4-28）。根据郭俊叶的研究，发现火珠常由天人手托，或出现在佛光相中，或出现于菩萨的宝冠、华盖和供台上❹。但该学者未注意到部分天王的肩膀也装饰有火珠，如盛唐第125窟主室南壁东侧天王左右肩膀均装饰火珠，该宝珠外裹火焰，由莲花承托；第338窟五代重修的前室西壁门北侧毗沙门天王肩部出现火珠；晚唐第9窟主室中心柱西顶南侧毗沙门天王肩负蓝色宝珠，围绕熊熊火焰，并向上、向内弯曲延展，形成火焰肩饰。该类由火焰包裹的宝珠在莫高窟唐五代壁画类天王肩部偶尔出现，并不是天王造像的标准制式。

---

❶ 施安昌. 圣火祆神图像考[J]. 故宫博物院院刊，2002（1）：65-71.
❷ 高海燕. 于阗佛教背光化佛图像研究[J]. 敦煌吐鲁番研究，2017，17（1）：263-289.
❸ 杨郁如. 敦煌隋代石窟壁画样式与题材研究[M]. 兰州：甘肃教育出版社，2017：192-193.
❹ 郭俊叶. 敦煌火珠图像探微[J]. 敦煌研究，2001（4）：43-49.

（a）莫高窟盛唐第125窟主室南壁　　（b）莫高窟第338窟前室西壁门北侧（晚唐绘）　　（c）莫高窟晚唐第9窟主室北壁　　（d）莫高窟晚唐第9窟主室中心柱西顶南侧

图4-28　莫高窟天王肩部火珠案例

综上，中唐时期毗沙门天王的双肩出现形如"新月""牛角"或"火焰"的肩饰，可能与宗教神祇在双肩增添装饰有关，借鉴了琐罗亚斯德教神祇或犍陀罗焰肩佛的相关造像形式。依据佛经记载，佛身有"三十二好相"，其中"常光相""身金色相"代表佛身闪耀的光芒。自古人类就表现出对光明的崇拜，赵声良曾指出，中国古代主要通过火焰、圆轮、放射的形式来表现光芒[1]。当佛教东传至敦煌，佛教艺术已掌握火焰纹头光和背光的表现手法，这里的火焰纹实则代表了佛光，源于琐罗亚斯德教对火的崇拜。除宗教神祇使用火焰肩饰外，在中亚流传的钱币中，一些君主双肩增添装饰创作手法的目的在于彰显神性。在《大唐西域记》中，玄奘曾在迦毕试国听闻贵霜迦腻色伽国王为降服恶龙，"愿诸福力，于今现前。……即于两肩，起大烟焰。"[2]迦腻色伽发愿祈求佛法加护，随即在其双肩燃起两束火焰，吓退了恶龙。古代王朝为赋予政权合理化，强调统治阶层的权利由神赋予，所发行的钱币通常具有突显王权神授主题的特征。为了表达王权神授及君主的神性，通常模仿宗教神祇的特征，君主的肩饰即为其神性的象征之一。毗沙门天王配置肩饰，其中的缘由也与强调其神力有关，其意涵与双肩火珠装饰相似，火珠拥有利益众生、战胜邪恶的寓意，十分契合天王的身份象征，体现了天王的威武神勇、战无不克的神力[3]。

第三节　袪口

中唐时期毗沙门天王手肘位置出现形如叶片、花瓣的一圈装饰物，并与上臂的袖子相连。日本学者松本荣一称其为"鳍袖"[4]，佐藤有希子也沿用该名称[5]。本节首先梳理了莫高窟天王袖型结构的演变和特征，继而对中亚、新疆、中原等地传世图像、出土文物中的相关袖型结构进行探究，揭示其文化属性及艺术表现形式。

---

[1] 赵声良.光与色的旋律：敦煌隋代壁画装饰色彩管窥[J].敦煌研究，2021（3）：1-12.
[2] 玄奘，辩机.大唐西域记译注·卷第一·迦毕试国[M].北京：中华书局，2019：144.
[3] 关于莫高窟中唐时期毗沙门天王肩饰的探究，因缺乏明确可定性的研究资料，现阶段的研究为阶段性成果，在未来的探索中，可能随着研究的深入有更加明确的结论。
[4] 松本荣一.敦煌画研究[M].林保尧，赵声良，等译.杭州：浙江大学出版社，2019：429.
[5] 佐藤有希子.敦煌吐蕃时期毗沙门天王像考察[J].牛源，译.敦煌研究，2013（4）：33-41，129-130.

一、莫高窟毗沙门天王的祛口

《毛诗后笺》卷七记载："袂属幅。祛尺二寸。则袂是祛之本，祛为袂之末。"❶古人描述袖子末端即祛，天王手肘部位袖末的一圈装饰花边，可称其为祛口。至于天王所穿袖型及带有该袖型的服饰，在古文献中尚未寻找到准确的名词和解释（图4-29）。《后汉书·光武帝纪》记载："而服妇人衣，诸于绣镼"。❷其中，"镼"同"裾"，是汉代流行穿着的带花边的短袖，有学者认为"绣裾"较为接近天王壁画或彩塑所呈现的袖型和祛口，"绣裾"可能穿着在铠甲内，在手肘部位露出的一截花边，为里衣外露的一种表现。

图4-29 莫高窟毗沙门天王的祛口

在莫高窟北魏至北周时期的天王造像中，天王戎装中已存在半袖加祛口的袖型结构，多为半袖加一截喇叭状祛口，小臂裸露，未配置臂鞴❸等防护（图4-30）。北魏的三尊天王造像，其一为第257窟中心塔柱东向面龛外彩塑天王，另外两尊为壁画形式，位于第257窟南壁和第263窟北壁。三尊天王服饰相似。通过对三者袖型结构的分析发现，天王的上臂均绘制紧贴皮肤的黑色袖子，黑色袖子在上臂至手肘中间位置戛然而止，至手臂弯曲位置又出现一截祛口。若仔细观察第257窟壁画天王的袖子，发现此区域有一层浅白色颜料，其原貌应为白色，也就是黑色半袖连接一截白色袖子，至手臂弯曲位置再接祛口，其中第257窟彩塑天王和第263窟壁画天王的祛口为白底黑色竖向条纹。西魏第285窟西壁四天王的服饰描绘更为细腻丰富，其半袖有金色横向条纹装饰，在半袖边缘连接一块纱质面料的祛口，整体呈开衩喇叭状。

（a）莫高窟北魏第257窟中心塔柱东向面龛外 　　（b）莫高窟北魏第257窟南壁 　　（c）莫高窟北魏第263窟北壁 　　（d）莫高窟西魏第285窟西壁四天王

图4-30 莫高窟北魏天王祛口

---

❶ 胡承珙. 毛诗后笺·卷七·遵大路[M]. 合肥：黄山书社，1999：389.
❷ 范晔. 后汉书·卷一·光武帝纪第一上[M]. 北京：中华书局，1965：10.
❸《敦煌文书》3391记载："明光甲，头车，覆膊，臂钩。""钩"与"鞴"同音，"臂鞴"同"臂钩"，《后汉书·本纪·皇后纪上》："鞴，臂衣，今之臂鞴，以缚左右手，于（於）事便也。"臂鞴是穿戴于小臂的臂套，以皮革或布帛制作，臂鞴在秦汉时期已存在，原本为士庶劳作时穿戴的服饰，到唐代普遍用于军戎服饰之中，在莫高窟的晚唐五代天王壁画中，臂鞴极具装饰之感，常装饰宝珠和甲片。在杜甫的《即事》诗词中有"百宝装腰带，真珠络臂鞴"的记载。

隋之后，半袖加袪口，再加上小臂的臂鞴或内搭大袖裙襦成为天王袖子塑造的一个标准样式。隋代第427窟前室天王彩塑，从天王彩塑身材比例、动态上分析应为隋代原作[1]，后由宋代重新装饰（宋乾德八年建窟檐，重装彩塑）。四尊天王的手肘部位，在披膊之下均有褶皱波浪状的袪口，此袪口经重装后有花卉纹样点缀。在初唐、盛唐彩塑天王中，半袖和袪口通常表现为颜色材质一致的一体式，诸如初唐第322窟、盛唐第45窟、盛唐第66窟、盛唐第113窟、盛唐第384窟、盛唐第444窟、中唐第159窟等彩塑天王的半袖和袪口连成一体，袪口于手肘位置向上、向外飘扬。此时期壁画类天王袪口的艺术表现更为多样，而且融入了不同画匠的绘画风格，如盛唐第45窟袪口表现为一圈波浪褶皱，相近的表达形式也出现在同窟其他世俗人物的袖子上，应为此窟画匠独特的艺术风格表现。再如盛唐第445窟袪口表现为撑开的伞形或荷叶形。到中晚唐时期，袪口的表现形式逐渐固定，如一圈向外发散的石绿色叶片，如盛唐第31窟前室天王、中唐第154窟南壁天王、晚唐第140窟东壁天王等。

在莫高窟壁画中，除天王之外，佛母摩耶夫人、韦提希夫人、天女等人物袖子的肘部也出现此类袪口。如隋代第280窟和第295窟人字披西披摩耶夫人的袖型与早期天王的袖型结构相似，《敦煌石窟全集24·服饰画卷》认为摩耶夫人穿着的是喇叭形短袖紧身内衣[2]。盛唐时期，壁画在表现韦提希夫人、摩耶夫人、维摩诘经变中的天女时，在服饰上常见此类袪口，多表现为石绿色或石青色下垂的褶皱波浪状。诸如盛唐第103窟主室东壁维摩诘经变中侍立于文殊菩萨身旁的天女，整体穿着襦裙式袿衣，内着曲领中单小袖衫，外披右衽褐色大袖襦衫加半袖，半袖缘口处有一圈下垂的袪口。又如盛唐第66窟北壁西侧"棋格式"十六观中的韦提希夫人。韦提希夫人跪于方毯上，双手合十，头梳惊鹄髻，身着大袖襦裙外搭对襟半袖。半袖为红底小团花纹，在半袖袖口处延伸出石绿色袪口。中晚唐时期，与天王袪口风格转变的时间相似，天女与佛国夫人的袪口由褶皱波浪状演变为叶片状，如晚唐五代时期天王身旁的吉祥天女、维摩诘经变中"观众生品"的天女，身着袿衣，外搭半袖，半袖的袪口常表现为石绿色叶片状（表4-6）。

表4-6 莫高窟袪口演变整理表

	北魏第257窟南壁天王	西魏第285窟四天王	隋第427窟彩塑天王	隋第380窟东壁二天王	初唐第203窟东壁天王	盛唐第113窟西壁龛外彩塑天王	盛唐第125窟南壁天王	盛唐第45窟南壁天王
天王袪口演变								

---

[1] 李淞. 长安艺术与宗教文明[M]. 北京：中华书局，2002：123-124.
[2] 敦煌研究院，谭蝉雪. 敦煌石窟全集24·服饰画卷[M]. 香港：商务印书馆（香港）有限公司，2005：72.

续表

天王祛口演变	盛唐第445窟天王	盛唐第31窟北披天王	中唐第205窟彩塑天王	中唐第154窟南壁天王	晚唐第12窟前室天王	晚唐第140窟东壁天王	五代第374窟东壁天王	盛唐第31窟前室天王（五代绘）
女性佛国人物祛口演变	隋第280窟人字披西披摩耶夫人	隋第295窟人字披顶西披摩耶夫人	盛唐第103窟天女	盛唐第66窟韦提希夫人	盛唐第39窟西壁龛内摩耶夫人	晚唐第9窟北壁天女	中晚唐第144窟天女	五代第146窟天女

需要指出的是，此类祛口不见于壁画世俗人物的服饰中，仅出现在天王、天女、韦提希夫人等佛国人物的手肘部位。从演变的过程来看，中唐之前以喇叭状和褶皱波浪状最为常见，中唐时期祛口开始被描绘成石绿色叶片状，并且迅速成为后朝的主流样式（褶皱波浪状祛口样式在中唐之后并未消失，但数量逐渐减少），如图4-31所示。

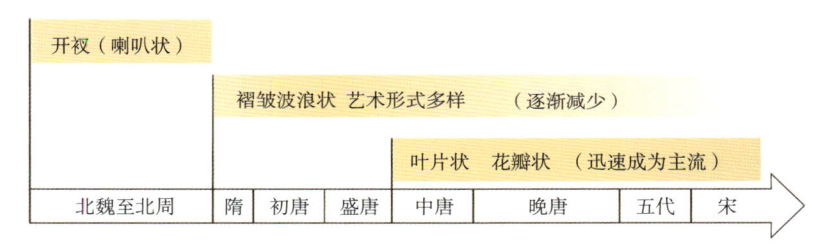

图4-31 莫高窟毗沙门天王祛口形态演变图

二、天王袖型结构的溯源

中唐时期的祛口由前朝写实性的描绘向抽象化表达转变，被描绘为石绿色叶片状，主要出现在佛教人物的造像当中，其从中唐时期开始出现并迅速成为主流样式，而且延续至后朝。本部分将对毗沙门天王的袖型结构展开溯源探究。

（一）虞弘墓石椁图像

太原虞弘墓出土的石椁（隋开皇十二年，592年），椁内外前后布满浮雕、墨绘、彩绘图案，包含乐舞、狩猎、出行、宴饮等诸多社会生活题材，一共54个独立图像。此石椁雕绘了众多半袖加装饰祛口的袖型结构，发掘报告将带有此类袖型的服饰称为"花边半袖衫"。石椁中所见人

物一共85人❶，人物主要穿着半袖衫和窄袖长袍，其中穿着半袖衫的有37人（36位男子、1位女子），占43.5%，34人主要穿着圆领窄袖长袍，占比40%，其余14人穿着曳地长裙、圆领薄衫、披帛等（表4-7）。

半袖衫又可分为花边半袖衫和无花边半袖衫，其中花边半袖衫占半袖衫总数的13.5%（表4-8）。半袖衫的服用人群不分贵贱，且适用多种场合和职业，为一类常服。例如，在一幅歌舞饮宴场景中，头戴宝冠的贵族男女和演奏的乐者、侍从均穿着半袖衫（部分带有袪口）。骑马狩猎者、乐舞者、祭祀者、供养者均可服用半袖衫，其中骑马狩猎者穿着的半袖衫多带有袪口。经过人种分析，虞弘墓出土石椁人物存在波斯人、粟特人、突厥人❷，半袖衫在这三类人身上均可见，说明半袖衫在他们的服饰文化中是一类具有共同性的服饰。

表4-7　虞弘墓石椁所见人物服饰类别占比统计

项目	类别	件数	占比/%
虞弘墓石椁所见人物服饰统计（共85人/件）	半袖衫	37	43.5
	圆领窄袖长袍	34	40
	曳地长裙	4	4.7
	圆领薄衫	5	5.9
	披帛（未穿上衣）	5	5.9

表4-8　虞弘墓石椁半袖衫统计表

类别			件数
半袖衫	花边半袖衫（半袖加袪口）	花边圆领半袖短衫	3
		花边圆领半袖长衫	1
		花边非圆领半袖长衫	1
	无花边半袖衫	无花边圆领半袖短衫	12
		无花边圆领半袖长衫	11
		无花边非圆领半袖短衫	2
		无花边非圆领半袖长衫	7

石椁内后壁西部，描绘了一位男子乘象猎杀雄狮的场景，男子高鼻，胡须浓密，戴头冠和耳饰，波浪状披发，有头光，脑后飘扬两条飘带，身穿红色圆领半袖衫，袖口有两层花瓣状袪口，腰束革带（图4-32）。值得注意的是，第一，虞弘墓石椁人物中，56%的人物脑后飘扬两条飘带，有些在丝带尾端有2~3个圆球装饰（此飘带在史君墓、安伽墓出土石椁人物身上均不见），这是一种流行于中亚波斯乃至于阗地区的服饰飘带，南北朝杨衒之《洛阳伽蓝记》："（于阗）王

---

❶ 山西省考古研究所，等. 太原隋虞弘墓[M]. 北京：文物出版社，2005.
❷ 同❶。

头著金冠似鸡帻,头后垂二尺生绢,广五寸,以为饰。"❶可见于阗地区此飘带材质为宽幅5寸的生绢,系于脑后,下垂长度为2尺。第二,男子的裤腿侧有波浪状的花边,如前文所述,此类裤型常见于波斯萨珊王朝艺术中,诸多萨珊王朝银盘、骑射者的裤型侧边常以波浪形表现飘逸的护腿。除服饰之外,石椁图像中出现的生活场景、乐器、生活器皿、动植物等均具有较多中亚波斯的文化因素,诸如马首鱼身兽❷、骑射猎杀狮子题材❸、铜钹等乐器❹,证明石椁的文化背景应靠近波斯文化,或被伊朗风格所影响。

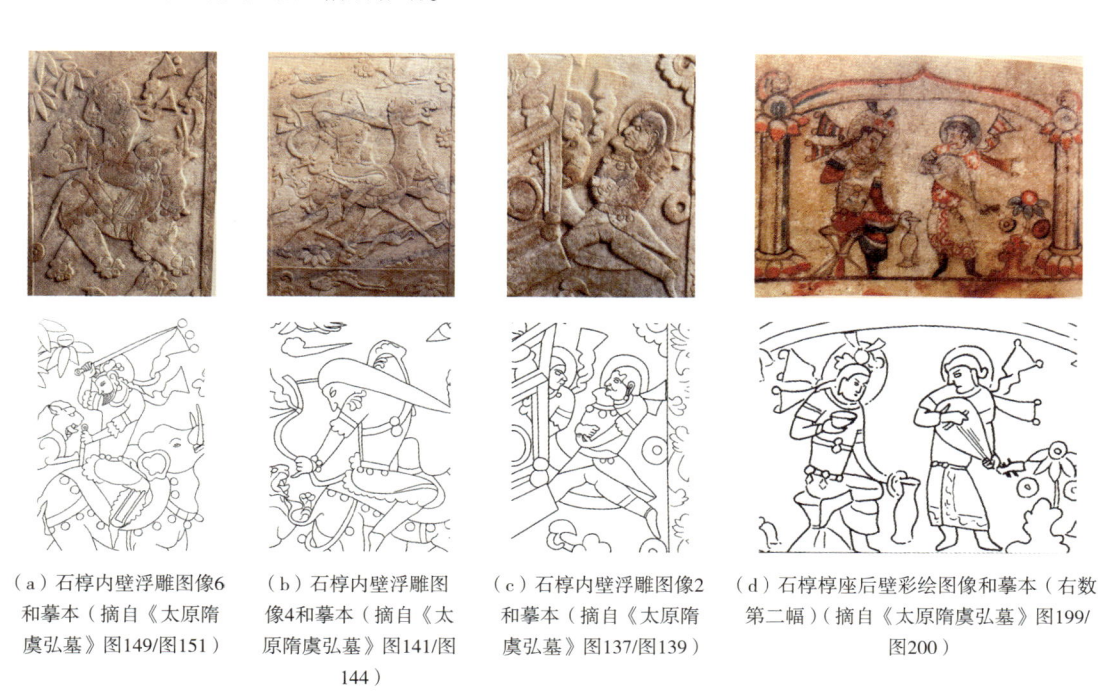

(a) 石椁内壁浮雕图像6和摹本(摘自《太原隋虞弘墓》图149/图151)

(b) 石椁内壁浮雕图像4和摹本(摘自《太原隋虞弘墓》图141/图144)

(c) 石椁内壁浮雕图像2和摹本(摘自《太原隋虞弘墓》图137/图139)

(d) 石椁椁座后壁彩绘图像和摹本(右数第二幅)(摘自《太原隋虞弘墓》图199/图200)

图4-32 虞弘墓石椁半袖衫和袪口

粟特入汉较为著名的墓葬还有西安安伽墓(579年)和西安史君墓(579年),但半袖衫在这两个墓葬中并不多见。从日本滋贺县出土石棺床屏风(北齐)上可观察到几身有着袪口的半袖衫。除此之外,半袖加袪口的袖型结构唯在太原虞弘墓石椁的人物服饰中所占比重最盛。就文化因素而言,太原虞弘墓的中亚文化因素最多,基本保留了中亚文化艺术❺。而安伽墓已出现中式建筑等汉文化元素,服饰以圆领窄袖袍服、翻领窄袖胡服为主;史君墓石椁中妇女出现穿着窄袖襦裙、外披圆领披袍的中原样式,类似的服饰也常见于莫高窟隋代的供养人壁画上。通过比较以上三个粟特入汉时葬具图像的文化因素,可发现半袖衫服饰在虞弘墓石椁中出现最多可能与其保留的最多的中亚文化因素有关,即有袪口的半袖衫极有可能为中亚地区的一类常服。

---

❶ 杨衒之. 洛阳伽蓝记·卷五·城北[M]. 北京:中华书局,2010:173.
❷ 普加琴科娃,列穆佩. 中亚古代艺术[M]. 陈继周,李琪,译. 乌鲁木齐:新疆美术摄影出版社,2013.
❸ 海老根聪郎,等. 世界美术大全集·东洋编[M]. 东京:小学馆,1997.
❹ 周菁葆. 丝绸之路艺术研究[M]. 乌鲁木齐:新疆人民出版社,1994.
❺ 山西省考古研究所,等. 太原隋虞弘墓[M]. 北京:文物出版社,2005.

（二）新疆地区相似的袖型

与莫高窟天王类似的袖型，在龟兹石窟也有展现。壁画中出现的袖型主要可分为两种：第一类为喇叭状或钟形袖型，德国学者阿尔伯特·冯·勒克科在描述克孜尔石窟第205窟主室前壁龟兹王托提卡及王后的袖子时，使用德语"Glockenärmel"形容，翻译成中文为"喇叭袖"。此类喇叭状袖型没有装饰祛口，整体呈钟形，常有菱形格纹样（表4-9）。第二类为半袖加褶皱袪口的袖型，即本文讨论的袖型。克孜尔石窟第76窟主室右壁的降伏魔众图，时间为4世纪中叶至5世纪末[1]，佛陀身旁的一位武士身着盆领W胸甲型甲衣，半袖长至手肘处，呈微喇叭状，颜色为深色，在半袖边缘有一圈白色褶皱（或波浪、花瓣状）的装饰。在5—6世纪的库木吐喇石窟第23窟主室券顶中脊的天相图中[2]，也可见同类袖型，半袖末端有白色面料的袪口，整体形态较为接近莫高窟北魏第257窟南壁天王的白色喇叭状袪口。该类袖型不仅在武士、天王身上出现，在世俗供养人的身上也能观察到，如库木吐喇石窟第19窟的男性和女性世俗人物的袖型等。

表4-9　新疆地区壁画类袪口结构整理表

类别	图例			
第一类袖型 喇叭状或钟形袖型		龙王，克孜尔石窟第193窟主室前壁门道右侧，7世纪（摘自《中国新疆壁画：龟兹》图173）	武士，克孜尔石窟"伽叶窟"，7—8世纪（摘自《中亚艺术与文化史图鉴》图88）	武士，克孜尔石窟"红穹隆洞"，750年（摘自《中亚艺术与文化史图鉴》图72）
第二类袖型 半袖加褶皱袪口		降伏魔众，克孜尔石窟第76窟主室右壁，4世纪中叶至5世纪末，德国柏林亚洲艺术博物馆藏（摘自《中国新疆壁画：龟兹》图26）	天相图局部，库木吐喇石窟第23窟主室券顶中脊，5—6世纪（摘自《中国新疆壁画：龟兹》图198）	库木吐喇石窟第19窟，7世纪（摘自《中亚艺术与文化史图鉴》图9）

---

[1] 新疆龟兹石窟研究所. 中国新疆壁画：龟兹[M]. 乌鲁木齐：新疆美术摄影出版社，2008.

[2] 同[1]。

除壁画之外，在新疆地区出土的文物中，也可见此类半袖加祛口的袖型结构（图4-33）。

第一，发现于6—7世纪克孜尔地区的一尊天王像（或为武士像），与6世纪于阗地区出土的石膏范基本吻合，两者现均藏于俄罗斯埃尔米塔什博物馆。从石膏范来看，其袖型为半袖，有一层小联珠和三角的装饰图形，末端有褶皱祛口。

第二，6—7世纪库车地区出土的舍利盒，现藏于日本东京国立博物馆，其彩绘了西域假面舞蹈"苏莫遮"的场景❶。唐释慧琳《一切经音义》卷四十一记载："苏莫遮，西戎胡语也，正云飒（颯）磨遮。此戏本出西龟慈国……假作种种面具形状……"舍利盒上描绘的舞者穿着华丽、色彩丰富，其袖型为半袖，在尾端有祛口，此处表现为花瓣状。

第三，德国学者阿尔伯特·冯·勒克科在其科考著作中，用文字记录了发掘一尊出土于约700年的龟兹武士像的勘察现场，描述了一只散落在主像周围的右臂，以及附着其上的袖子形态。勒克科认为该手臂没有穿戴铠甲，到肘部为止均为蓬松的红色织物，且有一道绿色装饰带。在末端突出了一块白色的"花边"，该白色祛口呈精致的褶皱状，其前臂裸露且漆成白色，此描述与半袖加褶皱祛口的袖型基本吻合。

第四，2003年于楼兰LE西北壁画墓出土的一件半袖衫，学界基本认为此墓葬属于3—4世纪❷。其前片的右部缺失，左侧袖子保存完好，袖长25厘米，从出土照片看，袖部为暗红色，整体呈喇叭状，与衣身的接缝处有褶皱量，袖口端有一圈条纹装饰，之后连接白色褶皱。此半袖形制虽与壁画描绘的袖型有差别（如壁画等描绘的袖型相对窄小，袖子与衣身的接缝处没有褶皱），但这件出土的实物可以证实，此类半袖服饰不止在壁画中被描绘，并且在世俗生活中也被人们穿着。

综上，通过对新疆地区壁画和出土实物的例证分析发现，半袖加祛口的袖型结构十分契合龟兹和于阗等西域地区相关服饰的特征。

（a）发现于克孜尔地区，6—7世纪，俄罗斯埃尔米塔什博物馆藏（摘自《西域美术全集5·服饰卷》）

（b）石膏范，发现于于阗，6世纪，俄罗斯埃尔米塔什博物馆藏（摘自《西域美术全集5·服饰卷》）

（c）舍利盒上的彩绘，发现于库车地区，6—7世纪，日本东京国立博物馆藏（摘自《西域美术全集2·绘画卷》）

图4-33

---

❶ 李肖冰. 中国西域民族服饰研究[M]. 乌鲁木齐：新疆人民出版社，1995.
❷ 李青. 楼兰03LE壁画墓再讨论[J]. 西北民族论丛，2016（1）：127-141，327.

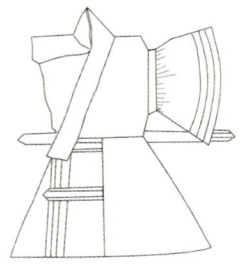

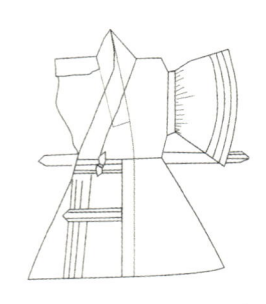

（d）塑像，700年（摘自《中亚艺术与文化史图鉴》图49）　　（e）楼兰LE西北壁画墓出土半袖衫，文物号：03LM1：1，新疆文物考古研究所（摘自《西域异服：丝绸之路出土古代服饰复原研究》图11）

图4-33　新疆地区出土实物类袖型结构

三、祛口艺术风格的转变

此类袖型进入汉地后，逐渐为汉人所熟悉，除敦煌莫高窟外，中原地区的艺术画作上也出现相似的祛口装饰，主要表现在神仙或佛教人物的造像上。

以东晋时期顾恺之的《洛神赋图》为例，画面中洛神宓妃穿着上襦下裙式的袿衣，腰间用襳围系蔽膝，从蔽膝之下飞扬出形狭如刀圭的垂髾（表4-10）。为体现"翩若惊鸿，婉若游龙"之感，以极具韵律之感的线条勾勒袿衣，行动时飞襳垂髾，如燕尾飘曳，传神地表现了《洛神赋》中对洛神服饰的描述："奇服旷世""曳雾绡之轻裾""扬轻袿之猗靡兮"❶。洛神的手肘部位装饰一圈绿色的祛口，形如荷叶。顾恺之笔下的洛神与世俗人物的服饰殊异，女性世俗人物均不配置此祛口，其只出现在洛神等神女的身上。

值得注意的是，敦煌莫高窟唐代维摩诘经变中"观众生品"的天女也穿着袿衣，其服饰特征与洛神有诸多相似之处，特别是盛唐第103窟主室东壁的天女，具体体现在手执物、蔽膝向上翻滚的动态以及半袖边缘出现的绿色祛口等❷。二者在服饰和绘画风格等方面存在相似，与顾恺之为瓦官寺所绘的《维摩诘》壁画不无关系。根据史料记载，此幅作品声誉鹊起，《京师寺记》："长康（顾恺之）曰宜备一壁，遂闭户往来一月余。日所画维摩诘一躯工毕，将欲点眸子，乃谓寺僧曰：'第一日观者请施十万，第二日可五万，第三日可任例责施。'及开户光照，一寺施者填咽，俄而得百万钱。"❸维摩诘经由古印度传入中国，与老庄玄学结合，传递"不离世间觉"的禅宗理念，折中了出世和世间的矛盾❹，塑造了一个能言善辩、才学出众、清谈玄理并且过着世俗生活、居家修佛的智慧居士形象，这正好与士大夫、权贵阶级所追求的物质和精神境界相契合。唐前期维摩诘信仰盛行，玄奘重译《维摩诘经》，诗人王维、杜甫、李白崇尚维摩诘居士，

---

❶ 曹植. 曹植集校注·卷二·洛神赋[M]. 赵幼文，校注. 北京：中华书局，2016：421.
❷ 董昳云. 敦煌莫高窟唐代壁画维摩诘经变中"观众生品"天女袿衣服饰演变研究[J]. 服装设计师，2021（9）：93-100.
❸ 张彦远. 历代名画记·卷五晋[M]. 杭州：浙江人民美术出版社，2019：87.
❹ 谭淑琴. 维摩经变所体现的中国艺术精神的嬗变[J]. 中原文物，2003（6）：57-63.

画家吴道子、阎立本均描绘过维摩诘的形象，文人习佛成为流行，人文画中的禅意也反映到佛教艺术中，借着绘画题材、绘画风格的影响力，此类服饰及袪口样式也广为流传。

表4-10 《洛神赋图》和莫高窟壁画天女比较

《洛神赋图》中的天女	莫高窟壁画天女
顾恺之《洛神赋图》（宋临，故宫博物院藏）	盛唐第103窟主室东壁（自绘）

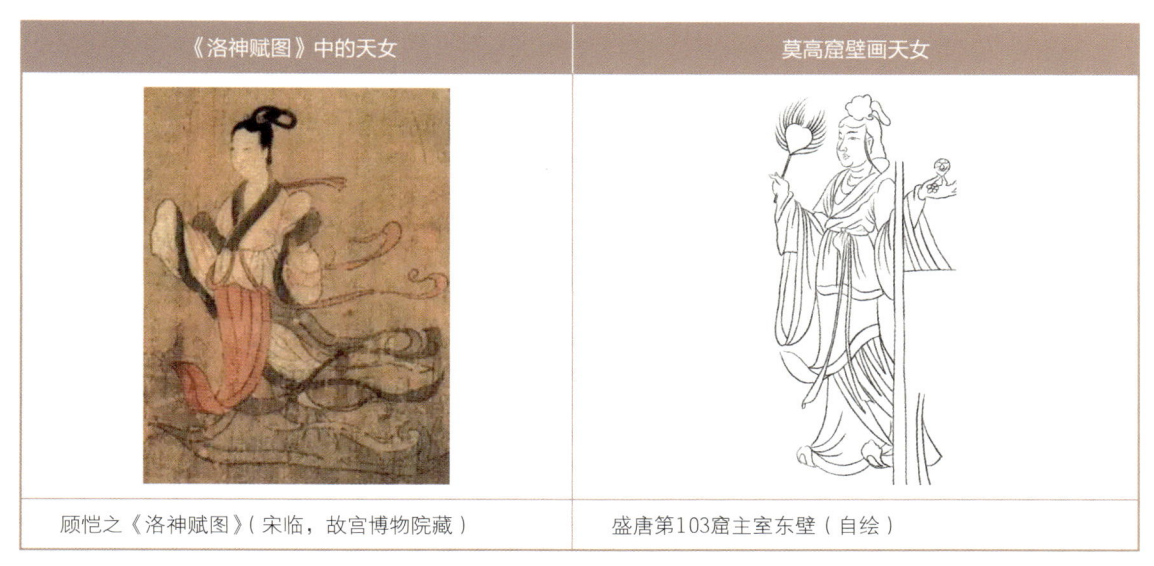

与莫高窟袪口的演变相似，中原地区绘画和雕塑中的袪口形状也向叶片状发展，并且逐渐形成定式。

传为唐代吴道子所绘《送子天王图》，又名《释迦降生图》，乃根据佛教经文"净饭王送子朝拜诸天王"内容所绘（表4-11）。画卷第三部分描绘净饭王手捧太子，后跟随摩耶夫人[1]。其中摩耶夫人和一持香炉侍立的天女均穿着袿衣。摩耶夫人头梳两博鬓[2]，饰有宝钗珠络，穿着右

表4-11 《送子天王图》和莫高窟壁画天女比较

《送子天王图》中的天女	莫高窟壁画天女
吴道子《送子天王图》（摘自《中国人物画通鉴3·焕烂求备》P.98/P.101）	五代第100窟窟顶东南角吉祥天女（摘自《中国敦煌壁画全集》）

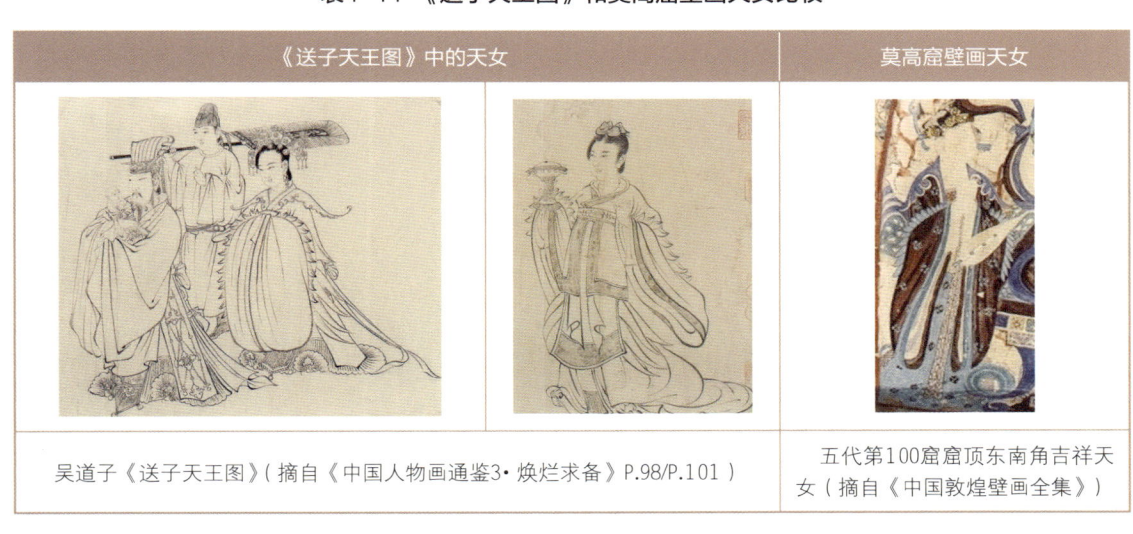

---

[1] 陈长虹.藏品历史、真伪和图像：对大阪市立美术馆藏《送子天王图》的考察[J].故宫博物院院刊，2016（5）：103-117.
[2] 周锡保.中国古代服饰史[M].北京：中国戏剧出版社，1984：181.

衽交领大袖襦裙式袿衣，肩部装饰云肩，边缘有曲线变化，形似卷云，两端上翘，形制同于盛唐第39窟西壁龛内摩耶夫人、盛唐第194窟维摩诘经变中天女的肩部云肩。随着唐朝后期妇女襦裙袖子日渐宽大，祛口也随袖子逐渐变广，其形状为发散的叶片状，与莫高窟中晚唐时期祛口演变的特征相当契合。

综上，通过研究粟特虞弘墓石椁图像中的半袖服饰，以及对比安伽墓、史君墓等粟特入汉墓葬的文化因素，基本可以认为半袖加装饰祛口的袖型结构含有较多的中亚文化因素，受伊朗风格服饰影响，可能为中亚地区的一类常服。大量粟特人因经商往来于丝绸之路，并有一部分定居于龟兹、于阗一带，这为该袖型传入新疆及中原地区提供了有利的因素。

敦煌莫高窟至中晚唐时期，祛口的表现形式逐渐固定，多表现为一圈向外发散的叶片状。而中原地区的神仙、佛教人物造像时在袖子的肘部也绘制有装饰性祛口，其样式、变化时间与莫高窟天王的祛口演变基本吻合，均由褶皱波浪状向叶片状发展，即从写实到抽象的艺术表达转变，是画匠处理褶皱的一种艺术化、抽象化的表达方式。

第五章

敦煌莫高窟毗沙门天王服饰的演变、审美与文化内涵

毗沙门天王跟随佛教东传，一方面以四天王之一的身份在汉地展现，另一方面因平定叛乱的神迹故事、于阗建国传说、相关经文流布等，毗沙门天王逐渐脱离四大天王，形成独立的信仰及图像系统。本章梳理敦煌莫高窟天王服饰的发展轨迹，探究推动其演变的动因，揭示敦煌莫高窟毗沙门天王服饰中装饰纹样的象征内涵和服饰的审美流变。天王服饰造型的演变从设计学范畴来看，在不同的历史进程内，因造物的技术、材质、装饰、功能有所差异而形成阶段性的特征。

第一节　莫高窟天王服饰的演变脉络

经过梳理，莫高窟各朝代天王服饰的演变特征，倘若以毗沙门天王独立造像作为分类依据，莫高窟的天王造像体系可分为两类（图5-1）：第一类造像体系四位天王的造像风格相近，第二类造像体系突出毗沙门天王的神格，在造像上区别于另外三位天王，以对襟型长甲为典型。W胸甲型长甲和明光胸甲型长甲则是两大造像体系相交的产物。

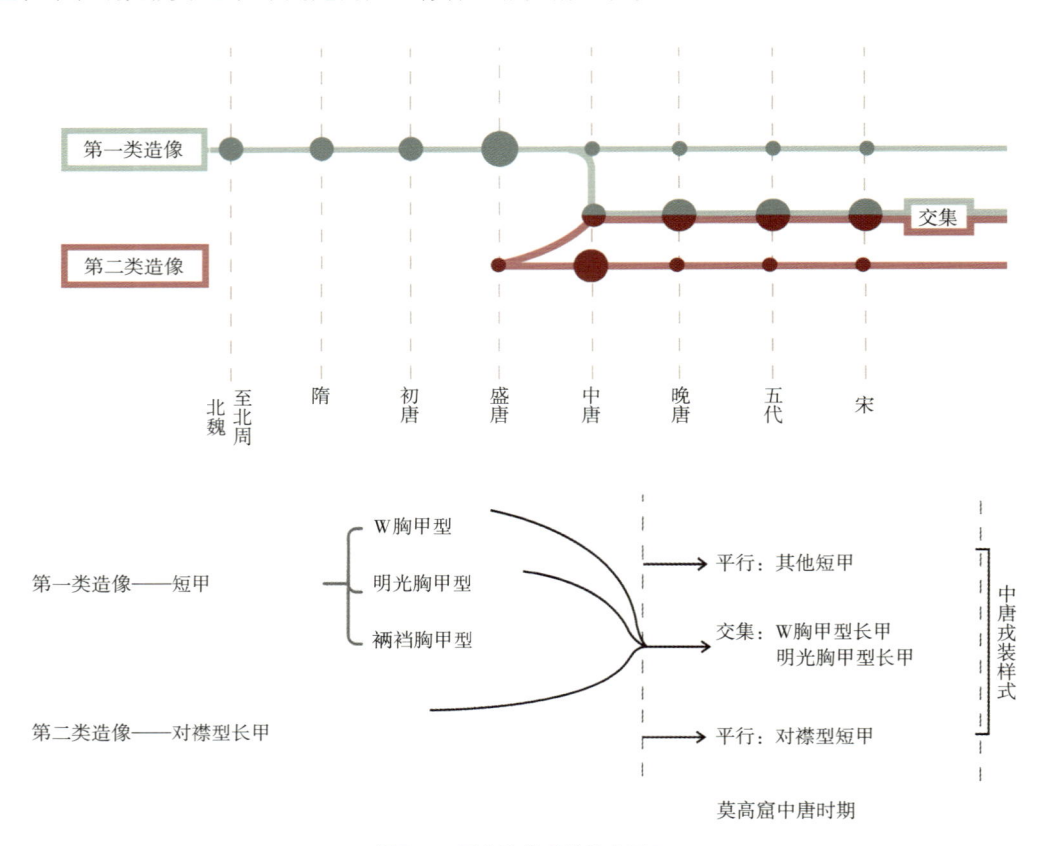

图5-1　两大造像系统演变图示

一、第一类造像体系

在第一类造像体系中，不强调毗沙门天王的单独神格，四天王或二天王的服饰造型相似，通常以手托宝塔作为辨别毗沙门天王身份的依据。

第一类造像体系始于北魏时期，以第257窟中心塔柱东向面龛外北侧的一尊彩塑天王为开端。莫高窟早期天王戎装的胸甲结构受到西域W胸甲的影响，下身的装束则表现为犍陀罗武士缠裹腰布外加甲裙且跣足的服饰特征。这个阶段处于汉人接触佛教文化的初期，对于佛教义理的认知主要借助西域来的传教者、经文和佛教图像。四大天王的服饰造像与其他佛教艺术一样，遵循外来佛教仪轨的要求，同时循序渐进地融入传统的汉晋文化。

隋朝统一中华大地，南北通融，统治阶级崇尚佛教，礼佛活动在此时期的敦煌相当热忱，在短暂的三十七年中，莫高窟开凿了上百个佛教石窟，现存留近70窟。从隋朝开始，莫高窟天王造像逐渐由西域武士向中原武士形象靠拢，戎装上融入了当时已在中原地区流行的裲裆甲和明光甲，其造像形式和位置也由不对称转变为对称，常出现在西龛外两侧或东壁门两侧。这种形式的转变蕴含着与传统门神、镇墓武士像等汉地文化审美的交融。

唐前期（初唐和盛唐时期）国泰民安、政治开明，丝绸之路畅通，敦煌石窟艺术得到了繁盛发展。据《唐六典》记载，当时世俗武士的甲制增加到十三种之多，甲胄的材质也有丰富的变化，如铁、皮革、绢布等质地。唐代军戎装备的大发展也充分地反映到盛唐时期的天王造像上——盛唐彩塑类天王造像的数量为莫高窟各分期之最，通常以作为佛侍从的二天王组合形式出现在洞窟西龛内。此时的铠甲可分为W胸甲型短甲、明光胸甲型短甲和裲裆胸甲型短甲。铠甲装饰丰富，甲片的形状由写实向装饰纹样发展，在胸甲、甲裙等表面通常布满多样的卷草纹和花卉纹。从北魏至盛唐，莫高窟天王造像无论是从服装形制，还是从艺术表达的角度，均由异域风格武士向中原武士形象过渡，凸显了不断趋于汉化的天王造像趋势。

二、第二类造像体系

第二类造像体系的产生，源于毗沙门天王信仰的日益盛行，因而在其造像的服饰上开始区别于其他三位天王，第二类造像体系以对襟型长甲为典型。

唐初，借助密教大师不空和唐朝统治者的倡导，多有毗沙门天王解救唐军的神迹传说。在《宋高僧传》和《灵山塑北方毗沙门天王碑》中均记载将源自于阗的毗沙门天王画稿或塑像带入中原供奉，此后与毗沙门天王相关的祭祀、造像热度不减，其职能除护世护法外，还增加了诸多能够满足现实利益的功能，成为唐宋时期与城隍神相近的神祇。

对襟型长甲以对襟甲衣、长甲裙、X型圆护胸带、尖角状肩饰为主要特征。该类样式在莫高窟的盛唐时期已经出现，但此时第一类天王造像体系为传统的主流造型样式，因而对襟型长甲毗沙门天王数量较少。直至中唐时期，西北争战不息，差科徭役，生灵涂炭，吐蕃代替唐王朝

统治敦煌，百姓在恐惧和侥幸的心理下将希望寄托于佛教，在文化交流频繁的中唐时期，敦煌佛教又一次大发展，其中包括可护佑世间安宁的毗沙门天王信仰，第二类毗沙门天王造像体系大放异彩，突破了前朝四天王或二天王造像相似的传统，在服装、组合、位置等方面突出了毗沙门天王的独立地位。

中唐时期，当第二类造像体系成为主流时，第一类造像体系并未消失，二者存在平行和相交的情况。造像样式的演变总是渐进式的，当第二类毗沙门天王造像体系蓬勃发展时，第一类天王造像体系并不会立刻被替换，在中唐时期的部分洞窟中仍然存在第一类体系的造像样式，除北方天王外，其余三位天王的戎装未被第二类造像体系影响，依旧按照前朝样式持续演进。除平行情况外，两大造像体系也产生了交集，即W胸甲型长甲和明光胸甲型长甲毗沙门天王。这两类戎装均是异域长甲融合前朝胸甲的产物，是莫高窟中唐时期当地工匠在外来画稿粉本的基础上本土化的结果。

大中二年（848年），在张议潮的带领下，莫高窟重新回归汉人管治，开启了从晚唐至宋朝的张氏、曹氏归义军时代。归义军时期毗沙门天王造像出现了多种新的形式，如晚唐五代时期重修了大量前朝洞窟的前室，流行在前室西壁门南北两侧绘制天王像；五代宋时期的曹氏家族在窟顶四角券进式结构中绘制四大天王，部分四角结构中毗沙门天王使用《毗沙门天王赴哪吒会》的造型。该时期天王造像的形式由立像单尊向坐姿经变画群像转变，眷属侍从丰富，图案极具装饰性，增添了多类精美繁复的纹样。明光胸甲型长甲进一步向第一造型体系靠拢，成为归义军时期毗沙门天王的主要造像样式：保留肩饰、人面圆护等装饰，戎装由长甲裙回归短甲裙，搭配大袖裙襦、穿胫甲、兽首含臂式披膊。其他三位天王的戎装依旧延续第一类造像体系的传统，身穿第二类造像体系对襟型长甲的毗沙门天王在归义军时期虽然不为主流，但依旧活跃。毗沙门天王在四天王中的地位依旧凸显，唯有它的题榜名称前被冠以"大圣"的称号。宋朝之后，毗沙门天王信仰渐衰，莫高窟的造像也随之减少，一方面毗沙门天王回归四大天王，另一方面其形象与李靖融合，进一步流变为民间信仰的神祇，并流传至今，成为家喻户晓的"托塔李天王"。

三、天王服饰演进的动因

两大造像体系的演变过程是逐渐消解或改进原来的造像形式和风格，融入具有时代和地域性的新元素，进而形成新的造像风格的过程。这一过程承载了古人造物时对实用功能、审美功能、宗教功能等多元需求，莫高窟天王及毗沙门天王服饰的演变略不同于中原世俗戎装，前者更强调精神性质的象征，以满足宗教和祭祀的功能，体现敦煌特有的时代性、地域性，以及为宗教服务的艺术性。

推动莫高窟天王造像服饰向前发展的重要动因有以下三个方面。

第一，强烈的外在因素冲击，如战争带来的强制性文化输入，或战争间接导致的区域内文化交流，推动着造像体系的风格变迁。从人文地理的角度看，亚历山大东征也是一次文化的远征，在向东征伐的过程中，亚历山大军队扩充了版图，将古希腊的文化艺术向东传播，同时也将波斯、中亚、古印度等古老的文明联系在一起，形成东西方文化的碰撞与交融。这个过程中较为先进的军戎装备，如甲胄、防护用具等往往被周边地区民众借鉴使用，促进了戎装服饰的发展演进，并在象征战神的天王身上展现。

第二，天王及毗沙门天王信仰的盛行、精神审美的革新，不断促使其造像服饰在不同的历史阶段推陈出新。唐初，在中原地区，借助密教大师和毗沙门天王相关经文的流布，以及唐朝统治者的推崇倡导，多有毗沙门天王帮助唐王朝平定叛乱的传说故事，使它的信仰在中原及周边地区广为盛行。敦煌此时期西北战事频繁，国泰民安的诉求成为敦煌人民信仰毗沙门天王的主要原因。另外，粉本画稿是莫高窟壁画和彩塑创作时重要的参考，工匠使用画稿作画早在西魏第285窟就有所体现，随后这种绘制手法一直陆续被沿用。当经由于阗国吸纳发展的对襟型长甲毗沙门天王图像粉本传入敦煌时，在中唐时期经过又一轮的文化融合，结合敦煌出资建窟者的诉求和画匠的理解与创造，异于唐前期的毗沙门天王造像大量流行。又如五代宋时期，天王信仰的热度依旧高涨，更是出现在窟顶四隅绘制四天王的新样式，以窟顶密法结坛的形式，强调天王护国安民的功能。毗沙门天王信仰的盛行，促进了其造像和职能的演变，同时也是毗沙门天王服饰样式转变的重要动因之一。

第三，社会内在的发展，工艺技术等方面的发展突破，进而形成莫高窟毗沙门天王服饰的风格演进。恩格斯曾提出："装备、编成、编制、战术和战略，首先依赖于当时的生产水平和交通状况。"（《反杜林论》）战国时期已出现铁制的甲胄[1]，得益于当时的冶铁技术的发展与应用，古人通过淬火、锻炼、铸铁等工艺手段，打造坚韧的攻击性武器，包括刀、剑、戟、弩、矛等，同时用于防御的军用装备也随之改进，在甲胄中装配铁甲，如《唐六典》卷十六记载："今明光、光要、细鳞、山文、乌锤、锁子皆铁甲也。"[2]隋至盛唐时期莫高窟天王服饰的演变较为契合世俗戎装的发展，在壁画和彩塑中大量表现中原流行的明光胸甲型短甲。此外，用纺织品制成的绢布甲，因丰富精美的装饰纹样而常被工匠用以创作，绢布甲的发展得益于纺织和染色水平的进步，隋唐时期随着草染、石染、织造工艺的发展，面料的色彩与装饰纹样日益精致绚丽。因此，技术和生产力水平的提高，推动武器、甲胄材质的变革，进而使甲片的形态及编缀方法、甲胄的形制及穿戴方式不断革新，这些世俗甲胄为莫高窟的工匠所借鉴，用以表现天王形象，在壁画和彩塑天王服饰的塑造中可窥见世俗戎装丰富的甲制种类以及不同类型的甲胄材质（表5-1）。

---

[1] 杨泓. 中国古代的甲胄：上篇（殷商—三国）[J]. 考古学报，1976（1）：19-46，145-150.
[2] 李林甫，等. 唐六典[M]. 北京：中华书局，1992.

表5-1 莫高窟各分期天王代表性戎装图示

朝代	北魏—北周	隋—初唐	盛唐	中唐		
图示				对襟型长甲	W胸甲型长甲	明光胸甲型长甲

朝代	晚唐第31窟	五代第61窟	宋第55窟
图示			

第二节 莫高窟天王服饰装饰纹样的意象阐发

莫高窟的装饰纹样以佛经内容为蓝本，用以表现神圣理想的佛国净土。装饰纹样不仅丰富着石窟内一幅幅经变画，填充着人字披、藻井、伞盖、背光，并且装点着佛陀、菩萨、天王、飞天、供养人等人物的服饰，使石窟的壁画、彩塑、建筑联结成风格统一的整体。天王服饰的装饰纹样以动物形象与植物纹样为主，挖掘其中所涵盖的象征意象对天王服饰的研究有着重要意义。

一、动物形象的借代

在莫高窟天王服饰纹样中，可见中国传统的以及由域外本土化而来的动物形象，如龙、龟、凤、狮、虎、摩羯鱼等，这些装饰纹样是古代工匠追求美好愿景的艺术结晶。工匠根据天王的形象和职能选择相匹配的动物形象作为装饰，不仅将动物作为装饰纹样描绘在服饰中，也将动物形象向服饰部件转化，成为服饰功能性的一部分，天王服饰中的动物形象蕴含着震慑、坚毅、善战等丰富的内涵寓意。

西汉《礼记·礼运》记载："麟、凤、龟、龙，谓之四灵。"龙自古便是中华民族的精神象征，是先民臆想出来的能够兴云布雨、翱翔于大海和天外的神兽，在上千年的历史进程中，世人孜孜不倦地赋予龙神通广大的威力及吉祥寓意，甚至代表了至高无上的权力。在佛教中，天龙八部为佛的护法神祇，龙位于八部众之首，在敦煌的法事文书中常见信众对天龙八部的信仰，如吐蕃时期的S.2146（10）《置伞文》在文末写道："（前略）以兹胜利，先用庄严梵释四王、龙神八部。"❶又如P.2341（7）《燃灯文》中表达了信众供养梵释四王和龙神八部，希望神祇能够大显神通，降福此地，救世护安："（前略）先用奉资梵释四王、龙神八部，惟愿兴运慈悲，救人护世；扫妖气于境外，抠疫励于他方。"❷无论在世俗社会还是佛家圣地，龙长期以来一直是为世人祈福的祥瑞神兽。龙纹在莫高窟常出现在窟顶藻井的中心、佛龛的龛沿等处，在晚唐五代时期也作为毗沙门天王胸甲上的装饰纹样出现，如晚唐第12窟前室西壁门北侧和五代重修隋代第292窟甬道北壁的毗沙门天王，在其明光胸甲的两块圆护内，各绘一条张牙舞爪的龙，其通体石绿色，四肢矫健，威猛可畏；五代重修北周第428窟前室西壁门北侧的毗沙门天王，圆护内装饰盘旋的团龙纹，龙口大张，躯体纤长灵动，似乎在不停地翻腾旋转。胸甲的装饰纹样经历了初唐、盛唐时期的花卉纹，中唐时期的人面纹，至晚唐五代时期展露了代表皇权、祥瑞、震慑寓意的龙纹，不仅强调了天王不容侵犯、不可一世的威严，而且可窥见天王造像逐渐世俗化的趋势。

龟甲，作为一类占卜的纹理被先民赋予神秘的色彩，经过抽象化及符号化的概括，多以龟背纹的形式出现，也称为龟甲纹，以六边几何形为基本框架单元，内部填充几何、花卉、联珠等，以二方或四方连续的形式连缀拼接。《新唐书·车服志》记载："太宗时，又命七品服龟甲、双巨十花绫，色用绿。"❸在莫高窟壁画和彩塑中，龟背纹常出现在天王铠甲、菩萨的僧衣、维摩诘经变中帝王的蔽膝等服饰中，如盛唐第45窟西龛内北侧彩塑天王腰两侧的铠甲装饰龟背纹，以石青和钴蓝搭配，相间排列；中唐第205窟佛坛北侧天王的甲裙缘边为龟背纹饰，六角单元内增添小团花；第338窟前室晚唐绘制的天王和第328窟前室五代绘制的天王，其披膊处覆盖龟背纹；晚唐第9窟东壁门南普贤变中毗沙门天王甲裙装饰龟背纹，四色排列，极具装饰韵味。在天王的戎装上运用龟背纹，其中不仅蕴含铠甲如龟壳般坚不可摧的寓意，也寄托了趋吉纳祥的意涵。

鸟翼纹常装饰在天王的冠饰上，从天王造像的演变历程看，南北朝时期天王的冠饰流行菩萨冠，入隋后，冠饰逐渐丰富，出现三面宝冠、鸟翼兜鍪等，但仍然以菩萨冠最为常见，盛唐时期的彩塑类天王多束发高髻，中唐之后毗沙门天王的冠饰逐渐固定为三面宝冠，晚唐五代在三面宝冠的基础上增添繁复的装饰，如双层三面宝冠（晚唐第258窟）、带双翅鸟翼的三面宝冠（晚唐第12窟、宋第454窟）、带完整鸟形的三面宝冠（盛唐第31窟）等。佛教经文中与该鸟翼纹最相关的为金翅鸟，《觉禅抄》中记载："多闻天身色黄金，头冠上有赤鸟形，如金翅鸟。"金翅鸟，又名迦楼罗，在古印度神话中为一种羽翼金色、翅展百里的神鸟，以捕龙为食，精进勇猛❹。

---

❶ 杨富学，李吉和. 敦煌汉文吐蕃史料辑校（第一辑）[M]. 兰州：甘肃人民出版社，1999：248.
❷ 杨富学，李吉和. 敦煌汉文吐蕃史料辑校（第一辑）[M]. 兰州：甘肃人民出版社，1999：213.
❸ 欧阳修，等. 新唐书·卷二十四·志第十四·车服[M]. 北京：中华书局，1975：527.
❹ 何九盈，等. 辞源[M]. 3版. 北京：商务印书馆，2016.

《妙法莲华经文句》卷二："迦楼罗，此云金翅……亦称为凤凰。"可见金翅鸟也被认为形如凤凰。诸多专家学者认同天王鸟翼冠饰应由西方传来，其形象深受萨珊波斯文化甚至古希腊文化的影响。[1][2][3]在萨珊波斯的硬币和银盘中，国王的冠饰常绘有双翅鸟翼纹，在中土发掘出相当数量的波斯银币，可证明两地在5—6世纪的文化交流。这种外来的穿戴习俗在进入中原后被汉人接受，其中的缘由应当与汉文化也流行在勇立战功的武将头上装饰鸟羽有关，据《后汉书·舆服志》记载："武冠，俗谓之大冠……加双鹖尾，竖左右为鹖冠……虎贲羽林……皆鹖冠……鹖者勇雉也，其对斗一死乃止。故赵武灵王以表武士。"[4]装饰鸟翼纹的冠饰在本土化的过程中，褪去了萨珊波斯代表皇权的象征，愈加凸显其骁勇善战、奋勇当先的精神。

画匠及艺术家借助猛兽的形象与天王的甲胄戎装相结合，有的成为其装饰图案，有的则成为服饰功能性的一部分。如天王戎装中的披膊、护腹常与动物形象结合，即动物形象向服饰部件转化的典型，入唐后兽首含臂式的披膊得到较大发展，在莫高窟盛唐时期的天王造像上出现狮首含臂、龙首含臂、摩羯鱼含臂等样式。其中摩羯鱼纹源自古印度神话中一种灵兽——摩羯，又名摩伽罗，融鱼、象、鳄等多种动物于一体。随佛教进入汉地后，其形象与龙结合，如《洛阳伽蓝记》中记述此鱼龙首鱼身。以摩羯为纹饰在莫高窟常出现在西壁龛楣两侧以及天王的披膊处，其典型的形象为凸唇卷鼻，深目圆瞪、口大张、獠牙锋利、头上长犄角和鬃毛，其口大张的特征与吞噬万物的象征意义被画匠巧妙地运用在兽首含臂式的披膊上，在盛唐的彩塑类天王及晚唐五代壁画类天王造像中颇为盛行。兽面护腹使用虎头或狮头口衔革带的形象，可能受到汉地兽面瓦当、墓室兽面门额的影响，增添天王勇猛威严的气概。其在莫高窟的广泛使用迟至晚唐五代时期，据笔者实地考察，在盛唐第123窟主室东壁门南侧已出现兽面护腹的样式，但在盛唐至中唐期间以圆形护腹为主要式样（表5-2）。

表5-2 天王甲胄中动物形象的运用

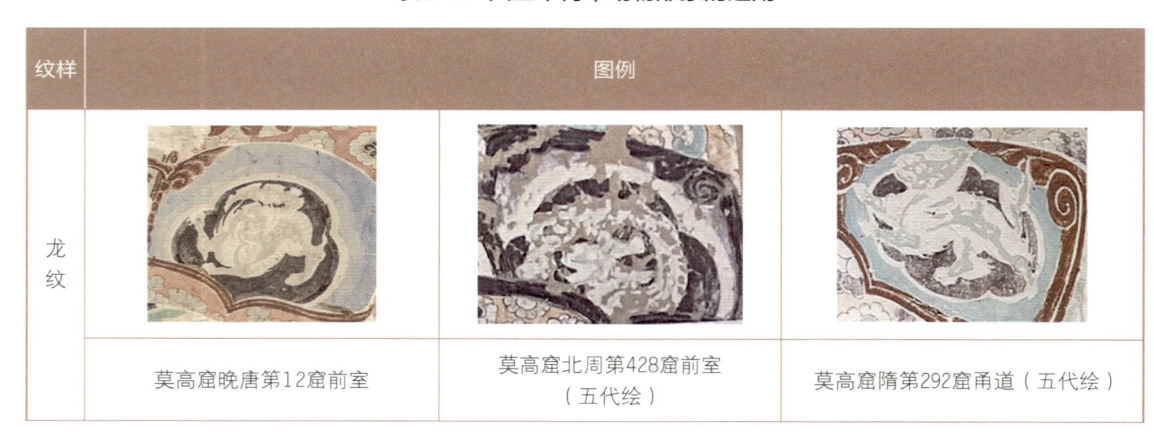

纹样	图例		
龙纹	莫高窟晚唐第12窟前室	莫高窟北周第428窟前室（五代绘）	莫高窟隋第292窟甬道（五代绘）

---

[1] 松本荣一. 敦煌画研究[M]. 林保尧，赵声良，李梅，译. 杭州：浙江大学出版社，2019：438.
[2] 田边胜美. 毗沙门天诞生[M]. 东京：吉川弘文馆，1999：64-66.
[3] 李淞. 长安艺术与宗教文明[M]. 北京：中华书局，2002：134.
[4] 范晔，等. 后汉书[M]. 北京：中华书局，1965：3670.

续表

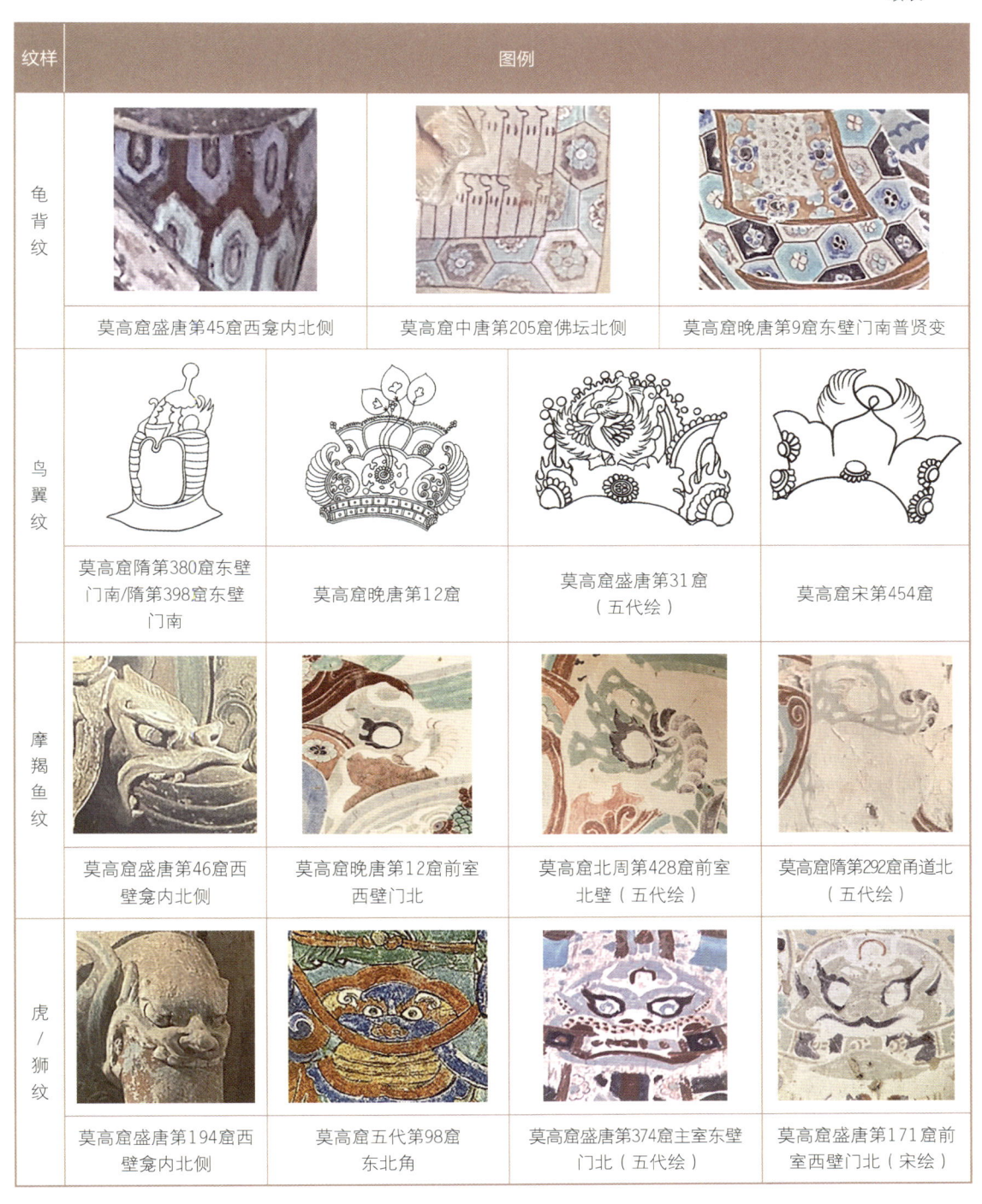

纹样	图例				
龟背纹	莫高窟盛唐第45窟西龛内北侧		莫高窟中唐第205窟佛坛北侧		莫高窟晚唐第9窟东壁门南普贤变
鸟翼纹	莫高窟隋第380窟东壁门南/隋第398窟东壁门南	莫高窟晚唐第12窟	莫高窟盛唐第31窟（五代绘）		莫高窟宋第454窟
摩羯鱼纹	莫高窟盛唐第46窟西壁龛内北侧	莫高窟晚唐第12窟前室西壁门北	莫高窟北周第428窟前室北壁（五代绘）		莫高窟隋第292窟甬道北（五代绘）
虎/狮纹	莫高窟盛唐第194窟西壁龛内北侧	莫高窟五代第98窟东北角	莫高窟盛唐第374窟主室东壁门北（五代绘）		莫高窟盛唐第171窟前室西壁门北（宋绘）

二、植物纹样的转化

除动物纹样外，植物纹样在天王甲胄的装饰中也起到了举足轻重的作用。植物纹样是莫高窟重要的纹样题材，兼具宗教与审美寓意。唐朝盛行团花，尤以饱满、圆浑的造型为主，有的以花朵为中心，向外发散花纹形成团花，有的则以漩涡回旋向外伸展花纹，组成富有动感的团花图案。团花纹多装饰在天王的护项、服饰各处的边缘等部位，以其饱满、繁复、秩序的特征给予服饰视觉上的丰富张力（表5-3）。

相对于团花的端庄秩序感，卷草纹常以节奏性或层次性重复塑造气势跌宕之感，强调枝回叶转的线性发展，是唐人激扬豪迈精神的体现。卷草纹多填充于鹘尾、抱肚等处，从设计构成角度看，并未形成规律性的二方或四方连续，卷草纹相向或背向生长出叶片，茎叶随服装形制自由随意地延展翻卷，造型灵活多变。卷草纹多采用不同明度的石青色、石绿色，用叠晕方式层层晕染，使多组同类色的叶片具有丰富的色彩层次、色阶鲜明，将有限的矿物色彩变幻出交相辉映的夺目效果。工匠将蓄势蓬发的卷草纹装点在天王的甲胄上，其中的韵律时而回旋蓄力，时而舒展奋进，为甲胄增添了充满生机的力量感。

当画匠表现甲片时，他们充分地将植物纹样与甲片相交融，给予了这些冷兵器朝气蓬勃和盎然生机。其中鱼鳞纹的变化最为丰富，盛唐第31窟大量绘制了穿着戎装的佛国人物22身，穿戴戎装的人物数量之多为莫高窟之少见。该窟表现了鱼鳞甲片多样变化的形态，如花瓣状、叶片状的鱼鳞甲片。在盛唐第445窟西龛北侧彩塑天王的甲裙处排布着与茛苕叶结合的鱼鳞甲片，甲片整体偏方形，在底端的中心向内凸起茛苕叶的叶片，由石青、石绿、钴蓝三色相互穿插填色，富有浓郁的装饰意味（表5-4）。

表5-3　植物纹样在甲胄中的运用

纹样	图例
花卉纹	
卷草纹	
鹘尾	
兜鍪	

表5-4 天王甲片与植物纹样的结合

位置	线描效果图	上色效果图
莫高窟盛唐第31窟花瓣鱼鳞甲		
莫高窟盛唐第31窟叶片鱼鳞甲		
莫高窟盛唐第445窟与茛苕叶结合的鱼鳞甲		
榆林窟中唐第25窟鱼鳞甲		
莫高窟晚唐第12窟花瓣鱼鳞甲		
莫高窟北周第428窟（五代绘）叶片鱼鳞甲		

第三节 莫高窟天王服饰的审美流变

佛教本无意形成审美意识，但在佛教艺术传递佛经义理时，又不自觉地将世俗的美学意涵流露在壁画、塑像等具体可感的艺术创作上。莫高窟天王的造像一直秉持超脱现实，却不离世间的精神内核。其服饰从魏晋南北朝至隋朝、初唐，由混融初创时期的质朴粗犷之感转变为俊秀超逸之美；盛唐时期在初唐基础上愈加精致华美且富有动感；中唐时期毗沙门天王神格凸显，既具异域特色，又含肃穆素雅之气魄；晚唐至宋时期，则向繁缛世俗化和程式化方向发展。

一、北朝至初唐

佛教初传至敦煌之时，其艺术审美多杂糅着西域风格，古人多直接承袭舶来的图像粉本和造像仪轨，学习域外美术处理人体结构、立体衣褶等晕染绘画技法，因而莫高窟早期的艺术风格与新疆同时期的石窟相近。其中的因袭关系也可从莫高窟早期的天王装扮中观察到，如W胸甲、天王宝冠等。莫高窟早期天王审美风格因特定的时代背景，形成了质朴粗犷、融合创新的特征。壁画主要以土红色为背景色，以粗犷的线条勾勒，并辅以晕染的色块，天王服饰以土红色、不同深浅的石青色、石绿色为主要配色。W胸甲底色为石青色，胸甲下穿着用交叉条纹表现的菱形格纹甲衣，下装表现为缠裹腰布外加甲裙且跣足。此时期的天王体态接近犍陀罗风格，略显稚拙矮健，如北魏第257窟中心塔柱东向面龛外北侧的一尊天王彩塑，其头与上半身的比例较大（图5-2）。在服装装饰方面，早期天王服饰除在胸甲和甲裙上描绘各类甲片形态和使用金色颜料镶边外，无过多修饰性纹样。

图5-2 莫高窟北魏第257窟彩塑天王头身比例

隋朝建立统一的多民族国家，服饰制度在初期依旧沿袭南北朝的衣着习俗，至大业二年（606年），隋炀帝制定舆服制度，服饰向汉地礼俗过渡。莫高窟天王服饰承上启下、兼容并蓄的趋势由隋朝延续至初唐，并向盛唐盛气华美的特点发展。早期W胸甲型短甲数量在该时期逐渐减少，莫高窟天王服饰积极吸纳中原流行的明光胸甲型短甲。此外，自南朝中原"秀骨清像"的绘画风格逐渐传入敦煌后，莫高窟天王的服饰与形象产生了新的审美意趣。秀骨清像式的风格不同于西域绘画注重体积感的塑造，其更多关注寓形寄意的意象表达，将形体蔽于宽衣大袖中，强调对服饰线条行云流水般的勾勒。受中原画风的影响，隋代至初唐的天王服饰也体现了俊秀超逸的审美风格。天王体态趋于修长干练，面部骨相凹凸分明，披帛衬袍飘逸，戎装形制简练概括，其服饰色彩搭配儒雅，现留存的遗迹多以浅色石青色、石绿色和朱丹色为主（表5-5）。

表5-5　北朝至初唐天王服饰审美风格整理表

朝代	代表性天王/毗沙门天王	线描图	纹样	色彩搭配[1]
北魏/北周	西魏第285窟			288 U / 2247 U / 2350 U / 4685 U
隋/初唐	北魏第431窟（初唐绘）			7508 U / 5503 U / 2254 U / 4287 U

二、盛唐至中唐

盛唐时期，社会富足昌盛、文化氛围开放包容，敦煌人为谋求现世的功德以及来世的福报，积极开龛建窟，将当下的审美意趣投射于彩塑与壁画之中。得益于信众对佛教艺术的热忱以及

---

[1] 色彩编号使用胶版纸亚光质地的潘通色卡。相比于光面铜版纸质地的色卡，胶版纸亚光质地的色卡更加适合壁画的色彩比对。

工匠精湛的工艺，盛唐时期的天王相较于初唐，丰富的甲制种类得以展现，在装饰、色彩、形态、气势规模、精神面貌等方面取得了卓越的成就，天王的塑造强调体量感，盛气传神，动感恢宏，其服饰趋向精致华美，富有层次。莫高窟盛唐时期的壁画充分利用铺与铺之间的空隙，以追求充实饱满为特色，这种审美取向也体现在天王戎装的装饰上，在胸甲圆护、护腹、鹘尾、袪口和裙摆镶边处均精细地满绘花卉和植物纹样，甚至甲片的形态和色彩也以艺术化的手法进行了处理，如多层颜色过渡渲染的鱼鳞甲片、模仿花瓣形态的鱼鳞甲片、多重色彩组合的龟背纹甲片等。盛唐天王以彩塑类居多，其形态一改唐前期秀骨修长之风，整体体态呈S型，天王目光如炬，须眉奋张，一手叉腰，一手高举，微微扭腰，小腹微凸，一腿屈膝抬起，足下俯卧小鬼，具有形如张弓之动感。

至中唐吐蕃统治时期，对襟型长甲毗沙门天王盛行，给莫高窟天王造像系统带来了新的变革，整体凸显异域风格和清丽素雅的审美特色。中唐对襟型长甲毗沙门天王高鼻深目，眼周出现颜色晕染痕迹，双眉紧锁，怒目圆瞪，给人以威严肃穆之感。发饰以头戴三面宝冠，宝冠双侧袢带系结，红棕色高髻披发为主。服装之外增添尖角状肩饰、X型圆护胸带等异域神秘装身具。其姿势由S型改为双腿直立，双足之下有女性地神托举。因对襟型长甲强调收腰的体态，所以盛唐时微凸的小腹已不得再见。中唐时期毗沙门天王在装饰纹样与色彩表达上，由盛唐的精致多彩转变为素净儒雅，服饰整体设色以素白为主，辅之以土红、石青、石绿等色。其甲片多以写实手法表现，绘以单一的色彩，在甲裙上常使用晕染的方式表现甲片颜色的深浅，以区别长札甲的层次。部分毗沙门天王长甲裙的缘边及札甲上装饰花卉纹，但较之盛唐繁复的宝相花、卷草纹样，中唐的花卉纹样显得较为简单朴实（表5-6）。

三、晚唐至宋代

大中二年（848年），张议潮发动起义，莫高窟重新回归大唐，毗沙门天王信仰及礼佛热情持续高涨，晚唐、五代、宋时期重修大量前朝洞窟的前室，在前室西壁门两侧以绘制大型坐姿天王经变画为主。与之相似的图像内容也出现在以五代第98窟为代表的窟顶四角。从整体看，张氏、曹氏归义军时期毗沙门天王的艺术风格朝着繁缛世俗化和程式化的方向发展。相较于以往主室西龛外两侧或东壁门两侧较为狭窄的画面布局，归义军时期的画面面积及内容大为扩充，由立像单尊的形式向坐姿经变画群像的形式转变，除主尊天王外，画面设矮台座，前方置供台，周围环绕众多侍从眷属。该时期天王服饰以土红色搭配不同层次的石绿色为主，少见深色石青的运用。其戎装的各细节处满绘繁复的装饰纹样，若与盛唐时期的装饰纹样相比，归义军时期的纹样缺少生动的气韵。纵观同时代的戎装，虽然晚唐、五代、宋时期天王造像数量众多，但其服饰各处的装饰纹样雷同，创新性日渐式微，更似画院程式化的产物（表5-7）。

表5-6 盛唐至中唐天王服饰审美风格整理表

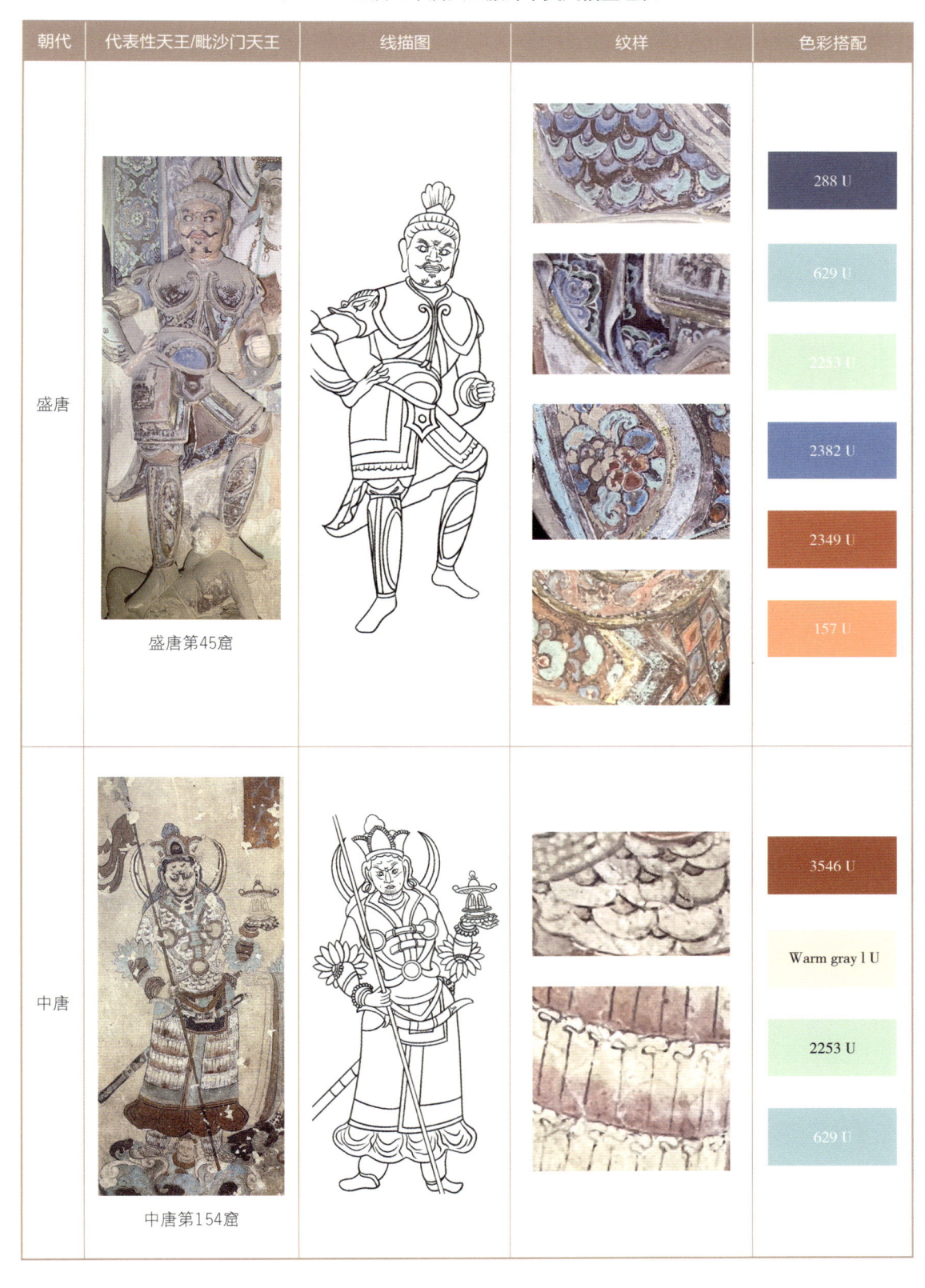

朝代	代表性天王/毗沙门天王	线描图	纹样	色彩搭配
盛唐	盛唐第45窟			288 U 629 U 2253 U 2382 U 2349 U 157 U
中唐	中唐第154窟			3546 U Warm gray 1 U 2253 U 629 U

表5-7　晚唐至宋代天王服饰审美风格整理表

朝代	代表性天王/毗沙门天王	线描图	纹样	色彩搭配
晚唐	晚唐第12窟			2253 U 2247 U 4685 U 173 U 7577 U 1675 U
五代/宋	中唐第154窟			

第四节　莫高窟毗沙门天王服饰的文化内涵

莫高窟历代天王及毗沙门天王的服饰汇聚了古人艺术创作的智慧，其服饰深含多元的文化内涵，不仅体现东方与西方的交融，将游牧征战的舶来文化与镇墓仪卫的汉地礼制相和相乘，而且强调宗教与世俗的融合，使护世护国的宗教文化与驱邪祈瑞的世俗文化相得益彰、相辅相成。

一、游牧征伐的舶来文化与镇墓仪卫的汉地礼制

古代新疆作为连接东西方文化的交汇之地，具有得天独厚的地理优势。从地形特征上，新疆连贯昆仑山、天山、帕米尔高原、阿尔泰山等多条交通要道，自丝绸之路往来畅通后，新疆成为通往中原的必经之路，东来西往的文化在此交织融合，形成了于阗、高昌（新疆吐鲁番市高昌区）、鄯善（新疆吐鲁番市鄯善县）等几个文化交汇地，对中原而言，新疆文化具有中转和过渡的特点。唐代是丝绸之路全面开拓、文化交流繁盛的时期，如丝绸、纸张、茶叶等物品自中原源源不断地向西方输出，同时如金属制品、香料、珍奇异兽等异域产物也不断被引进。丝绸之路上传递交流的不仅是物质上的互通有无，科学技术、艺术、宗教文化的碰撞更是潜移默化，形成了东西方文化交融的发展态势。

自佛教在前6世纪的古印度兴盛后，前3世纪古印度的孔雀王朝得到长足的发展，向周围地区广泛传播，率先影响了中亚地区，尔后经过帕米尔高原、喀喇昆仑山脉由丝绸之路北道至龟兹，后渐传至敦煌，由河西走廊进入中原。佛教的传播有着共通的规律，传至各地后，各民族的信众根据不同风俗习惯、历史文化特征接受教义，佛教的发展在传统仪轨的基础上有着各自的发展轨迹，因而在丝绸之路沿线可以看到因民族、时代、地域而异的新变化。敦煌作为中原通往西域的门户，成为一处著名的佛教圣地，敦煌人将开龛建窟视为积累功德的一种善举，世世代代香火延绵。受其地缘因素、民族构成的影响，祆教、摩尼教、景教也在此地流布，形成多元宗教文化交汇的熔炉，敦煌石窟艺术则充分反映了东西方文化交流的成果，本书探讨的毗沙门天王服饰即其中一个典型。

莫高窟毗沙门天王的服饰汇聚了诸多来自异域的文化，其中主要的外来因素有游牧民族、战争、商贸往来、宗教传播等。匈奴、柔然、月氏、突厥等游牧民族作为丝绸之路重要的参与者，率先贯通亚欧大陆各文明中心的交通要道，在丝绸之路的文化交流中发挥着不容小觑的作用；在和平时期保障丝绸之路贸易畅通，持续、渐进式地将物质或思想从一个地区传播至另一个地区。若遇战争，征服和被征服之间的冲突，并不因敌对而阻断联系，战争也成为文化交流中特殊的契机。如本书研究的X型圆护胸带，当亚述帝国向外扩张、亚历山大东征的过程中便有可能将其带到被征服的地区，因其可灵活佩戴、易于改造制作等特点，在地中海、西亚、中亚等广袤地域中长时间地被多个民族使用并改进发展，在此过程中还被赋予宗教意义出现在毗沙门天王的身上。此外，在6—9世纪的中亚、西亚大陆上，传播着相似的由长札甲编缀而成，具有收腰、宽裙摆廓型的长身甲，其相似性的主要原因也可归于游牧部落的迁移和民族、国家之间的战争。这些军戎装备是演进过程中优胜劣汰的产物，同时也留下了不同民族多元文化的烙印。在汉地，因战争引起的重大胡汉服饰交流，可追溯至战国时期。注重华夷之辨和礼仪秩序的华夏大地对其造物艺术风格有着大一统的范式，而少数民族与中原的碰撞将异族文化带入，冲击着原先闭塞的造物环境，给传统文化注入全新的内容与形式，强势的胡风深刻地影响

着汉地的服饰发展。战国时期，赵国饱受北方少数民族的侵扰，赵武灵王于前302年，提出向游牧民族学习胡服骑射，将中原农耕民族上衣下裳、宽衣大袖、深衣服制的衣着传统，改为袴褶搭配革靴。此后，汉人与胡人交流渐盛，入唐后，服饰在文化交流中呈现空前包容与开放的态势，各阶层的百姓以"胡"为尚，学胡俗、听胡乐、赏胡舞，唐朝的侍卫系统纳入一定数量昭武九姓的胡兵番将[1]。在唐朝中期，吐蕃在西北经过半个多世纪的扩张和征战，不同程度地促进了该地域之间的联系和服饰文化的交流，西域的服饰文化在唐朝产生了浸润式的交融互动。

另外，外来的天王信仰也无不接受着东方文化的浸润与熏陶，首先，可体现在佛教天王与中原镇墓门神图像的互动中。墓葬是古人往生的重要居所，为墓葬者的灵魂提供一个安息的理想之境，墓室的门是阻隔往生世界与世俗世界的门户，而门外（或门上）的镇墓门神能起到守护墓穴不受侵犯的作用。汉代以前，民间以郁垒、神荼为门神的民俗已为社会所普及[2]。镇墓门神可分为壁画和泥塑俑两种形式。从西晋时期开始，随葬俑中出现镇墓俑，一般分为镇墓兽和镇墓武士俑，放置于墓门两侧。另一种则是以画像石、画像砖、壁画的形式展现守门武士的图像。如北魏时期洛阳元怿之墓，在墓门外的甬道两侧各绘制武士两位，武士高度与真人相仿，身穿裲裆甲，搭配广袖大口袴褶、缚裤，双手握剑杵地，一派汉地仪卫武士之威风。

随着佛教天王造像的传播，汉地的镇墓武士像与佛教天王之间开始了相互渗透和影响的过程。有学者指出文中"芝田妖"的"芝田"应该是指现在的巩义市芝田镇，该地为一处晋唐墓葬区，《玄怪录》中的"北天王"即佛教四大天王中的北方毗沙门天王，进而将"镇墓"与"北天王"相联系[3]。在《佛说长阿含经》和《佛说大孔雀咒王经》中均有记载药叉为毗沙门天王的部众，另有《佛说大灌顶神咒经》卷七："北方天王名毗沙门，主诸魑魅魍魉往来鬼神作灾异者。以神王名厌之吉。"[4]毗沙门天王统领震慑药叉鬼神的本领与"镇墓"功能相近，结合墓穴多坐北朝南，为北方天王进入墓葬系统提供可能性。镇墓天王俑从唐高宗时期逐步取代镇墓武士俑[5]，其造像通常怒目圆瞪，头戴兜鍪或鸟冠，以穿戴明光甲为主，脚踏兽或小鬼。

其次，佛教天王造像在本土化进程中逐渐体现守门神的对称美学。在莫高窟北魏、西魏时期，说法图的造型方式与传统犍陀罗相似，佛陀身旁出现不同的侍从，天王往往单独出现[6]，如北魏第263窟主室北壁说法图中的一身天王、北魏第257窟主室南壁毗卢舍那佛旁一身天王等。

---

[1] 李鸿宾. 唐故游击将军穆泰墓志考释：兼论唐朝胡人汉化的问题[J]. 民族研究，2009（1）：76-84.
[2] 赵永. 从王处直墓看中国古代墓葬中"门神"形象的流变[J]. 中国国家博物馆刊，2020（2）：30-45.
[3] 沈睿文. 唐镇墓天王俑与毗沙门信仰推论[J]. 乾陵文化研究，2010（1）：138-152.
[4] 帛尸梨密多罗译. 佛说大灌顶神咒经[M]. 石家庄：河北省佛教协会，2005.
[5] 同[3].
[6] 李淞. 长安艺术与宗教文明[M]. 北京：中华书局，2002：328.

汉文化地区的审美趋向于左右对称，墓葬守门神、门联门神的配置均为对称形式，这一审美价值的偏向也投射于佛教天王的造像中。据笔者对莫高窟天王造像位置的整理和统计发现，自北周第298窟开始至隋、初唐时期，在主室东壁门南北两侧绘制一对或两对天王成为盛行的造像模式（表5-8）。盛唐时期，彩塑类天王数量急剧增加，流行在主室西壁龛内造像，以塑一倚坐佛、二弟子、二菩萨、二天王、二力士的形式居多。两位天王一南一北分别立于佛陀两侧，作为佛的侍从。以中唐为开端，洞窟前室西壁门南北两侧开始流行绘制天王❶，以一对南天王和北天王居多，此现象大量出现在晚唐至五代期间，尤其是五代重修了诸多洞窟的前室，在这些洞窟前室西壁门两侧的整面墙上绘制大型天王像及其随从（图5-3）。当信众进入前室后，站在主室窟门口，映入眼帘的是一对威严的天王像，宛如一对"门神"庄严地守护着佛国净土的入口。天王造像由不对称到对称的转变，体现了佛教文化与东方民俗信仰、审美意趣相互影响和交融的结果。

表5-8　莫高窟天王主要造像位置统计

位置	内容	洞窟数量						
		隋	初唐	盛唐	中唐	晚唐	五代	宋
主室东壁门南北两侧	一对/两对天王	5	6	3	2	3	1	2
主室龛坛内/外	一对/两对天王	0	2❷	17❸	9❹	5❺	3❻	2
前室西壁门南北两侧	一对/两对天王	0	0	0	5	10	16	2
主室窟顶四角	两对天王（四角各一）	0	0	0	0	0	6	3

表格内无另外备注的数字，表示壁画案例，如其中含有彩塑案例则详细备注。

---

❶ 根据《敦煌莫高窟内容总录》整理出中唐有5例在前室西壁门南北两侧绘天王的洞窟：第197窟、第231窟、第234窟、第238窟、第358窟，但在实地考察过程中，除第231窟因修缮等原因暂不能考察外，其余洞窟或已无前室，或已模糊不清。
❷ 初唐主室龛坛内/外2例洞窟案例均为彩塑。
❸ 盛唐主室龛坛内/外17例洞窟案例中，2例为壁画、15例为彩塑。
❹ 中唐主室龛坛内/外9例洞窟案例中，4例为壁画、5例为彩塑。
❺ 初晚唐主室龛坛内/外5例洞窟案例中，4例为壁画、1例为彩塑。
❻ 五代主室龛坛内/外3例洞窟案例中，1例为壁画、2例为彩塑。

前室西壁门两侧

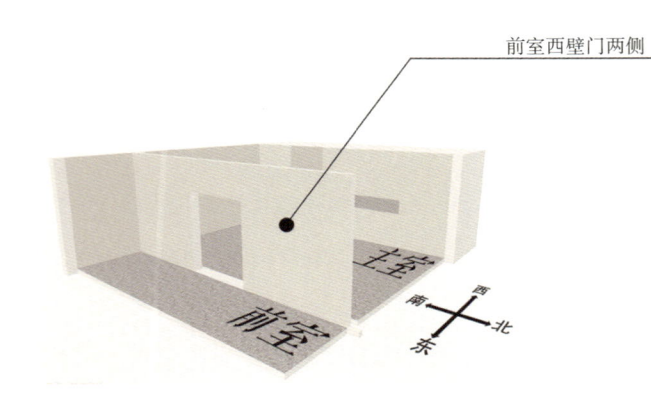

榆林窟中唐第25窟（源自中华珍宝馆）

莫高窟晚唐第12窟（源自中华珍宝馆）

图5-3　莫高窟晚唐至五代前室西壁门两侧天王壁画图示

最后，天王戎装与大袖裙襦的搭配方式也凸显了天王造像中东方因素的融入。由天王服饰演变脉络看，盛唐和晚唐之后的天王常内穿大袖裙襦、外套铠甲，犹如中原仪仗武士的装束，如莫高窟盛唐第123窟主室东壁南侧天王和盛唐第125窟主室南壁说法图西侧毗沙门天王的左手呈下垂状，可清楚地辨析搭配大袖的袖型结构。

《隋书·卷十二·志第七·礼仪七》中记载："武官问讯、将士给使，平巾帻，白布袴褶……武弁，平巾帻，诸武职及侍臣通服之……左右卫、左右武卫、左右武侯大将军、领左右大将军，并武弁，绛朝服，剑，佩，绶。侍从则平巾帻，紫衫，大口袴褶，金玳瑁装裲裆甲。"❶可见隋代武官之服，以头戴平巾帻、武弁❷，身穿袴褶为主，侍从戴平巾帻，穿衫、大口袴褶和裲裆甲。入唐后，《旧唐书·舆服志》记载武官以平巾帻，牛角簪导，紫衫，白袍，靴，起梁带为常服，五品以上为紫衫，六品以下为绯衫。如遇大仗陪立，则五品以上及亲侍加裲裆螣蛇，其勋侍去裲裆❸。武官朝服者，五品以上穿着平巾帻，簪箄导，冠支，紫褶，金玉杂细，足穿靴；六品以下着绯褶，白袴，裲裆螣蛇，起梁带，金饰隐起，足穿靴。如遇大仗陪立，则武官及卫官穿靴❹。《新唐书·车服志》记载了二十一种群臣之服，其中武官公事之服，戴平巾帻、大口袴、白练裙襦、起梁带❺，如遇武官陪大仗的情况，需要穿裲裆和螣蛇❻（表5-9）。

---

❶ 魏征，等.隋书·卷十二·志第七·礼仪七[M].北京：中华书局，1973：257.

❷ 武弁之制，案徐爱《宋志》，谓笼冠是也。

❸ 刘昫，等.旧唐书·卷四十五·志第二十五·舆服[M].北京：中华书局，1975：1930.

❹ 同❸。

❺ 欧阳修，等.新唐书·卷二十四·志第十四·车服[M].北京：中华书局，1975：521.

❻《车服志》进一步对起梁带、裲裆和螣蛇的形制进行了解释："裲（裲）裆之制：一当胸，一当背，短袖覆膊。""螣蛇之制：以锦为表，长八尺，中实以绵，象蛇形。""起梁带之制：三品以上，玉梁宝钿；五品以上，金梁宝钿；六品以下，金饰隐起而已。"

表5-9 唐代文献中关于武官服饰归类

类别	文献记载 五品以上	文献记载 六品以下	文献记载 大仗陪立	文献出处
武官常服	平巾帻，牛角簪簪，紫衫，白袍，靴，起梁带 金玉钿饰，用犀为簪 执笏，用角牙为之	平巾帻，牛角簪簪，绯衫，白袍，靴，起梁带 执笏，用竹木	如遇大仗陪立，五品以上及亲侍加裲裆螣蛇，其勋侍去裲裆	《旧唐书·舆服志》
武官朝服	平巾帻，簪簪导，冠支，紫褶，金玉杂细	平巾帻，簪簪导，冠支，绯褶，加裲裆螣蛇，并白袴，起梁带，金饰隐起	靴，武官及卫官陪立大仗则服之	《旧唐书·舆服志》
	诸舄履并乌色，舄重皮底，履单皮底（别注色者，不用此色）			
武官公服	平巾帻者，武官、卫官公事之服也。金饰，五品以上兼用玉，大口袴，乌皮靴，白练裙襦，起梁带（三品以上，玉梁宝钿；五品以上，金梁宝钿） 袴褶之制：五品以上，细绫及罗为之……三品以上紫，五品以上绯	平巾帻，大口袴，乌皮靴，白练裙襦，起梁带（金饰隐起而已） 袴褶之制：六品以下，小绫为之……七品以上绿，九品以上碧	陪大仗，有裲裆、螣蛇	《新唐书·车服志》
鞢七事	武官五品以上佩鞢七事，佩刀、刀子、砺石、契苾真、哕厥、针筒、火石是也			《新唐书·车服志》
袍之制	袍之制有五：一曰青袍，二曰绯袍，三曰黄袍，四曰白袍，五曰皂袍（《说文解字》曰："袍，襺也。""以絮曰襺，以缊曰袍。"今之袍皆绣画以武豹、鹰鹘之类，以助兵威也。）			《唐六典·武库令》
	唐初，赏硃（朱）紫者服于军中，其后军将亦赏以假绯紫，有从戎缺骻之服，不在军者服长袍，或无官而冒衣绿……诸卫大将军、中郎将以下给袍者，皆易其绣文：千牛卫以瑞牛，左右卫以瑞马，骁卫以虎，武卫以鹰，威卫以豹，领军卫以白泽，金吾卫以辟邪			《新唐书·车服志》
袴褶	梁制云，袴褶，近代服以从戎，令纂严则文武百官咸服之。车驾亲戎，则缚袴不舒散也。中官紫褶，外官绛褶			《旧唐书·舆服志》
舄	舄用皮。服冠衣朱者，紫衣用赤舄，乌衣用乌舄			《旧唐书·舆服志》
靴	唯褶服以靴。靴，胡履也，取便于事，施于戎服			《旧唐书·舆服志》
甲	甲之制十有三：一曰明光甲，二曰光要甲，三曰细鳞甲，四曰山文甲，五曰乌锤甲，六曰白布甲，七曰皂绢甲，八曰布背甲，九曰步兵甲，十曰皮甲，十有一曰木甲，十有二曰锁子甲，十有三曰马甲			《唐六典·武库令》

综合唐代文献可知，唐朝武官常服穿着衫、袍，朝服穿着袴褶，公服穿着裙襦、大口袴，作仪仗之用时外穿着铠甲（裲裆甲）。袍、裙襦的袖型多为宽大款式，即"广袖之襦""大袖裙襦"，从中原出土的陶俑和画像砖也可观察到，如郑仁泰墓出土的贞观年间彩绘陶贴金仪卫俑、湖北省武汉市郊周家大湾241号墓出土的隋代双辫须执剑武士陶俑等。此外，在莫高窟唐代维摩诘经变画的帝王问疾部分，在帝王周围众多的文武官员，有诸多穿着裲裆甲配大袖的图例，如盛唐第194窟主室南壁维摩诘经变帝王问疾官员，晚唐第12窟主室东壁维摩诘经变帝王问疾持扇

官员等。莫高窟天王造像服饰出现诸多裲裆甲或明光甲搭配大袖裙襦的形式，可考虑为受中原武官朝会仪仗之服的影响。晚唐之后此类仪仗性武服数量的增加不仅体现了戎装从"实战"到"仪仗"的趋势，也从侧面反映了佛教本土化的进程。

文化交融是指不同的文化相互碰撞、吸收、调适而融为一体的过程。古代丝绸之路上汇聚着古希腊文化、古罗马文化、阿拉伯文化、波斯文化、古印度文化、中原文化等多元文化形态，在研究丝绸之路文化的时候，可观察到王羲之的字帖在西域成为习字范本，在波斯细密画上看到中原绘画风格的影子[1]，在入华粟特墓葬中描绘中原大袖裙襦，在新疆织锦上装饰萨珊风格的联珠对兽纹，在犍陀罗的钱币上刻绘琐罗亚斯德教的神祇等，这些案例都在见证着东西方文化的频繁碰撞与交流。从历时性的角度看，敦煌石窟艺术秉承了中国传统文化中不断改革的创新精神，对丝绸之路的舶来文化具有继承性和革新性。敦煌文化的历史演进证明，在后期进入敦煌的"新"文化或"异域"文化对于已存在的传统，并不因外来文化的强势冲击全盘否定、取而代之，而是根据当下社会政治经济的需求，取舍其形制、丰富其寓意、变化其色彩，选择性地吸收、内化并强调，这一过程兼具农耕和草原文明、东方与西方文化的双向互动。在继承中保持创新，几乎在每个时期都会产生具有代表性的新形式与新主题，使千年的敦煌文化既能一以贯之，又能与时俱进。

二、护世护国的宗教文化与驱邪祈瑞的世俗文化

敦煌佛教艺术源自对佛教思想的宣扬，通过艺术的方式宣传佛法，帮助信众解脱人世间的苦楚，是"促使人们笃信宗教的媒介、工具和手段"[2]，莫高窟毗沙门天王服饰与其他佛教艺术形式相同，受到仪轨义理的制约，其服饰主要传达了经文中护世护国的宗教思想。另外，宗教艺术立足于现世社会，与世俗生活联系紧密，毗沙门天王服饰虽依据佛教义理创作，但并未脱离世俗生活，在演变的过程中形成"由梵渐汉、由圣渐凡"[3]的发展历程，其服饰融入具有时代与地域特征的民间通俗装饰，并被赋予驱邪祈瑞的世俗寓意。

毗沙门天王形象及服饰的塑造，通过威仪的法器、超自然的装饰手法、庄严肃穆的氛围烘托等方式体现其宗教神性。毗沙门天王相关的佛经及发愿文为其形象及服饰提供理论依据。毗沙门天王相关佛经的流布，推动着信众供养毗沙门天王的热忱，如不空翻译的《北方毗沙门天王随军护法仪轨》《北方毗沙门多闻宝藏天王神妙陀罗尼别行仪轨》《毗沙门天王经》《毗沙门仪轨》，般若斫羯啰翻译的《摩诃吠室啰末那野提婆喝啰阇陀罗尼仪轨》等。此外，具有护世护国寓意的《金光明最胜王经》，在中唐的莫高窟十分流行。在第154窟中，不仅出现穿着对襟型长甲和明光胸甲型长甲的毗沙门天王像，还绘制两铺金光明最胜王经变，在石窟造像中实属罕见。

---

[1] 丁方. 丝绸之路文明启示录[M]. 南京：江苏凤凰美术出版社，2020：38.
[2] 保罗·韦斯，冯·O.沃格特. 宗教与艺术[M]. 何其敏，金仲，译. 成都：四川人民出版社，1999：11.
[3] 周耘. 曼妙和谐：佛教音乐观[M]. 北京：宗教文化出版社，2011：110-112.

《金光明最胜王经》又称《金光明经》，曾在莫高窟的隋代出现一铺，入唐后，在初唐、盛唐均未出现，直至中唐时期，该经变画重新出现，现存三窟四铺。该经文由文转化重现的原因与其护世护国的思想息息相关。在《金光明最胜王经》的序品中，强调了此经的重要地位，由护世四王等一众神祇加持，如"读诵听受持"此经，便可聚集无量福德，消除人生的种种磨难。其中的"四天王护国品"更是体现了护世护法、保卫国土的主旨。经文中佛祖教导四天王，如果有人王、四众供养此经，应当给予守护、利益众生。四天王受世尊教化，向世尊承诺，如果人王、四众供养此经，如待其父母一般，四天王"皆令安隐，远离忧苦，增益寿命，威德具足"。如果遇到邻国发兵讨伐，四天王当与其部下眷属，作为隐形的保护力量，让敌国降伏，不敢再来侵犯，"各自隐形为作护助，令彼怨敌自然降伏，尚不敢来至其国界。"❶除防御国土外，四天王还可为供养此经的人王，护佑其后妃子嗣、城池功臣。此经书也借佛祖之口，描述了一个财富丰足、寒暑调和、知足常乐、安稳平和、远离忧患的家园愿景，如此的愿景正符合经历了长期战乱的敦煌人的心意。

中唐时期的发愿文也多有提及为国家、社会祈福的内容，涉及与战争胜利、守护疆土相关的现世利益，如中唐时期祈赛天王的P.2801（4）《天王文》："（前略）其（祈）祷四王……亦愿国安人泰，风雨不迷，仓有万库之饶。"P.2341（9）《行人原文》："（前略）毗沙门天王密扶，往来安泰。"❷宁强曾分析毗沙门天王供养人的特征，他们为中央或地方的统治阶级、社邑团体或平民百姓，这些供养人有着共同之处：处于社会动荡的年代，饱受战争的威胁，因而这些发愿文均表达了希望毗沙门天王尽显神威，实现社稷恒昌、益天安乐、承平盛世的愿望❸。

以上佛经和发愿文不仅揭示了毗沙门天王信仰盛行的原因，而且是其造像的主要创作依据。多部经典和发愿文记载了毗沙门天王的形象、穿着的服饰、手执的法器、眷属侍从等（表5-10）。文献描述毗沙门天王常身着庄严金甲，手持宝塔和三叉戟，足下有夜叉或小鬼，面容凶狠以示威严。张聪对毗沙门天王所托的宝塔进行了一种设想，认为宝塔并不是建筑意义上的塔，而是窣堵波状的存放舍利的容器，具有供养舍利的功能。此外，据实地考察发现，在部分毗沙门天王的宝塔中出现小坐佛，如五代第98窟窟顶西北角、宋第55窟窟顶西北角、盛唐第171窟前室北侧宋代绘制的毗沙门天王像，另外在五代第72窟、宋第454窟毗沙门天王赴哪吒会中也出现此现象。据第72窟榜题记载："北方大圣毗沙门天王请西方极乐世界阿弥陀佛入塔赴哪吒会。"❹以及《北方毗沙门天王随军护法真言》："其塔奉释迦牟尼佛……守界拥护国土。何护吾法……捧行，莫离其侧。"前者奉请阿弥陀佛赴会，具有往生西方净土的宗教思想，后者供奉释

---

❶ 大正新修大藏经. 金光明最胜王经[M]. 台北：新文丰出版社，1998：427.
❷ 杨富学，李吉和. 敦煌汉文吐蕃史料辑校（第一辑）[M]. 兰州：甘肃人民出版社，1999：221.
❸ 宁强. 巴中南龛第93号毗沙门天王造像龛新探[J]. 敦煌研究，1989（3）：11-15，121-123.
❹ 伯希和. 伯希和敦煌石窟笔记[M]. 耿昇，唐健宾，译. 兰州：甘肃人民出版社，1993：183-184.

迦牟尼佛，蕴含守界护国之意[1]。莫高窟部分天王头顶绘制华盖，在佛教的语境中将华盖（也称为伞盖）作为遮挡魔障护佑佛法的象征。早期佛教绘画有时会使用法座、足印、菩提树、华盖等物来象征佛陀，而不必描绘佛陀的圣身。再如《佛说德护长者经》道："菩萨各将伞盖、宝盖以真珠为垂露，清净分明如佛光明。"[2]莫高窟隋唐时期，华盖多在单尊佛陀、菩萨或说法图主尊佛陀上方出现，而在天王上方增添华盖的原因，推测可能与华盖在佛教语境中"遮挡魔障护佑佛法"的作用与天王的职能契合有关，在此二者的结合，强调天王守界护土的宗教作用。

表5-10 文献中毗沙门天王形象及与服饰相关内容整理表

文献名称	毗沙门天王形象及与服饰相关内容
不空译《北方毗沙门天王随军护法仪轨》	若行者受持此咒者，先须像。于彩色中并不得和胶，于白氎上画一毗沙门神其孙哪吒天神七宝庄严。左手令执口齿，右手诧腰上令执三戟槊。其神足下作一药叉女住跌坐。并作青黑色少赤加
不空译《北方毗沙门多闻宝藏天王神妙陀罗尼别行仪轨》	当金甲之身示现令愿满足……手持戟剑现前
不空译《北方毗沙门天王随军护法真言》	若行者受持此咒者，先须画像。于彩色中并不得和胶，于白氎上画一毗沙门神，七宝庄严衣甲。左手执戟槊。右手托腰上。其神脚下作二夜叉鬼，身并作黑色。其毗沙门面。作甚可畏形恶眼视一切鬼神势……当画一像身卦紫磨真金甲
敦煌文书P.2854《天王文》	威容挺特，神用颇量，愿悲深镇居此界。或掌擎宝塔，表慈育于含灵；或足践夜叉，示威严而静妖孽
般若斫羯啰译《摩诃吠室啰末那野提婆喝啰阇陀罗尼仪轨》	画天王。身着七宝金刚庄严钾胄。其左手执三叉戟，右手托腰，（又一本左手捧塔）其脚下踏三夜叉鬼。中央名地天亦名欢喜天，左边名尼蓝婆，右边名毗蓝婆。其天王面作可畏，猛形怒眼满开，其右边画五太子及两部夜叉罗刹眷属，左边画五行道天女及妻等眷属
不空译《毗沙门天王经》	身披金甲，左手捧宝塔，右手取如意宝珠，左右足下，跌罗刹毗阇舍鬼

经过前文整理佛经、发愿文等与毗沙门天王形象及服饰相关的文献，发现这些文献仅对毗沙门天王的服饰作概括性的描述，如"七宝庄严衣甲""或掌擎宝塔""或足践夜叉""手执三叉戟"等，未曾详述毗沙门天王所穿着的铠甲款式、容貌特征、配饰等具体细节。在佛教传播的过程中，常通过图像的形式将佛经深奥的义理以形象化的图式语言表达，而这些具体细节可由各地的画匠进行艺术创作。需要指出的是，这些视觉形象往往被赋予世俗性，即反映现实社会的影子，是对社会典型形象的加工和想象。例如，犍陀罗的天王穿着古印度贵族装束，而敦煌的天王逐步吸收了汉地的审美意趣和礼仪传统，渐次向中原武士形象靠拢。宗教造像的世俗化

---

[1] 董昳云，吴波. 敦煌莫高窟第98窟毗沙门天王重绘服饰形制与意图探究[J]. 装饰，2021（11）：101-105.
[2] 中华大藏经编辑局. 中华大藏经·第19册·佛说德护长者经·卷下[M]. 北京：中华书局，2004.

是宗教从神圣性向世俗性的转变❶，是宗教在传播至新地域时，为适应受众对象而作出的符合地域和时代特征的调整。

史苇湘先生曾提出，世俗社会的政治经济状态左右着敦煌佛教艺术的发展❷。宗教与政治、军事、文化一样无不受到社会生产力的影响，政治经济生活不仅赋予了敦煌佛教艺术浓郁的世俗形式，而且在祈愿的目的、造像的形式、功德活动等方面表现着现世的实用性。除护世护国、守卫众生的主要功能外，归义军时期毗沙门天王的职能还拓展至与世俗民众息息相关的饮食、出行、生育等方面，具有庇佑众生、招财济难、送子、祛病消灾、护佑安泰等神力，若信众诵其真言，便可悉愿满足。可见信众的信仰产生于当下社会的需求，在不同的历史阶段，他们祈愿的内容稍有不同，但这些都是在追求现世的利益。

天王信仰中世俗福愿的拓展，在其服饰演变进程中主要表现为增添各类装饰纹样。寓意祥瑞的纹样始于原始先民对疾病死亡的畏惧以及养生立命的渴望。先民将未知的凶吉寄托于原始的占卜、巫术和祭祀活动，赋予一些具象的图案或符号使精神上的吉祥寓意，通过祭拜或在器物上描绘这类形象，达到寄托福愿、辟邪消灾的目的。中国"天人合一"的传统理论，强调自然与本体之间的互动，即物与我的渗透统一，借物抒情，这一传统观点也促进了百姓将自身情感投射于传统纹样上，借以表达对吉祥福瑞的向往与期盼。世人对吉祥福瑞的追求从远古至今，装饰纹样始终承载着百姓对美好生活的向往以及精神世界的寄托。

在莫高窟天王服饰的发展历程中，特别是盛唐以来，天王甲胄从强调功能性向装饰性转变，逐渐增添富有祥瑞寓意的纹样，至晚唐五代时期，壁画类天王造像的装饰纹样极为繁复华丽。工匠在天王胸甲的圆护中表现象征战争胜利的人面纹、不容侵犯的龙纹，在铠甲上描绘象征坚不可摧的龟甲纹，在头冠上增添象征精进勇猛的鸟翼纹，把披膊转变成象征吞噬一切的摩羯鱼首，将护腹描绘成威猛的狮首或虎首，在服饰的部件和缘边处装饰富有生命力的团花和卷草纹。在甲胄与装饰纹样结合的进程中，体现着画匠对佛国世界的想象以及精湛的艺术表现，包含着他们对真、善、美的体悟理解，也深刻地表达了世俗民众对趋吉避凶、祈福禳灾等祥瑞愿景的追求。

佛教信仰具有超人间的神圣性，但佛法不离世间，其受众是生活在凡间的世俗子弟，因此佛教艺术通常以世俗化的方式呈现，佛国人物中的天王就是世俗与宗教结合的典型，既包含护世护国的宗教文化，又蕴含驱邪祈瑞的世俗文化。佛教中四大天王是佛陀的护法天神，具有强大的法力护持佛法，其服饰又不同于其他佛国人物，"既来源于生活，又超越了生活"❸，其演变不仅蕴含了佛教仪轨的造像义理，还凸显着艺术风格的时代性和地域性。营建石窟的画匠从现实生活中寻找创作灵感，运用典型化的方式，从天王的戎装、饰物、体式、神情等方面入手塑

---

❶ 王国庆. 佛教传播系统研究[D]. 长春：吉林大学，2015：57-58.
❷ 史苇湘. 论敦煌佛教艺术的世俗性：兼论《金刚经变》在莫高窟的出现与消失[J]. 敦煌研究，1985（3）：19-27.
❸ 敦煌研究院，谭蝉雪. 敦煌石窟全集24·服饰画卷[M]. 香港：商务印书馆（香港）有限公司，2005：6.

造天王形象。画匠在世俗武士客观形象的基础上，结合流传的粉本、自身的审美认识等，进行联想升华，经过画匠装饰性的手法将世俗的戎装丰富与神化。经过汉末魏晋的持续发展，唐朝的装饰纹样，形成了以祥禽瑞兽、繁花仙草与灵物仙人华丽组合的风格，入唐后的莫高窟更是凝聚了东西方艺术的想象力与创造力。但这种由文本概念转换而成的艺术创作，并不只是画匠个人主观的臆造，凡受到信众认可和喜爱的传世作品，总会直接或间接地体现着同时期该地域共同的审美意趣。在能工巧匠的构思下，具有宗教寓意的器物与世俗甲胄结合，体现了中国传统"天人合一"思想的内涵和外延。在信众看来，如此虔诚地供养，能够使祈愿更容易地被实现，在信众的心理上达到莫大的暗示和慰藉目的。在佛教文化东传的过程中，汉地画匠将包含民族特色、文化魅力的装饰纹样与佛教义理和谐地交融在石窟中，始终潜移默化地将本土的信仰和文化浸润于佛教造像，寻求更多易于被汉地受众接受的表达方法，即一种本土造像的思维方式。

第六章

结论

敦煌莫高窟自366年营建首个石窟至14世纪衰没，在近千年源远流长的历史长河中，善男信女将开龛建窟视为积累功德的一种善举，世世代代香火延绵。莫高窟现存留492个洞窟，其中约有161个洞窟含有独立成铺的天王壁画或彩塑，近1/3的比例，体现着信众对天王信仰的推崇，也为研究天王服饰提供了丰富的样本。敦煌莫高窟天王及毗沙门天王服饰的演变与发展，不仅是佛教东传过程中文化碰撞交融的一例缩影，也映射了在政治、经济、战争影响下古人信仰和思想观念的变化以及审美的流变，同时也间接地反映着世俗戎装的变迁。

本书针对敦煌莫高窟中唐时期毗沙门天王不同于前朝的造像服饰问题，就中唐时期毗沙门天王神格凸显的原因，其戎装样式和饰物的具体形制、由来与演变、文化属性、审美流变、内涵寓意等具体问题作出解答。

其一，依据"类—型—式"的分类方法，将莫高窟北魏至宋时期的天王服饰进行整理，系统地梳理出服饰演变图谱，揭示敦煌莫高窟天王造像存在两大不同的造像系统。从服饰的整体形制和结构来看，可将莫高窟天王的戎装分为短甲和长甲，其中长甲主要集中出现于中唐的毗沙门天王身上。进一步梳理毗沙门天王独立造像与天王整体造像的演变关系后，归纳出两类造像系统。第一类造像体系中的四天王，在服饰、样貌、姿态等方面相近，以身着短甲为主。第二类造像体系凸显毗沙门天王独立的神格，在服饰造型等方面明显区别于其他三位天王，其服饰以对襟型长甲为主要特点，该体系在莫高窟盛唐稍有显露，于异族统治的中唐广为盛行。两大体系在经历了平行、相交的过程后，至五代时期逐步形成固定制式，一直影响到后世。

其二，在莫高窟毗沙门天王服饰发展的过程中，精神需求的产生是其艺术突破和发展的主要动因，文化的交流与借鉴是其服饰创新的主要途径。古人出于对四方离乱、战败死亡的畏惧以及养生立命的渴望，于是将精神寄托于宗教信仰。李唐王朝因毗沙门天王既能抵御外敌、保卫国土，又能聚集无量福德、消除磨难的功能，将源自于阗的毗沙门天王像带入中原供奉。他们对佛教灭苦之道、轮回解脱、往生净土的欲求和表达，是佛教艺术滋生发展的源泉动力。除信众的信仰崇拜之外，如文化交流、工艺技术发展也是莫高窟毗沙门天王服饰演进的动因。以上因素促进了毗沙门天王造像突破前朝四天王造像相似的传统制式，在莫高窟原本的造像体系（第一类造像体系）之外，独立出一条在服饰、位置、组合等方面均强调毗沙门天王独立神格的造像体系，即本书所论述的第二类造像体系。天王造像服饰的创作处于丝绸之路多元性和开放性的文化氛围中，每当敦煌艺术因某种契机与外来文化进行交流与互动时，即是一次对旧有造像制式创新变革的机遇，不仅体现对外来文化的借鉴，而且涵盖对既有文化传统的继承。

其三，考释中唐时期毗沙门天王四类戎装样式和三类代表性饰物的样式及特征、由来与演变。中唐时期毗沙门天王服装可分为对襟型长甲、W胸甲型长甲、明光胸甲型长甲和其他短甲。因战争迁徙、宗教传播等因素，对襟型长甲杂糅了来自吐蕃、西域乃至中亚等地多元的文化因子，在6—9世纪的中、西亚地区被普遍使用。明光胸甲型长甲与W胸甲型长甲，是两大造像体系相交产生的交集，是莫高窟工匠在外来长甲的基础上，与前朝流行的胸甲相结合的产物。这两类样式的演变与佛教东传的其他物证相似，同样具有本土化、世俗化发展的规律性。除以上三个样式外，中唐洞窟仍然描绘盛唐天王的经典短甲样式。除北方天王外，其余三位天王的服饰未被第二类造像体系影响，依旧按照第一类造像体系持续演进。

本书研究的三类代表性饰物为X型圆护胸带、肩饰和袪口。X型圆护胸带源自西方古老的防御装备，通过战争、贸易等途径在亚欧大陆上表现出强盛的生命力，经各国家、民族采用后，有多样的发展轨迹，引入敦煌后由实用防护功能增加了护世护法、消除祸殃等宗教内涵，晚唐后其形制向传统璎珞靠拢。毗沙门天王为强调威武神勇、战无不克的神力，在双肩增添肩饰，借鉴了琐罗亚斯德教神祇或犍陀罗焰肩佛的相关造像形式。毗沙门天王半袖加装饰性袪口的袖型结构受到伊朗风格服饰影响，在莫高窟的演变过程中，逐渐由写实向抽象化转变，在中唐时期演变为叶片状的袪口，是褶皱袪口向抽象化转变的创新之举，为中唐及后朝敦煌和中原地区的佛国人物造像常用。

其四，敦煌莫高窟历代天王服饰审美意趣的流变和文化内涵的表达，始终以中国传统文化体系为前提，宗教与世俗存在表里相依的互存关系。天王服饰的审美经历了北魏至北周质朴粗犷的仿制阶段，隋至初唐承上启下的改造阶段，盛唐盛气传神的本土化阶段，中唐演变为胡韵素雅的异化阶段，归义军时期逐渐向繁缛威严的程式化发展。天王服饰历朝历代多元文化的融合发展，体现着东方与西方的交融，将游牧征战的舶来文化与镇墓仪卫的汉地礼制相和相乘，在此过程中汉文化的土壤始终是孕育外来文化的基础语境，天王造像服饰具有向中原武士靠拢的整体趋势。其服饰创作亦强调宗教与世俗的融合，使护世护国的宗教文化与驱邪祈瑞的世俗文化相得益彰，不仅依据严谨的度量和仪轨，在东传的过程中与汉地固有文化融合，拉近了现世与佛国世界的距离，促使佛教走向世俗大众。其装饰纹样以祥瑞的动物形象与植物纹样为主，蕴含着震慑、坚毅、善战等丰富的内涵寓意，深刻地表达了世俗民众对祈福禳灾愿景的追求，以及对真、善、美的体悟理解。

综上，敦煌莫高窟毗沙门天王服饰的发展基于自律与他律的相互运动，不仅包含莫高窟工匠及供养人主观的艺术修养和创作追求，而且受时代、社会、民族、艺术风格、政治经济乃至宗教义理的客观制约。在莫高窟的历史进程中，因主客观因素的影响，导致文化交融在深度、广度上有所差异，进而在天王服饰的艺术表现形式及艺术风格上产生不同的变化。中唐是莫高窟时代分期中较为特殊的一段历史时期，中唐的莫高窟际遇了多元的思想和文化，也面临着新的机遇与挑战，该时期传世的艺术作品为后人透露的是互相交融借鉴、不断融合发展的精神追求，这为我们用历史的眼光认识和理解当下文化多样性的发展起到酌古御今的借鉴作用。

参考文献

[1] 敦煌研究院. 敦煌莫高窟供养人题记[M]. 北京：文物出版社，1986.

[2] 敦煌研究院，谭蝉雪. 敦煌石窟全集24·服饰画卷[M]. 香港：商务印书馆（香港）有限公司，2005.

[3] 龚剑. 从敦煌毗沙门天王看唐、吐蕃甲胄[J]. 收藏投资导刊，2019（7）：104-113.

[4] 敦煌研究院，贺世哲. 敦煌石窟全集7·法华经画卷[M]. 香港：商务印书馆（香港）有限公司，1999.

[5] 敦煌研究院，罗华庆. 敦煌石窟全集2·尊像画卷[M]. 香港：商务印书馆（香港）有限公司，2002.

[6] 敦煌研究院，殷光明. 敦煌石窟全集9·报恩经画卷[M]. 香港：商务印书馆（香港）有限公司，2000.

[7] 敦煌研究院，孙修身. 敦煌石窟全集12·佛教东传故事画卷[M]. 香港：商务印书馆（香港）有限公司，1999.

[8] 沙武田. 吐蕃统治时期敦煌石窟研究[M]. 北京：中国社会科学出版社，2013.

[9] 沙武田. 敦煌画稿研究[M]. 北京：民族出版社，2005.

[10] 陆离. 敦煌的吐蕃时代[M]. 兰州：甘肃教育出版社，2013.

[11] 罗广武. 两唐书吐蕃传译注[M]. 北京：中国藏学出版社，2014.

[12] 赵晓星. 吐蕃统治时期敦煌密教研究[M]. 兰州：甘肃教育出版社，2017.

[13] 陆离. 吐蕃统治河陇西域与汉藏文化交流研究：以敦煌、新疆出土汉藏文献为中心[M]. 北京：社会科学文献出版社，2018.

[14] 松本荣一. 敦煌画研究[M]. 林保尧，赵声良，李梅，译. 杭州：浙江大学出版社，2019.

[15] 党燕妮. 晚唐五代敦煌地区的毗沙门天王信仰[C]//郑炳林. 敦煌归义军史专题研究三编. 兰州：甘肃文化出版社，2005：26.

[16] 阿尔伯特·冯·勒克科. 中亚艺术与文化史图鉴[M]. 赵崇民，巫新华，译. 北京：中国人民大学出版社，2005.

[17] A. 格伦威德尔. 新疆古佛寺：1905—1907年考察成果[M]. 赵崇民，巫新华，译. 北京：中国人民大学出版社，2007.

[18] 奥雷尔·斯坦因. 古代和田：中国新疆考古发掘的详细报告[M]. 巫新华，译. 济南：山东人民出版社，2009.

[19] 李淞. 长安艺术与宗教文明[M]. 北京：中华书局，2002.

[20] 凯风. 中国甲胄[M]. 上海：上海古籍出版社，2006.

[21] 白荣金，钟少异. 甲胄复原[M]. 郑州：大象出版社，2008.

[22] 陈大威. 画说中国历代甲胄[M]. 北京：化学工业出版社，2017.

[23] 敦煌文物研究所. 敦煌莫高窟内容总录[M]. 北京：文物出版社，1982.

[24] 马冬. 西北地区古代服饰钮系件研究[M]. 成都：四川美术出版社，2009.

[25] 奥雷尔·斯坦因. 西域考古图记[M]. 中国社会科学院考古研究所，译. 桂林：广西师范大学出版社，1998.

[26] 魏兵. 中国兵器甲胄图典[M]. 北京：中华书局，2011.

[27] 刘永华. 中国古代军戎服饰[M]. 北京：清华大学出版社，2013.

[28] 赖鹏举. 敦煌石窟造像思想研究[M]. 北京：文物出版社，2009.

[29] 谢静. 敦煌石窟中的少数民族服饰研究[M]. 兰州：甘肃教育出版社，2016.

[30] 山西省考古研究所，等. 太原隋虞弘墓[M]. 北京：文物出版社，2005.

[31] 普加琴科娃，列穆佩. 中亚古代艺术[M]. 陈继周，李琪，译. 乌鲁木齐：新疆美术摄影出版社，2013.

[32] 周菁葆. 丝绸之路艺术研究[M]. 乌鲁木齐：新疆人民出版社，1994.

[33] 新疆龟兹石窟研究所. 中国新疆壁画：龟兹[M]. 乌鲁木齐：新疆美术摄影出版社，2008.

[34] 李肖冰. 中国西域民族服饰研究[M]. 乌鲁木齐：新疆人民出版社，1995.

[35] 周锡保. 中国古代服饰史[M]. 北京：中国戏剧出版社，1984.

[36] 丁方. 丝绸之路文明启示录[M]. 南京：江苏凤凰美术出版社，2020.

[37] 保罗·韦斯，冯·O. 沃格特. 宗教与艺术[M]. 何其敏，金仲，译. 成都：四川人民出版社，1999.

[38] 伯希和. 伯希和敦煌石窟笔记[M]. 耿昇，唐健宾，译. 兰州：甘肃人民出版社，1993.

[39] 张聪. 毗沙门天王持物考[D]. 南京：南京艺术学院，2014.

[40] 李其琼. 论吐蕃时期的敦煌壁画艺术[J]. 敦煌研究，1998（2）：1-19，184.

[41] 朱刚. 毗沙门天王崇拜源流及其造像艺术[J]. 新国学，2006，6（1）：68-88.

[42] 张永安. 敦煌毗沙门天王图像及其信仰概述[J]. 兰州大学学报（社会科学版），2007（6）：58-62.

[43] 谢继胜. 榆林窟15窟天王像与吐蕃天王图像演变分析[J]. 装饰，2008（6）：54-59.

[44] 李翎. 毗沙门图像辨识：以榆林25窟前室毗沙门天组合图像的认识为中心[J]. 故宫学刊，2011（1）：180-194.

[45] 霍巍. 从于阗到益州：唐宋时期毗沙门天王图像的流变[J]. 中国藏学，2016（1）：24-43.

[46] 张聪. 毗沙门天图像流变路线研究[J]. 艺术评鉴，2016（9）：166-167，171.

[47] 松本文三郎. 兜跋毗沙门天考[J]. 金申，译. 敦煌研究，2003（5）：36-43，109.

[48] 党燕妮. 毗沙门天王信仰在敦煌的流传[J]. 敦煌研究，2005（3）：99-104.

[49] 王涛. 唐代中国与印度、内地与西域文化交流：以毗沙门天王流变为考察个案[J]. 全球史评论，2010，3（1）：209-219，434.

[50] 杨泓. 中国古代的甲胄：下篇[J]. 考古学报，1976（2）：59-96，199-206.

[51] 杨泓. 中国古代甲胄续论[J]. 故宫博物院院刊，2001（6）：10-26.

[52] 何海平，胡涛. 古代甲胄发展探究[J]. 首都博物馆论丛，2014（00）：9-15.

[53] 霍琛，周莉英. 丝绸之路上中国古代戎装的文化发展[J]. 中国包装工业，2014（4）：55-56.

[54] 沙武田. 吐蕃统治时期敦煌石窟供养人画像考察[J]. 中国藏学，2003（2）：80-93，1.

[55] 佐藤有希子. 敦煌吐蕃时期毗沙门天王像考察[J]. 牛源，译. 敦煌研究，2013（4）：33-41，129-130.

第一类造像——短甲

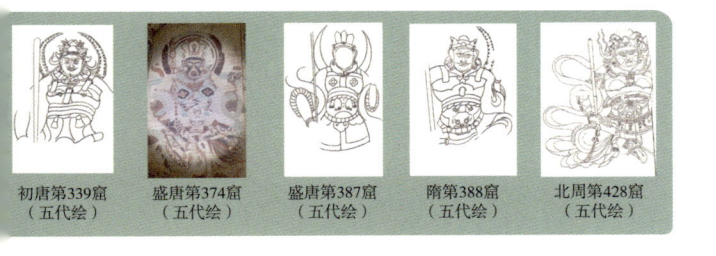

第二类造像——长甲

| 初唐第339窟（五代绘） | 盛唐第374窟（五代绘） | 盛唐第387窟（五代绘） | 隋第388窟（五代绘） | 北周第428窟（五代绘） |

注：每个朝代内天王的排列顺序，依照洞窟编号自左往右升序排列。

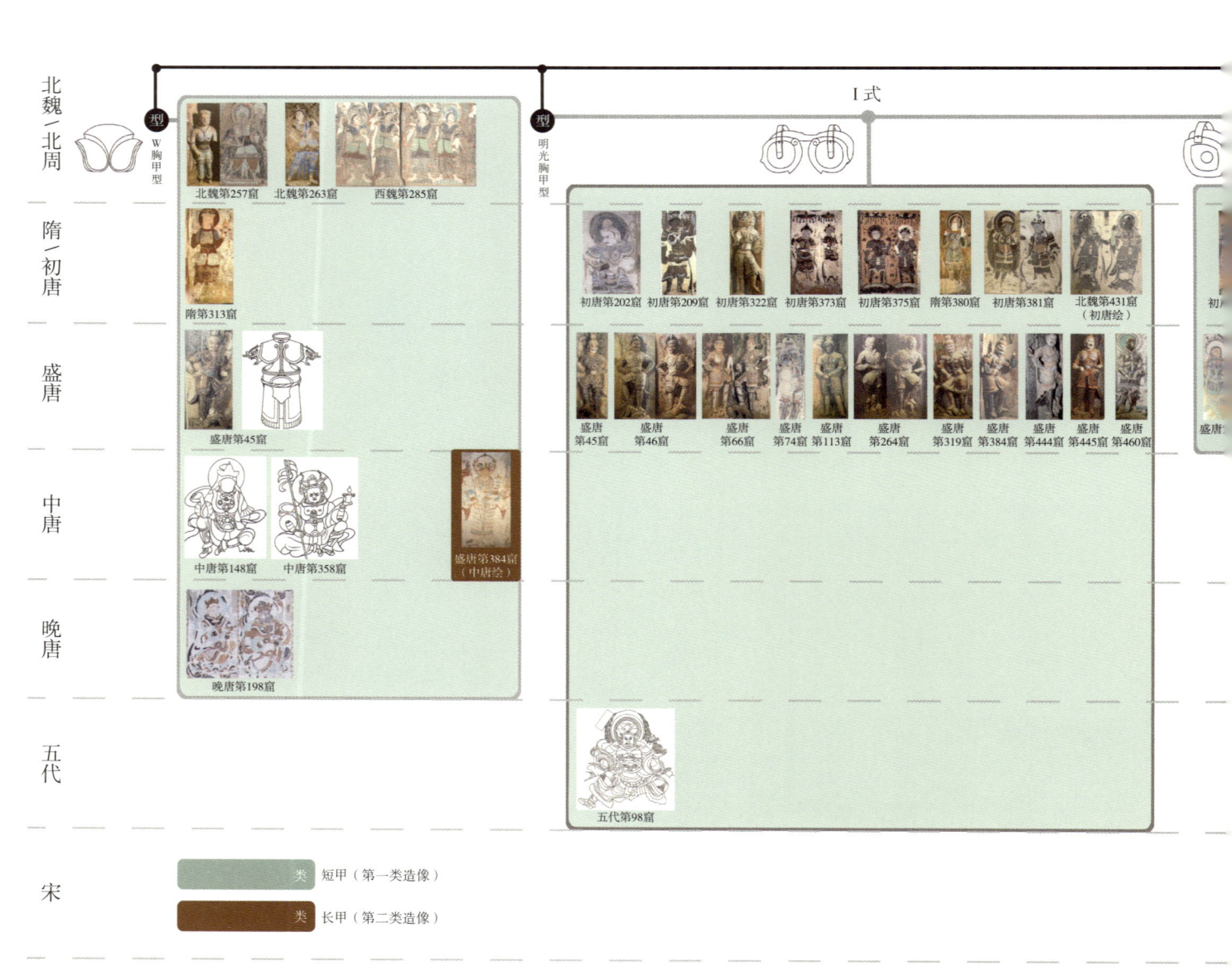

时代	型	图例
北魏／北周	W胸甲型	北魏第257窟　北魏第263窟　西魏第285窟
隋／初唐		隋第313窟
盛唐		盛唐第45窟
中唐		中唐第148窟　中唐第358窟　盛唐第384窟（中唐绘）
晚唐		晚唐第198窟
五代		
宋		

Ⅰ式　明光胸甲型

初唐第202窟　初唐第209窟　初唐第322窟　初唐第373窟　初唐第375窟　隋第380窟　初唐第381窟　北魏第431窟（初唐绘）

盛唐第45窟　盛唐第46窟　盛唐第66窟　盛唐第74窟　盛唐第113窟　盛唐第264窟　盛唐第319窟　盛唐第384窟　盛唐第444窟　盛唐第445窟　盛唐第460窟

五代第98窟

类　短甲（第一类造像）
类　长甲（第二类造像）

敦煌莫高窟天王服饰"类—型—式"分类表（另含两例榆林窟）

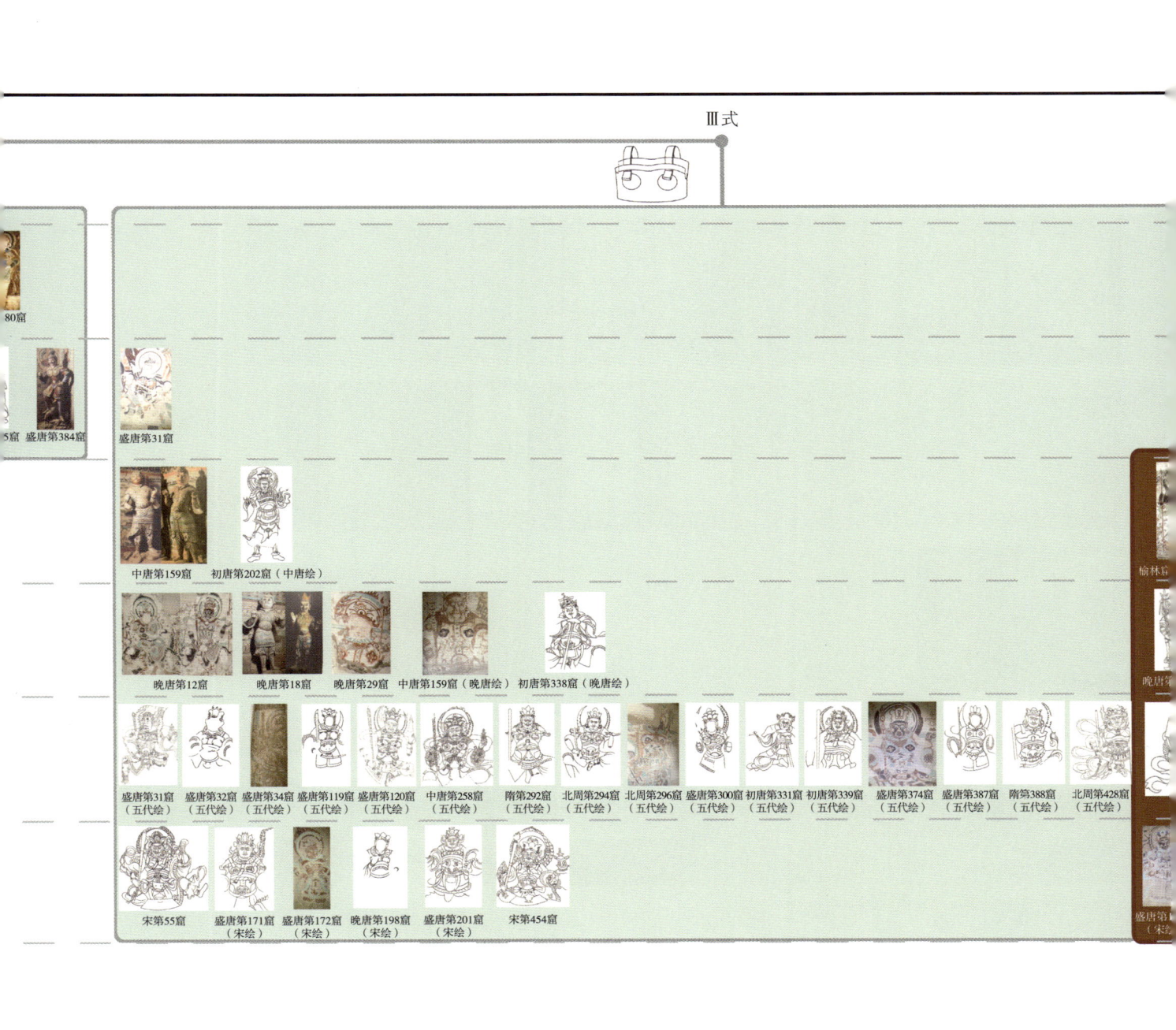

Ⅲ式

盛唐第384窟

中唐第159窟　初唐第202窟（中唐绘）

晚唐第12窟　晚唐第18窟　晚唐第29窟　中唐第159窟（晚唐绘）　初唐第338窟（晚唐绘）

盛唐第31窟（五代绘）　盛唐第32窟（五代绘）　盛唐第34窟（五代绘）　盛唐第119窟（五代绘）　盛唐第120窟（五代绘）　中唐第258窟（五代绘）　隋第292窟（五代绘）　北周第294窟（五代绘）　北周第296窟（五代绘）　盛唐第300窟（五代绘）　初唐第331窟（五代绘）　初唐第339窟（五代绘）　盛唐第374窟（五代绘）　盛唐第387窟（五代绘）　隋第388窟（五代绘）　北周第428窟（五代绘）

宋第55窟　盛唐第171窟（宋绘）　盛唐第172窟（宋绘）　晚唐第198窟（宋绘）　盛唐第201窟（宋绘）　宋第454窟

榆林窟

晚唐第

盛唐第（宋绘）

敦煌莫高窟北魏至宋代天王服饰整理表（另含两例榆林窟）

初唐第381窟　隋第394窟　隋第398窟　隋第427窟　北魏第431窟（初唐绘）

125窟　盛唐第148窟　盛唐第194窟　盛唐第264窟　盛唐第319窟　盛唐第384窟　盛唐第444窟　盛唐第445窟　盛唐第460窟

（中唐绘）　初唐第202窟（中唐绘）　初唐第205窟（中唐塑）　中唐第212窟　中唐第222窟　中唐第258窟　盛唐第384窟（中唐绘）

初唐第338窟（晚唐绘）　晚唐第459窟

9窟　盛唐第120窟（五代绘）　五代第146窟　中唐第258窟（五代绘）　五代第261窟　隋第292窟（五代绘）　北周第294窟（五代绘）　北周第296窟（五代绘）　盛唐第300窟（五代绘）　初

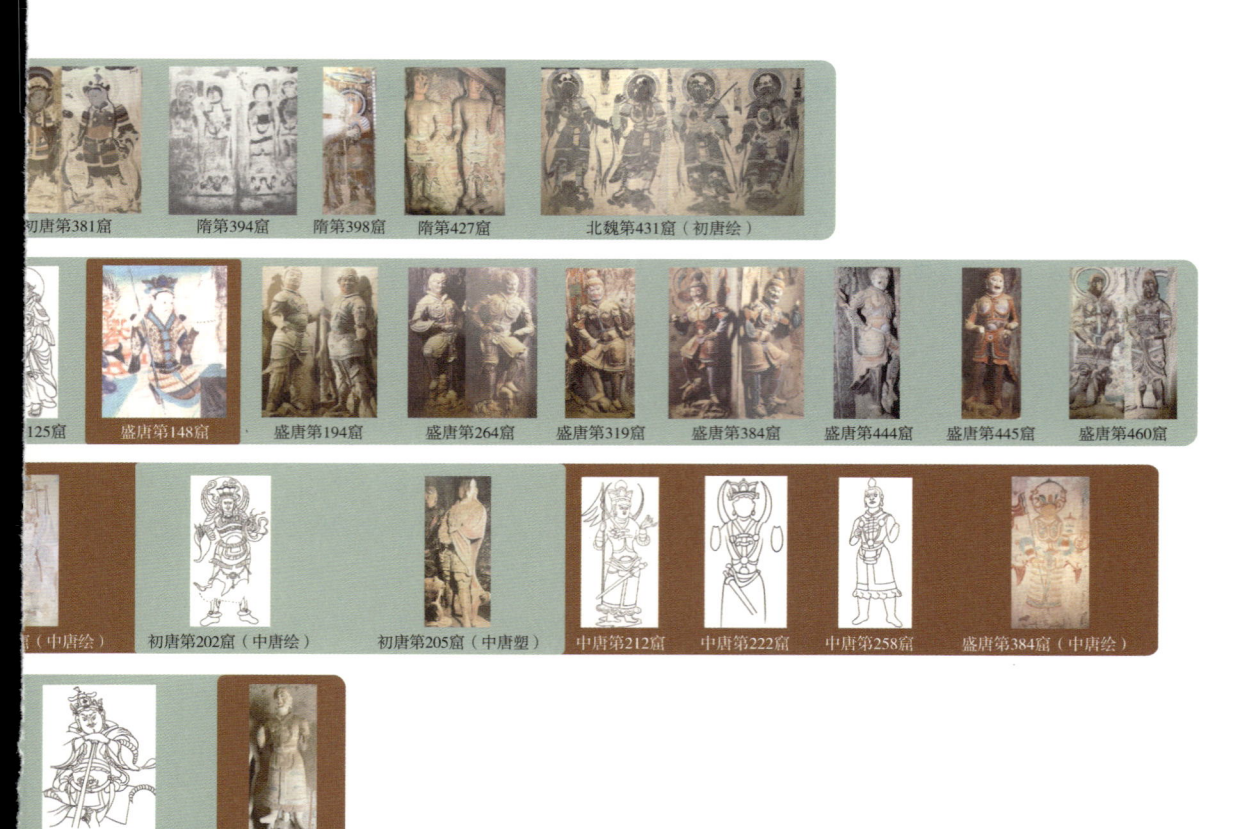

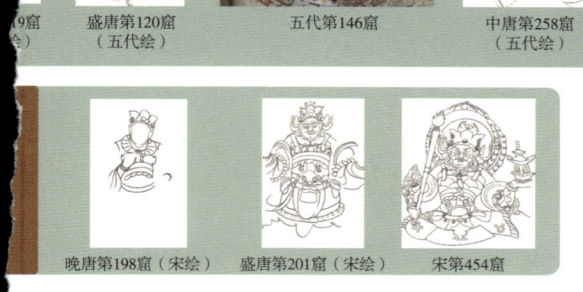

晚唐第198窟（宋绘）　盛唐第201窟（宋绘）　宋第454窟

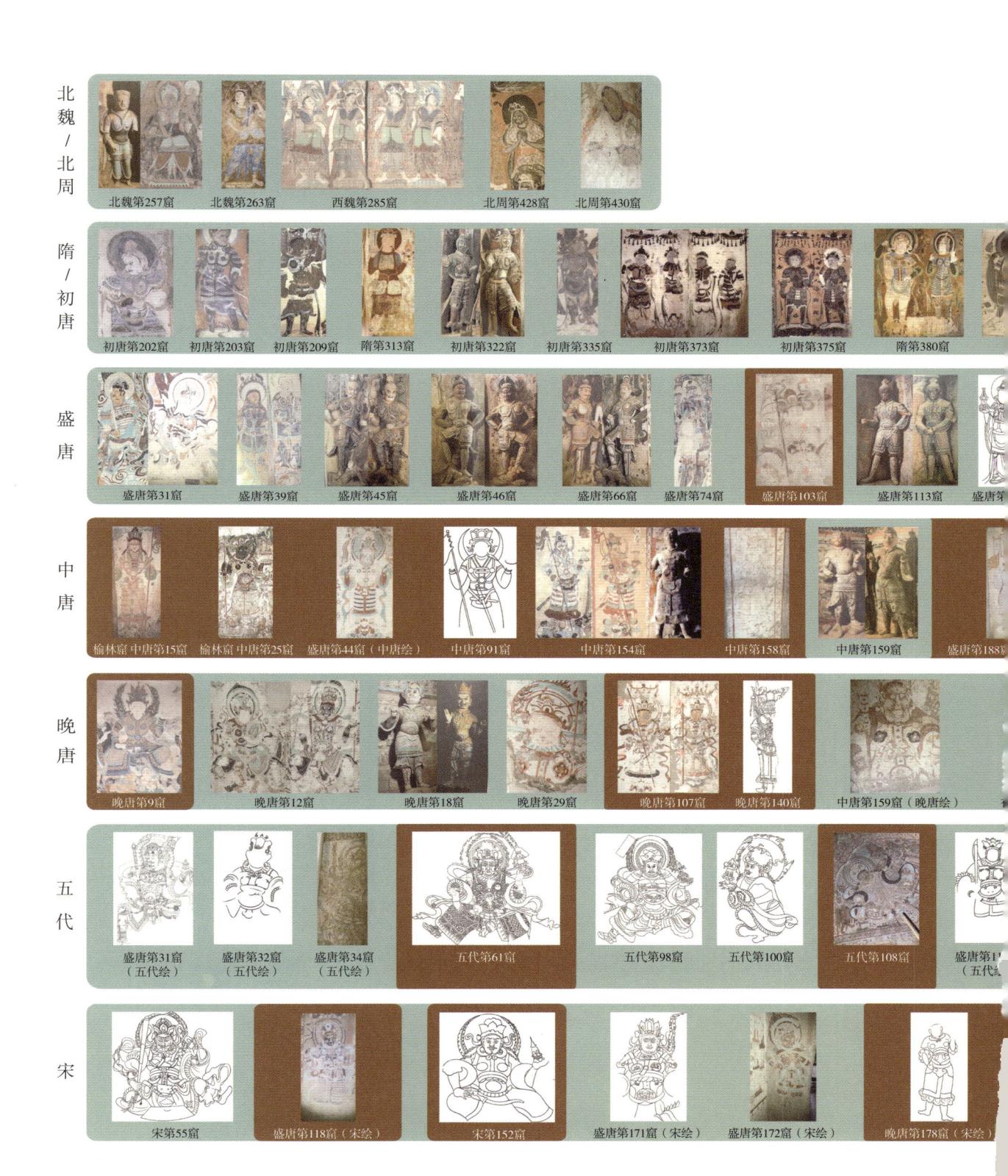

北魏/北周	北魏第257窟　北魏第263窟　西魏第285窟　北周第428窟　北周第430窟
隋/初唐	初唐第202窟　初唐第203窟　初唐第209窟　隋第313窟　初唐第322窟　初唐第335窟　初唐第373窟　初唐第375窟　隋第380窟
盛唐	盛唐第31窟　盛唐第39窟　盛唐第45窟　盛唐第46窟　盛唐第66窟　盛唐第74窟　盛唐第103窟　盛唐第113窟
中唐	榆林窟 中唐第15窟　榆林窟 中唐第25窟　盛唐第44窟（中唐绘）　中唐第91窟　中唐第154窟　中唐第158窟　中唐第159窟　盛唐第188窟
晚唐	晚唐第9窟　晚唐第12窟　晚唐第18窟　晚唐第29窟　晚唐第107窟　晚唐第140窟　中唐第159窟（晚唐绘）
五代	盛唐第31窟（五代绘）　盛唐第32窟（五代绘）　盛唐第34窟（五代绘）　五代第61窟　五代第98窟　五代第100窟　五代第108窟　盛唐第1?窟（五代绘）
宋	宋第55窟　盛唐第118窟（宋绘）　宋第152窟　盛唐第171窟（宋绘）　盛唐第172窟（宋绘）　晚唐第178窟（宋绘）

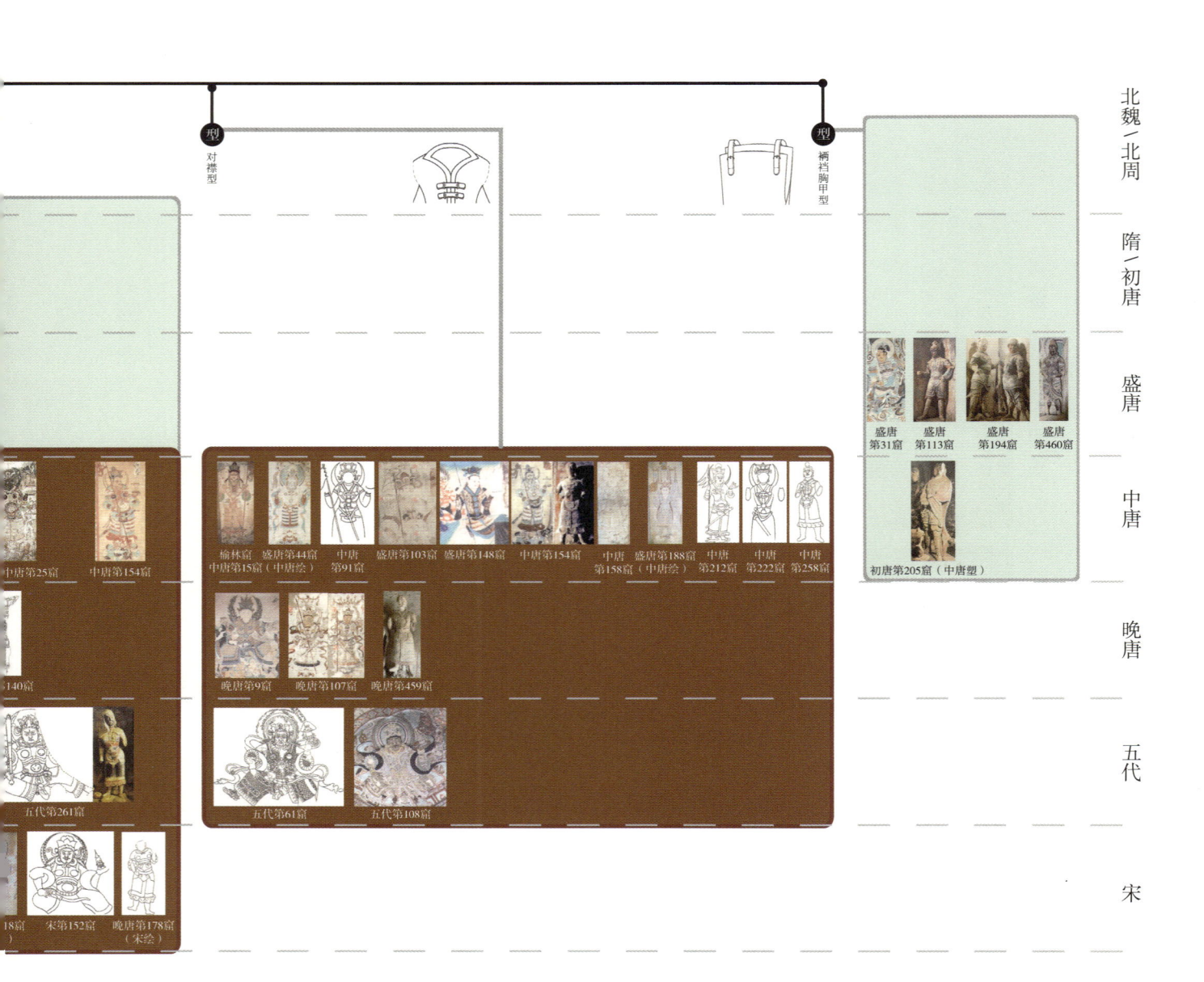

型	对襟型			裲裆胸甲型		北魏／北周
						隋／初唐
					盛唐第31窟　盛唐第113窟　盛唐第194窟　盛唐第460窟	盛唐
中唐第25窟　中唐第154窟	榆林窟 中唐第15窟（中唐绘）　盛唐第44窟　中唐第91窟　盛唐第103窟　盛唐第148窟　中唐第154窟　中唐第158窟（中唐绘）　盛唐第188窟　中唐第212窟　中唐第222窟　中唐第258窟				初唐第205窟（中唐塑）	中唐
	晚唐第9窟　晚唐第107窟　晚唐第459窟					晚唐
五代第261窟	五代第61窟　五代第108窟					五代
18窟　宋第152窟　晚唐第178窟（宋绘）						宋